KB245057

자소서로 합격하라

자소서로
합격하라

초판 1쇄 인쇄일 2017년 5월 12일
초판 1쇄 발행일 2017년 5월 19일

지은이 정희엽
펴낸이 양옥매
디자인 이수지
교　정 조준경

펴낸곳 도서출판 책과나무
출판등록 제2012-000376
주소 서울특별시 마포구 방울내로 79 이노빌딩 302호
대표전화 02.372.1537　**팩스** 02.372.1538
이메일 booknamu2007@naver.com
홈페이지 www.booknamu.com
ISBN 979-11-5776-429-7 (13320)

이 도서의 국립중앙도서관 출판시도서목록(CIP)은 서지정보유통지원 시스템
홈페이지(http://seoji.nl.go.kr)와 국가자료공동목록시스템
(http://www.nl.go.kr/kolisnet)에서 이용하실 수 있습니다.
(CIP제어번호 : CIP2017011152)

입시와 취업에 기적을 일으키는 자기소개서 비결

자소서로
합격하라

| 정희엽 지음 |

뛰어나지 않은 스펙으로 어떻게
100% 합격할 수 있었을까?

•

서울대 · 의대 · 교대 · KAIST · 기업
공모전 · 대외활동 합격 노하우 공개

책나무

목 차   contents

제**3**장

나를 표현하는 값진 한 장, 실전 자소서 작성법

Special Tip

이 책이 독자들에게
밀리언달러 페이퍼가 되기를 바라며 …

　언젠가 읽었던 책, 『밀리언달러 티켓』. 책의 주인공은 우연히 비행기에서 옆자리에 앉은 사람과 이야기를 하다 밀리언달러의 가치에 상응하는 깨달음을 얻게 된다. 그래서 그 비행기 티켓은 운임 요금과 상관없이 '밀리언달러'의 가치를 지니게 되었고, 그 사람에게는 밀리언달러 티켓이 된 것이다. 필자 또한 이 책이 여러분에게 밀리언달러 페이퍼, 밀리언달러 북이 되어 줄 수 있는 티켓이 되길 바라는 작은 소망을 가지고 이 책을 쓰기 시작했다.

　책을 쓰게 된 본격적인 계기는 옆집 학생의 안타까운 이야기로부터 시작한다. 자기소개서 쓰는 게 너무 어려워서, 시간이 너무 오래 걸려서, 자기소개서를 내야 하는 대학은 웬만하면 피해서 수시를 내었다는 소식이었다. 그때 문득 이런 의문이 들었다.

자기소개서가 대체 무엇이기에, 이 종이 몇 장 때문에 학생들이 대학에 마음 편히 지원하지 못하는 걸까?

그리고 얼마 후, 필자는 한 기사를 접하게 되었다. 학생들이 자기소개서의 대필과 첨삭에 약 100만 원가량의 돈을 지불한다는 내용이었다. '아니 도대체 왜……? 자소서는 자신이 써야 의미가 있는 것이 아닌가!'

지방에서 혼자 자기소개서를 쓰고 지원한 모든 학교에 1차 합격했던 필자로서는 안타까움에 한숨이 쉬어졌다. 그래서 결심했다. 자기소개서로 사회적 혜택을 받은 만큼, 그것의 의미를 되찾기 위한 어떠한 노력이라도 해 보자고. 입시생 혹은 취준생들이 자신의 이야기를 할 수 있도록, '가장 쉬우면서도 합격률을 높일 수 있는, 나만의 자소서 노하우'를 알려 주자고. 그러한 열망을 담아낸 결과물이 여러분들이 보고 있는 본 책이다.

앞으로 이야기할 자소서에 관한 이야기들은 필자의 경험 및 필자의 작은 도움을 통해 취업에 합격했던 지인들의 이야기를 통해 얻어 낸 결과물들이다. 그렇기에 입시전문가들과는 조금 다를 수 있음을 미리 전한다. 하지만 그 '다름'이 여러분의 자소서에 '특별함'을 전해 줄 수 있으리라 믿는다. 21세기 우리가 살아가는 시대는 창의성, 독창성으로 빛나는 시대이니까.

이러한 믿음은 필자의 다양한 경험을 바탕으로 하고 있다. 실제로 자소서와 관련하여 입시 및 대외 활동, 그리고 취업까지 직접 겪어 보았기에 확고한 믿음이 있다. 자기소개서란 '나를 표현하는 가장 값진 종이'다. 이 종이 몇 장 덕분에 입시를 준비하면서 필자의 실력에 비해 비교적 문턱이 높았던 서울대, 카이스트, 의대, 교대 1차 합격을 이끌어 낼 수 있었다.

대학생이 되어서도 미국 교생 실습, 국제회의, 정부기관의 기자단, 아프리카 해외봉사 등 감사한 기회의 문을 열어 준 것이 바로 자기소개서다. 그리고 누군가에게 취업 합격의 도움을 줄 수 있었고 그 합격의 기쁨을 필자가 제공할 수 있었던 이유 또한 자기소개서였다. 그런 의미에서 이 책이 여러분들께 '밀리언달러 페이퍼'가 되기를 바란다.

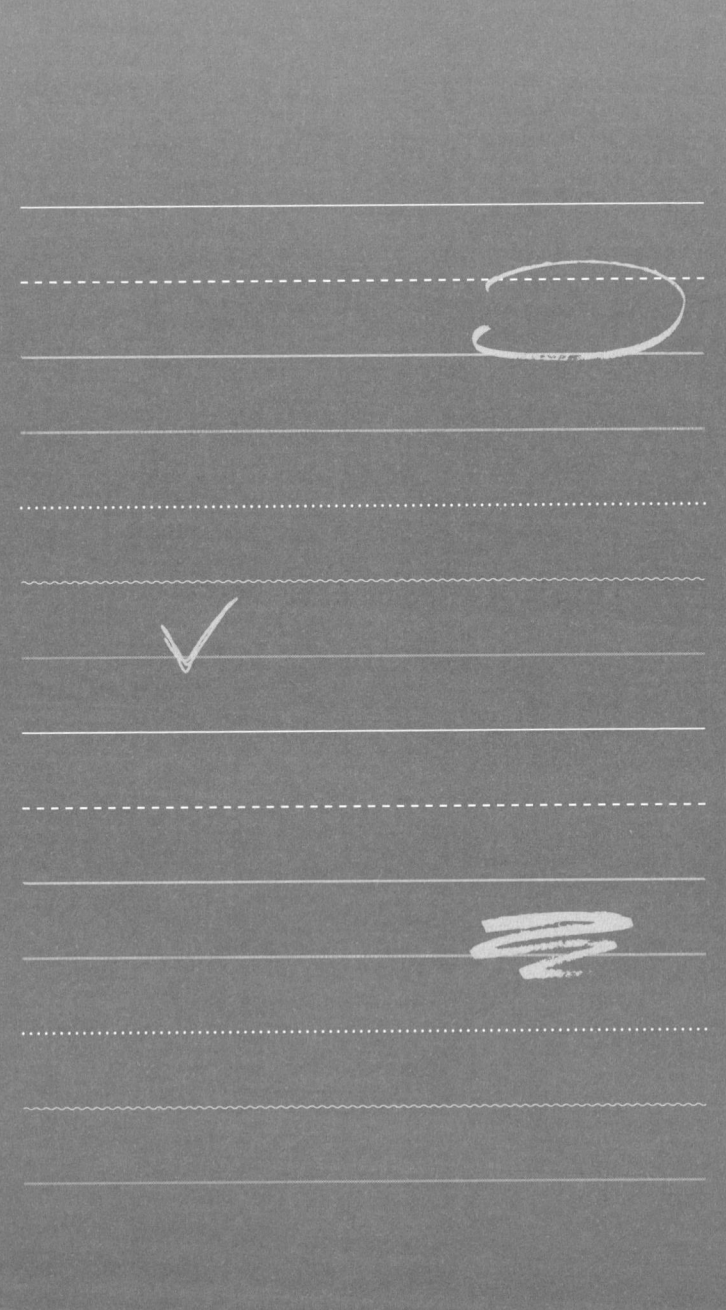

자소서
완벽 이해

'자소서' 라는 녀석

대학 입시를 준비하면서 처음으로 '자기소개서(이하 자소서)'라는 것의 정체를 처음 알았다.

자소서는 매력적이고 고마운 녀석이었다

몇 년 전, 입시를 치를 때만 해도 현 입시에서처럼 '공통양식 문항'이 없었고 모든 대학마다 조금씩 문항이 달랐다. '조금씩' 달랐지만 '조금씩' 다르게 쓰기란 상당히 어려웠다. 소위 말하는 ctrl+C/ctrl+V를 해서 약간의 변형을 주려는 시도도 해 보았으나, 변형하면 할수록 '결국 다시 써야 하는구나.'를 느꼈다.

각 대학마다 자소서를 각각 써 내려가는 과정에서, 대학마다 요구하는 인재상이 비슷하면서도 미세한 차이가 분명히 있음을 알게 되었다. '비슷하다'와 '미세한 차이가 있다'는 유사한 의미를 가지지만 자소서를 쓸 때는 반드시 구별해야 하며, 이 차이가 훗날 합격과 불합격이라는 큰 차이를 불러온다는 것을 몸소 체험했다. 인재상이 같은 경우에도 지원하는 학교에 따라 그 내용이 달라져야 한다는 것 또한 깨달았다. 그리고 그 내용을 어떻게 하면 심사위원들에게 어필할 수 있는지에 대한 필자만의 노하우가 생기게 되었고, 전문가의 도움 없이(사실 당시에는 전문가의 도움을 받을 수 있는지조차도 알지 못했다) 지방에서 서울대, 카이스트, 의대 그리고 교대까지, 자소서 서류 100% 통과라는 쾌거를 얻게 되었다. 물론, 이 과정에서 안타깝지만 매우 중요한 사실도 알게 되었다.

자소서를 통과 못하면, 그다음은 없다

필자와 같은 대학, 같은 학과에 지원하게 되어 함께 자소서를 쓰던 친구가 있었다. 필자와는 다른 스타일의 친구였지만 필자가 보기에도 확실히 잠재력이 있어 보였다. 하지만 그 친구는 서류 심사에 통과하지 못했고, 결국 원하는 대학에 진학하지 못하였다. 그때 느낀 건 이것이다. '실력 여부'와 상관없이 자소서를 통과해야만 이후에 실력을 보여 줄 기회라도 생긴다는 것. 이 부분이 자소서의 재미있으면서도 참 아이러니한 부분이라 생각한다.

이 책을 쓰는 것도 그러한 사람들을 위함이 크다. 실력과 잠재력이 있지만 자소서 몇 장 때문에 원하는 대학(혹은 기업)을 진학하지 못하는 사람들이 없기를 바라는 마음. 보여 주고 싶은 것은 많은데 이를 자소서에 표현할 줄 몰라서 원하는 기회를 놓치는 사람들이 없기를 바라는 마음. 그 기회를, 이 책을 통해 붙잡기를 바란다.

02

자소서 쓰기 전에
'인문학'을 알아야 한다?

인문학이 대세다. 앞으로 이 추세는 더욱 강해질 것이라 조심스레 예측해 본다. 취준생들이라면 인문학에 대해서 이야기를 들어 봤을 테지만, 입시를 준비하는 고등학생이라면 조금 생소한 개념일 수 있기에 설명을 덧붙이고자 한다.

쉽게 말해, 인문학이란 인간 고유의 성질을 다루는 학문이다. 역사, 사회, 문화, 문학 외에도 창의성, 리더십 등 다양한 인간적 요소가 포함된다. 이러한 인문학적 요소는 오늘날 더더욱 각광을 받고 있는데, 그 이유는 바로 인문학적 요소들이 '성공'과 직결되어 있기 때문이다.

가장 쉬운 예시로, 스티브 잡스가 있다. 스티브 잡스는 인문학적 요소를 상당히 중시한 리더였다. 디자인적인 요소부터 시작해 기술적인 요소까지, 그는 항상 '인간'을 중심에 놓고 생각했다. 그 결과, 그의 회사인 애플은 어마어마한 성공을 이루어 낼 수 있었다.

생각해 보면 우리나라 제품도 기술적 · 디자인적 면에서는 그렇게 부족하지 않아 보인다. 그럼에도 애플이 더욱 큰 성공을 이룰 수 있었던 이유. 그것은 바로, 인문학적 요소 덕분이라 해도 과언이 아니다. 인간이 쓰는 것을 만드는 것이었기에 '인간의 특성'을 중심에 두고 생각하였던 스티브 잡스. 자소서도 인간(평가자)이 읽는 것이니만큼 인문학적 사고를 한다면, 애플처럼 보다 특별한 존재가 되지 않을까.

언제나 인문학적 사고를 기반으로 자소서를 써 내려가려는 태도. 이것이 바로, 필자가 자소서를 대하는 태도다.

인문학적 요소를 언급하는 이유는
우리 사회가 달라졌기 때문이다

입시생과 취준생이 자소서를 쓰기 전에 꼭 기억해야 할 사실 하나가 있다. 대학 혹은 기업은 '통섭 · 융합적 인재'를 선호한다는 사실이다. 과거에는 한 가지 전공만 잘하면 되는 I자형 인재 시대였지만 요즘은 달라졌다. 다양한 분야에 제너럴리스트(generalist)가 되고 특정 분야에 있어서는 스페셜리스트(specialist)가 되는 'T자형 인재' 시대인 것이다. T자형 인재는 자신의 전공에 대한 전문 지식은 물론, 타 분야와의 통섭 혹은 융합이 가능하다는 특성이 있다. 특히, 요즘은 전공과 함께 인문학적 소양을 가진 사람이 각광받고 있다. 앞으로도 이 추세는 지속될 것이다. 그렇다면, 도대체 '인문학'과 '자소서' 간에는 어떤 상관관계가 있기에 이렇게 길게 이야기를 늘어놓는 것일까? 이는 두 가지로 요약할 수 있다.

첫째, 인문학적 요소를 이해하면 자소서에 들어가야 할 6요소가 보인다

인문학적 요소는 자소서에 필수적으로 들어가야 할 내용들(후에 언급할 자소서의 핵심 '6요소')이다. 이것은 '자소서 쓰기'라는 단순하고 지엽적인 과정에서 한 발짝 물러나 사회라는 큰 틀에서 봄으로써 자소서의 원리를 이해하는 데 도움을 준다. 이전에 언급하였듯 현대 사회는 전공과 함께 인문학적 소양을 함양한 융합적 인재를 선호하고 있다. 그러한 사회 속에 속해 있는 것이 대학과 기업이기 때문에 그들 또한 인문학적 소양을 함양한 융합적 인재를 뽑으려 한다. 따라서 우리가 대학과 기업의 일원이 되기 위해 쓰는 자소서에도 이러한 흐름은 반드시 반영되어야 한다. 그럴 때 정말 좋은 자소서가 나올 수 있다.

둘째, 인문학과 자소서의 관계를 알면 자소서의 목표가 눈에 보인다

인문학과 자소서의 관계를 이해하고 나면 자소서의 목표를 '잘' 설정할 수 있다. 잘 설정된 목표는 어디로 나아갈지를 알려주는 방향키와 같은 역할을 한다. 즉, 목표를 잘 알고 자소서를 쓰는 것과 그렇지 않은 것은 자소서를 얼마나 쉽고 편하게 쓸 수 있느냐에 큰 영향을 준다. 만약 그동안 자소서 쓰기가 너무 막막하게 느껴졌던 사람들이라면 아래 내용을 꼭 읽어 보도록 하자. 큰 도움이 될 것이다.

자소서는 결국 통섭 · 융합적 인재임을 밝히는 과정이다
자소서의 목표 알기 : 입시생 vs 취준생 vs 대학생

위에서 언급했듯이 대학 혹은 기업은 '통섭 · 융합적 인재'를 선호한다. 자, 그렇다면 자소서는 어떻게 써야 할까? 그렇다. '내가 통섭 · 융합적 인재야!'라는 것을 마구 어필해야 한다. '통섭'과 '융합', 단어가 참 어렵게 느껴질 수 있지만 쉽게 말하자면, 본인의 전공을 타 분야와 연관시켜서 시너지 효과를 내는 것이라 이해하면 된다.

인문학적 자소서를 이해할 때, 입시준비생(이하 입시생)과 취업준비생(이하 취준생)은 약간의 차이가 있다. 이 차이는 목표의 다름에서 나온다. 입시생에게 자소서란 '목표 대학에 합격하기 위함'이라면, 취준생에게는 '목표 기업, 직장에 들어가기 위함'이기 때문이다.

먼저, 입시생부터 생각해 보자. 입시를 준비하는 고등학생의 경우, 자신이 대학에 가서 전공하려는 분야(즉, 대학 지원 학과)를 '주 전공'이라 생각하면 된다. 그리고 주 전공과 연관시킬 타 분야는 본인의 학과에서 가능한 '부전공'을 찾아보고 관심 있는 것을 고르면 된다. 이후, 주 전공과 부전공을 이와 연관 지어 어떤 융합을 이룰 것인지를 자소서에 기술하면 된다.

하지만 대학을 직접 다녀 보지 않은 고등학생의 경우에는 이것이 다소 어려운 과정으로 느껴질 수 있다. 이러한 경우에 인문학적 소양들을 이용하면 된다. 인문학적 소양들은 아까도 말했듯 창의성, 리더십, 역사의식, 문화에 대한 이해, 문학적 관심 등이 될 수 있다. 입시생들이 주전공과 융합할 요소로서 인문학적 소양을 사용해도 되는 이유는 대학들이 이미 자체적으로 인문학적 요소를 중시하고 있기 때문이다. '독서 목록'을 학생부에 기재하도록 권장하는 것은 이를 증명하는 예이기도 하다. 정리하면, 입시생들은 자소서의 목표를 아래와 같이 정하고 자소서를 쓰기 시작하는 것이 좋다.

▶ 입시생 자소서의 목표 : 내가 대학에 가서 전공할 것은 ○○○(지원 학과)이고 고등학교 시절을 거쳐 얻게 된 인문학적 소양들은 ○○, ○○ 등이며 이것을 전공과 어떻게 관련시켜 본 대학 및 대한민국의 인재로 거듭날 것인지를 심사위원에게 설명한다.

다음으로, 취준생의 자소서에 대해 이야기해 보도록 하자. 취업을 준비하는 만큼 입시생보다는 충족해야 할 기준들이 조금 더 많고 까다롭다. 하지만 핵심만 파악하고 잘 전달하기로 마음먹는다면 제대로 된 자소서 쓰기는 그리 어렵지 않다. 특정 기업이나 직장에 합격하고자 하는 취준생의 경우, 본인의 '주 전공'은 이미 있을 것이다. 중요한 것은 그것을 타 분야와 어떻게 접목시켜서 해당 기업(직장)의 발전에 기여할 수 있는 인재인지를 어필하는 것이다. 앞서 대학의 본질이 '인재 양성'이었다면, 기업의 본질은 '이윤 추구'이다(물론, 공기업의 경우나 일부 기업은 다를 수 있다).

따라서 본인이 대학 시절에 경험했던 것들을 통해 어떠한 인문학적 소양들을 얻게 되었으며 그것이 전공과 어떤 식으로 결합하여 어떤 결과물을 낸 적이 있는지, 그리고 그러한 경험을 통해 기업의 발전에 어떠한 기여를 하는 인재가 될 것인지를 설명하는 것이 포인트이다. 취준생들은 아래 목표를 반드시 마음에 새겨 두고 자소서를 쓰기를 추천한다.

▶ 취준생 자소서의 목표 : 내가 대학에서 전공한 것은 ○○○이고 대학 시절을 거쳐 얻게 된 인문학적 소양들은 ○○, ○○ 등이 있으며, 이것과 전공이 결합되어 어떤 결과물을 만들어 낸 경험이 있는지를 설명하고 그러한 경험이 기업에 가서 어떤 식으로 발현되어 기업의 발전에 도움을 줄 수 있을 것인지를 설명한다.

본인이 만약 대외 활동을 지원하려고 하는 대학생이라면? 취업준비생과 비슷한 맥락으로 가면 된다. 하지만 대외 활동을 시작하는 시기인 만큼 주 전공 외에 다른 인문학적 소양들을 얻을 기회가 많지 않았을 것이다. 따라서 이럴 때는 학년별로 다른 목표를 세우는 것이 자소서를 쓰는 막막함을 줄여 줄 수 있다.

▶ 대학1, 2학년 자소서의 목표(대외 활동을 막 시작한 경우) : 대학에서 전공하고 있는 것은 ○○○이며 현재 어떠한 미래 계획을 가지고 있고, 이 대외 활동이 본인에게 어떤 의미가 될 것인지 및 지금까지의 경험을 통해 얻게 된 ○○, ○○ 등의 인문학적 소양을 통해 본 대외 활동에서 어떤 역할을 함으로써 본 활동을 성공적으로 마무리할 것인지 설명한다.

▶ 대학3, 4학년 자소서의 목표(어느 정도 대외 활동을 한 경우) : 대학에서 전공하고 있는 것은 ○○○이며 어떠한 미래 계획을 바탕으로 1, 2학년을 보내왔으며(대외 활동 기술) 그동안 얻은 ○○, ○○ 등의 인문학적 소양을 통해 본 대외 활동에서 어떤 역할을 함으로써 활동을 성공적으로 마무리할 것인지 설명한다.

나름대로 자세하게 알아본 자소서의 목표. 본인이 해당되는 목표를 마음에 새기는 것이 제2장의 '100% 합격 자소서를 위한 완벽 준비'와 제3장의 '나를 표현하는 값진 한 장, 실전 자소서 작성법'을 들어가기 전에 다져야 할 가장 기본이라 할 수 있다. 시간이 된다면 꼭 한 번 다이어리나 스마트폰의 메모장에 자신이 해당되는 자소서의 목표 양식으로 자신이 써야 할 자소서의 목표를 기록해 보길 바란다.

2

100% 합격
자소서를 위한 준비법

기본 마인드 세팅:
읽는 사람을 위해 쓴다

자소서를 대하는 자세는 정말 중요하다. 그 자세에 따라 자소서를 준비하는 방법과 접근법이 달라질 수 있기 때문이다. 인생문제를 대할 때도 철학자들은 그 본질을 탐구하고 이를 해결하곤 한다. 같은 맥락으로, 자소서의 본질을 알면 이를 준비하기가 쉬워지고, 준비 과정 또한 명확해질 수 있다.

자소서를 대하는 자세. 그것은 자소서의 본질이 무엇인지를 파악하는 것으로부터 시작해야 한다. 바쁜 여러분들을 위해, 길게 늘어놓지 않고 핵심만 전하고자 한다.

자소서를 비빔밥처럼 생각했던 그 시절

필자가 고등학생이었던 시절, 자소서를 처음 접했다. 그때 필자는 자소서를 '비빔밥'이라고 생각했었다. 그 누구도 자소서 쓰는 것을 도와주지 않았던 시절, 필자가 쓴 자소서를 선배들·친구들의 자소서와 비교해 보며 '자소서는 참 비빔밥 같다'란 생각이 더욱 강해졌다. 이유는 단순했다.

비빔밥에는 기본적으로 다양한 고명과 양념이 들어가지만 어떤 사람이 어떻게 만드느냐에 따라 비빔밥의 비주얼과 맛이 달라진다. 자소서도 마찬가지였다. 사람에 따라 첨가하는 내용도 다르고 필력도 다를 것이며, 기호에 따라 붙이는 미사여구도 다를 것이다.

이처럼 '자소서 쓰는 과정'을 '하나의 요리를 만드는 과정'이라 생각하면서 필자는 그 본질에 보다 쉽게 접근할 수 있었던 것 같다. 그 본질을 깨닫는 순간, 철학자들이 인생 문제를 쉽게 해결하듯 자소서 또한 어렵지 않게 써 내려갈 수 있었다. 여러분도 이 개념을 한 번 느끼고 나면 자소서를 대하는 자세가 조금 달라질 수 있으리라 생각한다.

쉽게 정리하면 다음과 같다.

> 자소서 = 요리
> 자소서를 쓰는 사람(여러분) = 요리사
> 자소서를 읽는 사람(평가자) = 음식을 먹는 손님
> 자소서에 들어갈 내용 = 요리의 재료

쉬운 비유이지만, 그 속에 상당히 중요한 내용들이 존재한다. 아래의 각 항목에 대한 설명을 잘 읽다 보면 자소서를 대하는 자세를 자연스럽게 얻게 될 것이다. 외우거나 되뇌지 않아도 자연스럽게 이해할 수 있도록 글을 펼쳐 놓았으니 아래의 글을 편히 읽어 보길 바란다.

자소서라는 요리, 맛있는 자소서

결론적으로 자소서는 '하나의 요리'라 생각하고 준비하는 것이 좋다. 필자도 늘 그렇게 자소서를 대했었다. 거의 10년에 가까운 시간 동안 자소서를 써 오고 첨삭해 주면서, '요리'만큼 자소서와 닮은 것은 없었다. 요리가 맛있으면 손님들은 밥 한 톨, 국물 한 방울 남기지 않고 먹게 될 것이고 그들은 그 가게의 단골 손님이 된다.

자소서 또한 이와 마찬가지이다. 맛있는 자소서를 쓰면, 그것을 읽는 평가자들은 글자 하나하나를 허투루 넘기지 않을 것이다. 그리고 자소서의 매력에 푹 빠지게 될 것이다. 그것이 맛있는 자소서를 써야 하는 이유 중 하나다. 결국, 평가자들이 나의 글을 읽어 줄 때 비로소 자소서의 존재 이유가 빛이 날 테니 말이다.

하지만 이 책을 읽으시는 독자분들은 비빔밥이 아닌 다른 요리를 선택해도 상관은 없다. 이 선택에서부터 자신만의 개성이 표현되기 때문이다.

어떤 요리를 선택하는가와 상관없이, 일단 '자소서=내가 만드는 요리'라는 마음가짐으로 마인드 세팅을 하고 시작하자.

가장 중요한 자소서 마인드

요리를 먹는 사람은 결국 손님이다

자소서란 단순히 '나를 소개하는 종이', '나를 표현하는 종이'만은 아니다. 자소서의 특성상 '나를 표현할 뿐 아니라 읽는 이를 설득하는 종이' 즉, '나를 뽑지 않고는 못 배기게 하는 종이'가 되어야 한다.

자소서를 읽고 나를 뽑는 사람은 누구일까? 그렇다. 대학 · 기업의 심사위원 · 인사담당자분들이다. 이쯤 되면 느낌이 올 것이다. 자소서를 쓸 때는 반드시 '읽는 이'를 고려해야 한다는 사실을 말이다. 읽는 이를 고려해서 쓴 자소서와 그렇지 않는 자소서는 읽어 보면 확실히 차이가 난다. 아래, '성장 과정' 항목에 대해 쓴 자소서 예시를 하나씩 읽어 보자.

입시생 성장 과정 자소서 ▼

저는 1남 2녀 막내딸로, 비교적 화목한 가정에서 자랐습니다. 무뚝뚝한 오빠와 내성적인 언니 아래서 자란 저였습니다. 이런 환경 속에서도 저는 학교생활을 충실히 하였고 초등학교 6학년 때는 부반장을, 중학교 때는 전교부회장까지 맡아서 하였습니다. 그 이후에 전교 회장 선거에서 떨어져 잠시 좌절을 겪었지만 재도전하여 전교회장으로 다시 선발되었습니다.

고등학생 때는 누구보다 성실한 학생이었습니다. 학급실장을 맡았고 교육동아리장도 2년간 하였습니다. 그 과정에서 갑자기 아버지가 아프셔서 힘든 시기를 겪었지만 꿋꿋이 이겨 내었습니다.

그렇게 시련을 극복한 저는 학업에 계속 충실하고 있습니다. 특히, 가장 관심 있는 분야인 생명 관련 분야 서적을 탐독하며 고3의 끝자락을 마무리하고 있습니다.

취준생 성장 과정 자소서 ▼

활기차고 늘 웃음이 끊이지 않는 가정에서 자란 덕에, 저는 주변 친구들 사이에서 리더적 역할을 해온 편입니다. 대학 1학년 때는 생명공학 관련 인턴십 프로그램에 지원하였고 2학년 때는 어학연수 및 동아리 활동에서 생명공학 관련 주제로 디베이트를 하기도 하였습니다. 3학년 때는 화학1에서 팀원을 이루어 서로 튜터링을 해 주었고 그 중에서도 저는 유쾌한 '튜터'로서의 역할을 충실히 하였습니다. 또한 리더십을 기르기 위하여 '카네기 리더십 캠프'에도 참여하였습니다.

이처럼 저는 생명공학에 관심이 많으면서도 리더 자질을 기르기 위해 노력해 왔습니다. 학점 평균 4.1로, 전공에 대한 이해도도 상당히 높은 편입니다. 현재는 부가적으로 평소 관심이 있었던 약물학을 공부하고 있습니다.

위 자소서를 읽어 보면 어떤 느낌이 드는가? 그렇다. 성장 과정이나 본인의 이야기를 단순 나열하는 느낌이 강할 것이다. 많은 것을 한 것 같긴 하지만 이 활동들을 통해 무엇을 배웠는지, 앞으로의 목표가 무엇인지 등 미래 성장 가능성이 잘 표현되어 있지 않다는 느낌이 들 것이다. 이러한 느낌이 드는 이유는 제1장에서 강조한 '자소서 목표'를 제대로 인지하지 못했고 제2장에서 강조한 '평가자 고려'를 우선순위에 두지 않았기 때문이다.

자소서는 반드시 읽는 이(평가자)를 고려하여 작성하라

지금껏, 자소서를 직접 쓰기도 하고 다른 이들의 자소서를 읽어 보고 고칠 점을 조언해 주다 보면, 다양한 느낌을 받곤 한다.

어떤 자소서는 읽기가 지루하고 눈이 침침해지는 반면, 계속 읽어 보고 싶은 자소서도 있다. 단순히 내용이 좋아서일까? 소위 말하는 스펙이 다양해서일까?

아니다. '읽고 싶은 자소서'는 '읽기 편한 자소서'이다. 즉, 읽는 이(평가자)를 배려하는 자소서는 내용을 넘어서 수많은 자소서를 읽어야 하는 평가자들에게 사막의 단비 같은 자소서가 될 수 있다. 결국, 자소서를 요리처럼 생각해야 하는 이유의 핵심은 음식 먹는 손님을 고려하는 것, 즉 '읽는 이를 배려하는 자소서'를 써야 한다는 것이다.

읽는 이를 배려하는 자소서를 작성하는 세 가지 방법

'읽는 이를 배려하는 자소서는 어떻게 써야 하는 거지?'
'읽는 이를 고려하는 방법을 알려 줬으면!'
이렇게 생각하는 독자분들을 위해, 읽는 이를 고려하는 자소서를 쓰는 필자의 대표적인 방법 세 가지를 소개한다.

• 문단 나누기와 제목 달기

필자가 블로그를 운영하다 보면 자소서에 대한 고민을 털어놓는 사람들이 많다. 입시생들뿐 아니라 취업준비생들까지, 자소서 때문에 전전긍긍하는 경우를 많이 보아 왔다. 그들은 블로그 댓글에 자신이 적은 항목별 자소서 내용을 보여 주며 문제점을 물어보곤 했다.

'어떻게 고치면 좋을까요?'

'읽어 보시고 조언 좀 부탁드려요!'

이렇게 묻는 그들에게 가장 많이 해 주었던 답변.

"문단을 나누고 제목을 달아 보세요."

자소서에서 평가자를 배려할 수 있는 가장 손쉬운 방법. 바로 '문단을 나누고 제목을 다는 것'이다. 일각에서는 제대로 달지 않을 바에는 소제목을 안 쓰는 게 낫다고 이야기하기도 한다. 사실이다. 하지만 입시가 걸려 있고 취업이 달려 있는 문제라면, 제대로 신경 써서 소제목을 달도록 하자. 이렇게 이야기하면 또다시 댓글이 달린다. '자소서 제목을 어떻게 달아야 하나요?' 이럴 때 꼭 해 주는 답변.

"자소서 제목 달 때의 마인드 세팅— 평가자가 제목만 볼 수도 있다고 가정해 보세요."

제목을 다는 형식적 방법

자소서 작성 → 제목 선택 → 제목은 1−2개가 적당

만약 한 항목에서 내용을 총 2문단으로 나누고 제목 하나에 내용을 다 담을 수 있다면 하나의 제목을 조금 구체적으로 단다.

ex) "구체적이면서, ① · ②문단의 핵심 담은 제목"

① ▬▬▬▬▬▬▬▬▬▬▬▬▬▬
② ▬▬▬▬▬▬▬▬▬▬▬▬▬▬

그러나 말하고자 하는 것을 하나의 제목으로 전달하기엔 제목이 너무 길어진다면, 2개의 문단 각각에 제목을 달기도 한다.

ex) "①의 내용을 대표하는 제목"

① ▬▬▬▬▬▬▬▬▬▬▬▬▬▬

"②의 내용을 대표하는 제목"

② ▬▬▬▬▬▬▬▬▬▬▬▬▬▬

제목을 다는 내용적 방법

본인이 강조하고 싶은 내용을 간결한 한 문장으로 제목화시키면 된다. 단, 제목은 '평가자가 내용을 안 읽고 제목만 볼 수도 있다.'라고 가정하고 신중하게 만들어야 한다. 그만큼 제목을 제대로 다는 것이 중요하다. 제목은 그 아래에 오는 자소서의 내용과 일관성이 있어야 한다. 제목을 다는 내용적 방법은 4가지로 나눌 수 있는데 아래 그림을 보고 이해해 보자.

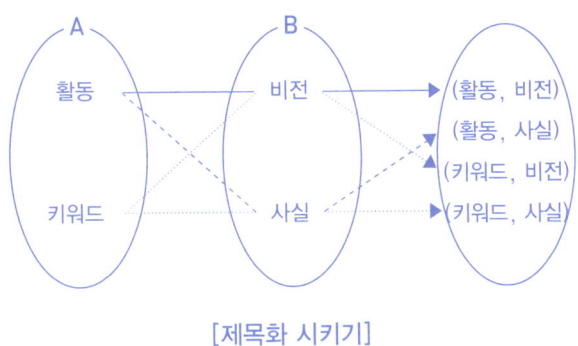

[제목화 시키기]

① (활동, 비전) : (활동들)을 통해 얻은 것들로 (나만의 비전) 하겠습니다/되겠습니다

ex) (해외봉사, 인턴십)을 통해 얻은 것들로 (도전적 가치를 창출하는 인재가) 되겠습니다!

② (활동, 사실) : (활동들)을 통해 (사실)을 깨달았습니다/얻었습니다 or (활동들)을 통해 얻은/깨달은 (사실)

ex) (해외봉사, 인턴십)을 통해 (도전 · 혁신의 중요성)을 깨달았습니다/ (해외봉사, 인턴십)을 통해 얻은 (도전 · 혁신의 중요성)

③ (키워드, 비전) : (키워드)를 통해 (나만의 비전)하겠습니다/되겠습니다

ex) (융합 · 창의성)을 통해 (4차 산업 혁명 시대의 소통 문제를 해결해 보고자) 합니다.

④ (키워드, 사실) : (키워드)를 통해 (사실)을 깨달았습니다/
얻었습니다 or (키워드)을 통해 얻은/깨달은 (사실)

ex) (융합·창의성의 과정)을 통해, (4차 산업 혁명 시대에 가장 문
제가 될 것은 소통)임을 깨달았습니다/ (융합·창의성의 과정)을
통해 깨달은 (소통의 중요성)

일단, 이 파트에서는 자소서를 쓸 때 심사위원들을 고려하기
위한 한 방법으로 '제목을 붙여야 함'을 숙지해 두자.

그리고 제목을 '잘' 붙이는 필자의 노하우– 제목을 다는 형식
적 방법과 내용적 방법을 잘 활용해서 제대로 된 제목을 달 수
있기를 바란다.

• 3번 반복의 힘 이용하기

밀그램의 '하늘 올려다보기' 실험이라는 것이 있다. 이는1969
년 미국의 사회 심리학자 스탠리 밀그램(Stanley Milgram)과 동료
들이 진행한, 일종의 심리학적 실험이다. 한 명의 사람이 아무
것도 보이지 않는 하늘을 손가락으로 가리킨다. 지나가던 사람
들은 아무런 반응이 없다. 다음은 두 명의 사람들이 아무것도
없는 하늘을 가리킨다. 별다른 반응이 없기는 마찬가지였다.

하지만 세 사람이 동시에 하늘을 가리키는 순간, 지나가던 사
람들이 하나둘씩 다가와 아무것도 없는 하늘을 쳐다보기 시작했

다. 한 사람이 가리킬 때와 두 사람이 가리킬 때는 별다른 효과가 없었지만 세 사람 이상이 동시에 하늘을 가리키며 쳐다보니, 주변 사람들이 몰려들어 함께 올려다보기 시작한 것이다. 그렇게 모여 하늘을 쳐다보던 사람들은 'UFO가 저기 있다'는 실험자의 말을 들으며 '정말 저기 UFO가 보이는 것 같은데?', '나도 보여!' 등의 반응을 보였다. 이는 '없는 것을 보이게 만드는 심리적 효과'를 밝혀낸 밀그램의 실험이다.

'3'이라는 숫자의 힘, 은밀하게 자소서에 이용하라

이 실험을 이야기하는 이유는 무엇일까? 바로 '3'이라는 숫자의 힘을 사용하면 심리적 이점을 가진 자소서를 만들 수 있기 때문이다. '제2장'에서 그 적용 방법을 실례를 통해 설명하겠지만, 이 부분에서 3의 힘을 이해하고 그 원리를 간단히 알아보는, 매우 중요한 과정을 거치려 한다(한 번만 본인의 것으로 만들어 두면 입시뿐 아니라 취업을 할 때, 이후 어떠한 '설득'의 글을 쓸 때도 상당히 도움이 된다).

'3번 반복의 힘'은 상당히 중요한 자소서 스킬이다. 고등학생 때 필자가 첫 자소서를 쓸 때만 해도 이 방법을 의도적으로 쓴 것은 아니었다. 하지만 대학생이 되어 합격 자소서를 돌아보는 과정에서 자소서 모두가 '3번 반복의 힘 사용'이라는 공통점을 가지고 있었다. 이후부터는 각종 대외 활동 자소서를 쓸 때마다

이 원리를 적용하였고, 모두 1차 서류 통과라는 성과를 거둘 수 있었다.

밀그램의 실험에서처럼, '3'을 잘 활용하면 '없는 것을 보이게 만드는 심리적 설득 효과'를 누릴 수 있다. 자소서의 목적이 '설득'이라는 점에서 꼭 추천하고 싶은 방법이다. 물론, 무(無)를 유(有)처럼 보이게 하는 개념은 아니다. 스펙이 조금 부족하더라도 조금 더 '있어 보이게' 만들 수 있는 좋은 전략 중 하나가 될 수 있다. 그렇다면 무엇을, 어떻게 3번 반복해야 할까?

'간절함과 유능함을 보여 주는 표현'을 '3번' 반복하라

.

.

!

지원 대학 · 기업에 꼭 들어가고 싶은 간절함 혹은 유능함을 3번 반복하는 것, 이것이 핵심이다.

'간절함'은 '대학에 꼭 들어가고 싶다' 등 대학 지원에 대한 동기 및 열망을 말한다. '유능함'은 '나의 잠재능력이 이 정도이다.'와 같이, 합격할 경우 대학의 일원으로서 매우 잘해 나갈 수 있음을 증빙하는 능력을 말한다.

한 문항마다 이 원리를 적용하여 글을 쓰면 자연스럽게 '기-승-전-결' 구성의, 깔끔한 느낌을 줄 수 있다. 글을 잘 못 쓰는 사람도 이 원리를 이용하면 글을 깔끔하고 군더더기 없이 자소서를 쓸 수 있게 된다. 간략하게, 3번 반복의 힘을 활용하여 글을 쓰는 방법을 알아보자.

"진심으로 공감하는 자세는 사람에게 믿음을 준다는 것을 깨달았습니다."

선생님들께서 몇 십 년 동안 교사로써 자리를 지키시듯, 저에게도 고등학교 입학해서부터 졸업을 100일도 남기지 않은 이 시점까지 지켜온 특별한 역할이 있습니다. '솔리언 또래상담도우미'가 그것입니다.

고1 때 호기심에 이 활동을 시작할 때만 해도 저는 상담 활동이 인생의 가치관과 사람을 대하는 태도를 바꿔 놓을 줄은 알지 못했습니다. 지금까지 수많은 친구들이 개인적으로 저를 찾아와 상담을 부탁했지만 2학년 겨울방학 즈음 가장 기억에 남는 한 친구가 있습니다.

어릴 적 얼굴에 큰 화상을 입어 주변의 부담스러운 시선을 받고 자란 그 친구는 항상 혼자였습니다. 사람에게 상처를 받고 아픔을 느껴서 그런지 사람 자체에 거부감을 가진 듯 보였습니다. 어느 날 스쿨버스에서 옆자리에 앉게 되었는데 제가 또래도우미인 것을 알았는지 저에게 먼저 말을 걸었습니다.

그 뒤로 저는 그 친구와 저희 학교의 명당 '우정과 사랑의 나눔터' 제일 꼭대기 계단에서 자주 이야기를 나누면서 그 친구를 서서히 이해하게 되었습니다. 또래상담교육에서 배운대로 조용히 상대의 말을 경청하고 마음으로 공감해 주었습니다. 친구들과 친해지기 위해서는 네가 먼저 다가가야 한다고 말하고 스스로 행할 수 있도록 도와주었습니다. 그것이 제 역할이자 임무이기 때문입니다.

2, 3달은 걸렸던 것 같습니다. 그 친구는 더 이상 자신의 얼굴에 부끄러워하지 않고 밝은 성격을 가지게 되었고 당연히 친구들과도 좋은 관계를 가지게 되었습니다. 이렇게 한 사람이 변하는 모습을 볼 때마다 저는 또래상담활동의 가치와 보람을 느낍니다.

저는 그 누구보다 상담의 중요성을 압니다. 저도 수많은 난관이 있었고 그 때마다 가족, 친구, 선생님 등 주변 사람들의 도움으로 견뎌낼 수 있었기 때문입니다. 이 활동을 통해 체득한 태도와 경험은 앞으로 농생명 관련 연구를 하면서 만나게 될 많은 사람들과 좋은 관계를 유지해 나가는 데에 큰 도움이 될 것입니다.

위의 서울대 합격 자소서(2011년)를 읽어 보면, 이 문항을 통해 본인이 '인성을 갖춘 사람임'을 드러내려 함을 알 수 있다. 이를 잘 전달하기 위하여 쓴 전략을 분석해 보면, 첫째, 제목(" ")에 '인성적인 깨달음을 얻었다'는 것을 살짝 돌려 적었다. 둘째, 내용에 그것을 뒷받침할 수 있는 에피소드를 서술했다. 셋째, 글의 마무리에서 인성적인 태도를 지닌 본인이 지닌 미래 성장 가능성을 재강조한다. 이를 구조화해 보면 다음과 같다.

① (인성적인 사람임)을 드러내는 제목을 적는다.
② 제목을 설명할 수 있는 예시·에피소드를 구체적으로 적는다.
③ 마지막 1-2줄을 이용해 다시 한 번 ①, ②에서 말했던 내용을 언급해 강조한다.

이렇게 3번을 반복하면, 일단 문항의 내용 자체에 '일관성'이 부여된다. 일관성 있는 자소서는 평가자들로 하여금 글을 읽은 후 어떤 말을 하고자 하는지 쉽게 이해할 수 있도록 해 준다. 이를 통해, 입시생 및 취준생들이 가장 놓치기 쉬운 부분, '글을 통해 하고자 하는 말이 무엇인지 정확히 전달하는 것'을 의도하지 않더라도 명확히 할 수 있다.

자소서를 쓸 때, 다른 문항에서도 위 3단계를 따르되, '①번의 괄호 부분'만 변경하여 적용하면 된다.

- **융통성 있는 두괄식과 키워드 강조하기**

지금까지 요리를 먹는 자, 즉 자소서 읽는 자를 고려하는 두 가지 방법을 제시했다. 마지막 방법으로 '융통성 있는 두괄식 쓰기'가 있다.

'융통성'을 이야기하기 전에 '두괄식'으로 써야 하는 이유를 간단히 알아보자. 앞서 말했듯, 두괄식을 사용하는 이유는 평가자들이 수많은 글을 읽어야 하는 고충을 배려하는 동시에 본인을 위한 것이기도 하다. 사람의 첫인상으로 기억의 많은 부분이 결정되듯, 자소서 또한 두괄식의 첫 문장으로써 평가자들의 손에 붙들리느냐 아니면 그냥 휘리릭 넘겨지느냐가 결정될 수 있다.

두괄식도 융통성 있게−
제목으로든 첫 줄로든 하고 싶은 말을 먼저 적자

자소서 관련 서적들을 살펴보면, 공통적인 말 중 하나가 '두괄식을 사용하라'이다. 맞는 말이지만 필자는 이 부분에서 100% 동의하지는 않는다. 그 이유를 살펴보자.

'두괄식'이란, '하고자 하는 말(주제)을 가장 앞에 서술하는 것'이다. 필자가 합격 자소서들을 분석해 본 결과, 꼭 두괄식을 사용한 것은 아니었다. 제목에 강조하고자 하는 핵심을 썼다면 굳이 첫 문장에서 핵심을 적을 필요는 없다. 만약 제목을 조금 추상적으로 썼거나 호기심을 강조한 경우에는 제목에 핵심이 들어 있는 것은 아니므로 문단 첫 줄에 핵심을 넣어 주는 것이 좋다.

　아래 공통 문항 1번 예시를 보며 융통성 있는 두괄식을 적용하는 방법을 알아보자. 아래에서는 고등학교 입시자소서를 예시로 들었지만, 취준생들도 동일한 개념으로 이해하면 되니 잘 살펴보자.

> 1. 고등학교 재학 기간 중 학업에 기울인 노력과 학습 경험에 대해 배우고 느낀 점을 중심으로 기술해 주시기 바랍니다. (띄어쓰기 포함, 1000자 이내)

과학 동아리를 3년간 할 정도로 과학에 흥미가 있었지만, 사실 스스로 느끼기에 다소 이해도가 떨어지는 과목이 과학이었습니다. 하지만 그럴수록 저는 과학의 부족함을 채우기 위한 노력을 멈추지 않았고 과학 탐구 동아리 '사이언스'의 '과학 개념 융합 탐구반'에 자원하기도 하였습니다. 모의고사에서 어려운 개념을 추출하여 멤버들끼리 튜터링을 하고, 각자 그 개념과 관련지을 수 있는 또 다른 개념을 가져와 마인드 매핑을 하였습니다. 이 과정에서 성적 향상은 물론, 같은 것을 보고도 다르게 생각할 수 있는 창의적 발상 및 튜터링을 통한 협력의 가치 그리고 개념 간 융합의 중요성을 알게 되었습니다. (후략)

　_〈자소서 a〉

첫째, 저는 '과학 개념 융합 탐구반' 활동에 적극 참여하였습니다. 과학 동아리를 3년간 할 정도로 과학에 흥미가 있었지만 사실 스스로 느끼기에 다소 이해도가 떨어지는 과목이 과학이었습니다. 하지만 그럴수록 저는 과학의 부족함을 채우기 위한 노력을 멈추지 않았고 과학탐구 동아리 '사이언스'의 '과학 개념 융합 탐구반'에 자원하기도 하였습니다. 모의고사에서 어려운 개념을 추출하여 멤버들끼리 튜터링을 하고, 각자 그 개념과 관련지을 수 있는 또 다른 개념을 가져와 마인드 매핑을 하였습니다. 이 과정에서 성적 향상은 물론, 같은 것을 보고도 다르게 생각할 수 있는 창의적 발상 및 튜터링을 통한 협력의 가치 그리고 개념 간 융합의 중요성을 알게 되었습니다. (후략)

_ 〈자소서 a′〉

〈자소서 a〉는 필자에게 첨삭 문의를 했던 한 학생의 글이다. 질문에서도 나타나 있듯이 이 항목에서 평가자들이 얻고 싶은 정보는 '재학 기간 중 학업에 기울인 노력, 학습 경험과 그에 대해 배우고 느낀 점'이다.

필자는 〈자소서 a〉를 〈자소서 a′〉로 바꾸어 주었는데, 이는 문항의 평가자가 원하는 내용을 바로 찾아낼 수 있도록 두괄식을 적용해 준 것이었다. 〈자소서 a〉의 첫 문장을 살펴보면 [과학 동아리를 3년간 할 정도로 과학에 흥미가 있었지만, 사실 스스로 느끼기에 다소 이해도가 떨어지는 과목이 과학이었습니다.]는 학습 경험의 '계기'로, 심사위원이 직접적으로 얻고자 하는 정보는 아니다. 반면, 수정한 〈자소서 a〉 첫 문장 [첫째, 저는 '과학 개념 융합 탐구반' 활동에 적극 참여하였습니다.]는 '학습 경험' 그 자체라는 점에서 평가자가 직접적으로 얻고자 하는 정보이다. 이렇게, 평가자가 보게 되는 첫 문장이 '제목'이 아니라 '문단의 첫 줄'인 자소서를 쓴다면 두괄식을 사용하는 것이 좋다.

　그러나 〈자소서 a〉에서 〈자소서 a′〉로의 수정은 제목을 붙이지 않는 상황을 가정했을 때이다. 만약 제목 달아 준다면 〈자소서 a〉를 그대로 사용할 수도 있다. 즉, 평가자가 보게 되는 첫 문장이 '문단의 첫 줄'이 아니라 '제목'이라면 자소서를 다르게 기술할 수도 있다는 것이다. 아래 예시를 살펴보자.

1. 고등학교 재학 기간 중 학업에 기울인 노력과 학습 경험에 대해 배우고 느낀 점을 중심으로 기술해 주시기 바랍니다. (띄어쓰기 포함, 1000자 이내)

"과학 개념 융합 탐구반,
성적 · 자신감 · 협동심 세 마리 토끼를 동시에 잡다"

과학 동아리를 3년간 할 정도로 과학에 흥미가 있었지만, 사실 스스로 느끼기에 다소 이해도가 떨어지는 과목이 과학이었습니다. 하지만 그럴수록 저는 과학의 부족함을 채우기 위한 노력을 멈추지 않았고 과학 탐구 동아리 '사이언스'의 '과학 개념 융합 탐구반'에 자원하기도 하였습니다. 모의고사에서 어려운 개념을 추출하여 멤버들끼리 튜터링을 하고, 각자 그 개념과 관련지을 수 있는 또 다른 개념을 가져와 마인드 매핑을 하였습니다. 이 과정에서 성적 향상은 물론, 같은 것을 보고도 다르게 생각할 수 있는 창의적 발상 및 튜터링을 통한 협력의 가치 그리고 개념 간 융합의 중요성을 알게 되었습니다. (후략)

_ 〈자소서 b〉

〈자소서 b〉는 제목에 '학업에 기울인 노력·학습 경험(과학 개념 융합 탐구반)'과 '배우고 느낀 점(성적, 창의적 발상, 협력의 가치)'을 담았다. 이처럼 제목에 강조하고 싶은 핵심을 썼다면 굳이 문장 처음에 다시 강조하고 싶은 내용을 먼저 쓸 필요는 없다. 평가자가 제목에서 이미 핵심을 파악할 수 있기 때문이다. 앞서 언급했던 '3번 반복의 힘'을 이용해서 [제목-내용-마무리] 구조를 활용하면 충분하다.

지금까지의 내용을 정리하면, '융통성 있는 두괄식'이란, 수많은 글을 읽어야 하는 심사위원들에게 하고 싶은 말을 '제목' 또는

'문단의 첫 줄'로 앞쪽에 언급하는 것이다. 여기서 '제목이냐 '문단의 첫 줄이냐'에 본인의 선택권이 들어간다는 점에서 융통성 있는 두괄식이 된다.

또 하나의 추천 전략 – 키워드 IN 자소서

두괄식과 함께 또 하나의 추천 전략이 있다. 바로, 소위 '인재상의 요소'라 불리는 키워드들을 넣어 주는 방법이다. 핵심 키워드란 리더십, 인성, 성실함 등을 말한다(더 자세한 내용은 인재상의 요소/핵심 키워드, 270쪽에 실려 있다). 자소서에서 키워드를 써야 하는 이유를 블로그의 예를 통해 쉽게 이해해 보자.

한때 필자도 경험해 보았던 블로그 마케팅. 당시, 마케팅에서 '키워드'는 상당히 중요한 문제였다. 그 이유는 키워드를 잘 맞추었을 때 글의 상위 노출이 가능했기 때문이었다.

쉬운 예로 '가로수길 카페'를 들어 보자. 많은 이들이 가로수길 카페를 다녀가고 블로그에 사진과 방문 후기를 올린다. 이렇게 올라온 수많은 블로그 포스팅이 상위 페이지에 모두 실릴 수는 없는 법. 어떤 글은 상위 페이지에, 어떤 글은 하위 페이지에 실리게 된다. 당연히 상위 페이지에 실린 블로그 글이 더 많은 사람들에게 노출될 것이다. 하위 페이지에 있는 글 중에서 가로수길 카페에 대한 더 좋은 사진과 내용이 실려 있는 경우도 있으나, 사람들은 일단 접근성이 쉬운 상위 페이지의 글부터 보게 될 수밖에 없다.

상위 페이지에 글을 올리는 방법. 즉, 글이 상위 페이지에 올라가는 원리. 그것은 바로, '키워드'였다. 가로수길 카페 관련 글을 쓴다면, '가로수길 카페'라는 키워드를 3-5번 정도 반복해서 쓰는 것이 좋다. 그 이유는 키워드를 3-5번 정도 반복할 때 컴퓨터, 정확히 말하면 포털 사이트의 메커니즘에 의해 이 글을 밀접한 관련 글로 인식하고 상위 페이지에 올리기 때문이다. 사람들 또한 제목이나 블로그 내용에 원하는 키워드가 보일 때, '아! 내가 원하는 정보가 맞구나!'라는 생각에 우선 클릭하여 보게 된다.

같은 맥락이다. 블로그는 '나를 표현하고 타인과 소통하는 매체'라는 점에서 자소서와도 많이 닮아 있다. 형체는 다를지라도 원리는 비슷하다. 따라서 '키워드'를 자소서에 반드시 넣기를 추천한다. 예를 들어, 리더십을 강조하는 활동을 쓰는 내용이라면 리더십 관련 키워드를, 인성 관련 활동을 쓰는 내용에는 인성 관련 키워드를 넣길 바란다(참고로, 인성 관련 키워드 중에서는 '공감', '소통'이라는 키워드가 상당히 좋은 키워드들인데, 이런 관련 키워드는 270쪽에 리스트로 따로 정리해 두었다).

키워드를 골랐다면, 적절하게 사용해 보자. 제목에 넣어도 좋고 본문에 넣어도 좋다. 최소 1-2번을 넣어서, 심사위원들이 '이 항목에서 이 사람이 표현하고 싶은 것이 이것이구나.'하고 쉽게 이해할 수 있는, 이해하기 쉬운 자소서를 만들기를 바란다.

합격 자소서
꼭 읽어야 할까

'귀납법'이라는 방법이 있다. 'n=1, n=2, n=3, …'을 확인하고 n번째는 무엇인지를 추론해 내는 방법이다. 쉽게 말해, 여러 예시를 통해 일반화시키는 방법이다. 문제는 이것이 자소서에도 적용될 수 있는가 하는 점이다. 이 부분에 대해서 필자는 약간의 의문을 제기하고 싶다.

자소서 1, 자소서 2, 자소서 3… 다양한 자소서를 보아도 n번째 본인만의 특색 있는 자소서를 쓰기는 쉽지 않을 것이다. 본인도 모르게 참고 자소서들을 뒤적뒤적하며 비슷하게 모방하는 자신을 발견하게 될지도 모른다. 필자가 느끼기에 이는 바람직한 방법이 아니다. 창의성이 중시되는 앞으로의 사회에서는 더더욱 그렇다. 특히, 필자가 자소서 첨삭에 관여하면서 느낀 것은, 사람들이 [합격 자소서 예시]를 보는 순간 오히려 '틀'에 얽

매인다는 점이었다.

　이에 필자는 '합격 자소서를 너무 많이 보지는 말라.'고 조언하고 싶다. 오히려 그 시간을 '자기 이해', '자소서 문항 의도 파악', '지원 학교·기업을 파악'하는 데 투자하길 권한다.

　결론적으로, 합격 자소서는 '반드시' 읽어야 하는 것은 아니라고 말하고 싶다. 본 책은 합격 자소서를 써내는 필자의 사고 과정을 고스란히 담았기에 이 사고를 본인의 것으로만 만든다면, 합격 자소서를 보지 않고도 오히려 자신만의 특색 있는 자소서를 만들어 낼 수 있을 것이다. 그럼에도 너무 막막하고 타인들의 자소서가 궁금할 때는 몇 가지 예시를 참고하되 틀에 얽매이지는 않기를 바란다.

스펙,
정확한 이해와 제대로 사용하는 법

스. 펙.

어떤 생각이 드는가? 쌓고 또 쌓아야 하는 이미지가 떠오르지 않는가? 아이러니하게도 '스펙을 쌓다.'라는 말이 입시생, 취준생 사이에서 너무 자연스럽게 쓰이고 있다. 하지만 그것은 스펙의 정의를 잘못 알고 있기 때문이다. 스펙을 쌓아 이를 자소서에 담아내기 전에, 스펙에 대한 정확한 이해와 사용법을 가지고 시작한다면 스펙을 자소서에서 제대로 활용할 수 있을 것이다.

> :: 스펙(SPEC) ::
> 사양, 성능 등을 상세하게 기재한 것

위는 스펙의 사전적 의미다. 그렇다면, 자소서를 판단하는 면접관들 및 인사담당자 등 평가자들은 스펙을 어떻게 규정하고 생각할까?

평가자들에게 스펙은 '유의미하다고 느껴지는 어떤 활동'을 의미한다. 특정 활동을 하는 '과정'이 지원자에게 '유의미'했는지, 즉 그 영향이 지원자에게 어떠했는가를 보기 위한 수단으로 스펙을 활용한다. 따라서 스펙을 기록할 때는 [스펙의 유의미 과정]을 따라 기록하는 것이 좋다. 아래, [스펙의 유의미 과정]을 살펴보자.

A관련 흥미 → A관련 활동 과정 → A관련 성과 · 성취
①   ②   ③

[스펙의 유의미 과정]

대부분의 지원자들은 ②(A관련 활동 과정)만을 스펙이라 생각하고 이것만 준비하는 경향이 있다. 그러나 스펙이 평가자에게 가치 있는 무언가가 되려면, [스펙의 유의미 과정]의 ①, ②, ③이 모두 자소서에 포함되어야 한다.

필자의 경우를 예시로 들어 보자. 특정 계기로 생명공학 · 의학에 관심이 생겼고 그와 관련한 활동도 다양하게 경험해 보았다. 생명 과목의 성적 또한 괜찮은 편이었다. 즉, [생명에 대한 흥미 → 생명에 관심을 갖고 활동하는 과정 → 생명을 둘러싼 성과 · 성취]의 과정이 완벽하게 조화를 이룬 것이다. 당연히 자소서의 결과는 좋았다.

대학생이 되어서 한 활동들의 대부분은 [영어에 대한 흥미 → 영어 관련 활동하는 과정 → 영어 관련 성과 · 성취]의 과정이 잘 이루어졌다. 그 결과 어떤 곳에 자소서를 내든 무난히 합격할 수 있었다. 이렇게 [스펙의 유의미 과정]이 자소서에 잘 표현될 때, 평가자들은 지원자의 스펙을 통해 그 사람의 잠재력 · 성장 가능성을 확인할 수 있다.

스펙을 유의미하게 만드는, 가장 쉬운 방법

[스펙의 유의미 과정]. 물론 이 과정 그대로 평가자들이 일일이 체크하지는 못할 것이다. 하지만 자소서를 읽었을 때 고개를 끄덕여지는 활동들을 보면, 대부분 이러한 구조를 가지고 있다.

따라서 앞서 언급했던 [스펙의 유의미 과정]을 염두에 두고 활동하되, 이에 꼭 맞추어서 스펙을 만들려고 하기보다는 일단 가급적 다양한 활동에 몸을 내던져 보자. 표본이 많으면 많을수록 확률이 정확해지듯, 스펙에서도 활동을 많이 하면 할수록 자연스러운 유의미성이 뚜렷해질 것이다.

04

6요소
기반 준비법

이번 장에는 입시생, 대학생, 취준생에게 꼭 전하고 싶은 필자의 노하우 중 하나를 담았다. 음식 재료가 좋으면 어떤 음식을 해도 맛있듯, 내용 준비만 잘되면 좋은 자소서 쓰기가 정말 쉽다. 그 준비 과정을 3부류로 나누어서 설명할 예정인데, 본인이 해당되는 부분을 골라 읽으면 유익할 것이다.

당신은 어떠한 요리를 만들 것인가

가게 주인에게 있어 '어떤 요리를 만들 것인가'는 상당히 중요한 문제다. 그 이유는 손님이 음식점에 찾아오는 '목적'과 상응하는 부분이기 때문이다. 특정 음식을 원하는 손님에 따라 준비해야 하는 재료가 다르듯, 어떤 대학·기업의 평가자에게 제출하는 자소서인가에 따라 준비해야 하는 요소가 다를 수밖에 없다.

정리하면, 핵심은 '대학·기업마다 요구하는 것이 다르다는 점'을 인식해야 한다는 것이다. 당연히 아는 것이라 생각할 수 있겠지만 지금 이 글을 읽는 여러분은 생각보다 이에 무심했음을 알게 될 것이다.

본인이 지원하고자 하는 대학 또는 기업이 요구하는 요소를 몇 가지나 이야기할 수 있는가? 그리고 이 요소들에 본인이 얼마나 충족하는 인재인지 생각해 본 적이 있는가? 아래의 공란에 위에서 얘기한 것들을 한 번 스스로 정리해 보기 바란다.

어느 정도 정리가 되었는지는 독자마다 다를 텐데, 공란에 이를 쓰는 과정에서 이러한 생각을 하지 않았을까 하는 생각이 든다.

'요소라……. 리더십. 인성. 그리고 또 뭐가 있지? 음.'

'내가 한 활동이 뭐더라. ○○동아리 했고. 아! 봉사 활동도 있었지! 또…….'

'이 활동은 인성에 해당되는 건가? 아니다. 이 요소로 넣어야 되는 건가?

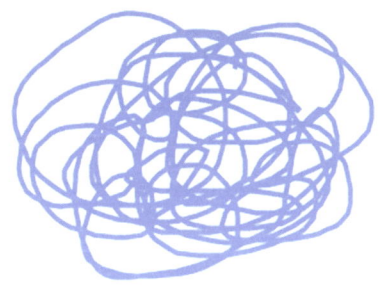

멘. 붕.

『부자가 되는 정리의 힘』이라는 책을 보면, '정리'만으로 돈, 시간, 의욕을 불러일으킬 수 있다는 문구가 나온다. 같은 맥락으로, 자소서 또한 '정리'라는 과정이 있어야만 합격을 불러올 수 있다.

그럼에도 의외로 많은 사람들이 정리 과정 없이 막연하게 자소서를 써 내려가는 경우를 많이 보았다. 그러한 사람들의 자소서는, 글 쓰는 재주가 타고난 경우가 아니라면, 글을 쓰는 그 순

간은 잘 모르지만 다 쓰고 나면 자소서의 내용에 '기-승-전-결'
이 없고 두서가 없어지기 마련이다.

따라서 '정리'는 자소서를 쓸 때 반드시 거쳐야 하는 중요한 과
정이고 정리하는 방법은 사람마다 다를 수 있지만, 이제부터 필
자가 제시하는 정리법을 참고해서 정리해 나가면 자소서를 쓰는
데 상당한 도움이 될 것이다.

이는 서울대 · KAIST · 의대 · 교대 자소서, 각종 대외 활동 서
류, 에세이 공모전 수상, 지인들의 기업 합격 자소서 등 모든
'설득하는 글쓰기'에서 적용했던 방법이다. 따라서 나름대로의
확신을 가지고 공개하려 한다.

자소서 쓰기 전, 들어갈 내용부터 제대로

'지피지기면 백전백승'이라는 말은 그냥 나온 것이 아니다. 이
를 자소서에 적용해 보면 자소서에 들어가야 할 내용을 고르는
과정이 매우 중요하다는 의미가 된다. 자소서에 들어갈 내용만
제대로 골라도 자소서의 합격 여부의 반이 결정된다는 것은, 필
자의 경험상 절대 과언이 아니다.

그렇다면 자소서에 들어갈 내용을 제대로 고르는 방법은 무엇
일까? 가장 중요한 것은 '모집 요강의 인재상'을 확인하는 것이
다. 지원하는 대학 혹은 기업의 '인재상'을 파악해 두는 것은 기
본 중의 기본이므로 인재상을 완벽히 숙지하고 해당 인재상에

'나'라는 사람을 맞춰 보는 과정을 거쳐야 한다. 이것은 자소서 뿐만 아니라 면접에서도 상당한 도움을 주기 때문에 반드시 거쳐야 할 관문이라 할 수 있다.

앞서 말했듯 자소서란 '나를 뽑지 않고는 못 배기게 하는 종이'가 되어야 한다. 따라서 설사 나라는 사람이 해당 대학 혹은 기업의 인재상과 100% 맞지 않더라도(실제로 100% 맞을 수는 없다) '맞는 것처럼' 엮어 갈 필요가 있다. 그리고 그것을 통해 심사위원들을 설득하는 결과를 이끌어 낼 수 있을 때, 자소서의 존재 이유가 빛나는 법이다.

하지만 이 책에서는 이렇게 당연한 이야기를 하고 싶은 것이 아니라, 인재상을 '어떻게' '제대로' '활용'하는지, 그 구체적인 방법을 알려 주고자 한다. 의외로 많은 학생들 및 취준생들이 이를 활용하지 못하고 있는 사례를 보아 왔기 때문에, 이 부분을 잘 숙지해서 평생 써먹기를 바란다.

본 준비법은 빠르면 빠를수록 좋다. 따라서 중학생 혹은 고등학교 1·2학년생 및 대학교 1·2학년생까지는 지금 이 글을 읽는 이 순간부터 이에 맞게 스토리(스펙)를 준비하면 훗날 자소서를 쓸 때 큰 도움이 될 것이다.

만약, 이미 자소서의 문턱에 가까이 와 버린 고등학교 3학년 혹은 대학 졸업이 가까워지면서 취업 시즌의 막바지에 자소서를 급히 써야 하는 대학생이라면? 그래도 걱정할 필요는 없다. 이 책에서는 재료 준비법뿐 아니라 이미 만들어진 재료가 조금 빈

약하더라도 어떻게 좋은 자소서를 쓸 수 있는지에 대한 방법까지 다룰 것이기 때문이다.

거의 모든 대학과 기업 인재상의
기본적 공통 요소 6가지

위에서 말한 바와 같이, 스스로 대학 및 기업에서 요구하는 인재상의 요소를 알아 두는 것은 중요하다. 물론, 이 책에서는 그 요소들을 정리해 두었고 각 요소에 관련된 준비법도 차근차근 알려 줄 것이다. 하지만 가급적이면 스스로 한 번만, 대학 입학 홈페이지에 들어가 대학의 인재상 및 학교 자체에 대한 글도 좀 읽어 보고, 모집 요강도 한 번만 훑어보길 바란다. 그 과정 자체에서 간절함과 진정성이 묻어날 수 있을 뿐 아니라 스스로의 경험만큼 의미 있는 일도 없다.

본인이 원하거나 관심 있는 대학 몇 군데, 혹은 입사하고 싶은 기업 몇 곳만 살펴보다 보면 이런 생각이 들 것이다. '어라? 인재상의 요소가 비슷한데?'

그렇다. 사실 인재상의 요소는 대학들 혹은 기업들마다 크게 다른 것이 없다. 필자는 고등학생 때 이를 파악하였고, 이를 기반으로 자소서를 써 내려갔다. 그리고 자소서를 써낸 모든 곳에 합격 통보를 받았다. 고등학생 때 알아 둔 인재상의 요소는 고등학생 이후의 삶에서도 계속 기회의 문을 열어 주었다.

그런데 고등학생 및 대학생, 취준생들의 자소서를 첨삭해 주는 과정에서 이 요소를 지켜서 자소서를 쓰는 사람들이 별로 없음을 발견했다. 정말 쉽고 간편한 방법이지만 이를 잘 실천하지 않는 사람들이 의외로 많고, 이를 제대로 활용하는 법을 모르는 사람들도 많기 때문에 보다 쉽게 이해할 수 있도록 필자가 직접 구조화하였다.

필자가 합격자소서를 쓰는 과정에서 활용하는 '거의 모든 대학 · 기업의 공통된 인재상 6요소'는 다음과 같다. 이에 대한 개념과 준비 방법을 알고, 자소서에 반드시 포함시키도록 하자.

거의 모든 대학과 기업 인재상의 기본 공통 6요소

① 리더십

② 성장 가능성

③ 인성

④ 창의성

⑤ 역량(학업 역량, 전공 역량)

⑥ 적극성

- **리더십**

  _ 보다 특별한 리더십

인재상	표현해야 하는 것
리더십	저는 '국가 및 세계 인류에 공헌할 전문 지식과 교양을 갖춘 리더로서의 복합 능력을 갖춘 인재'입니다.

리더십. 이는 대부분의 대학·기업에서 요구하는 중요 요소다. '리더십이 중요하다는 건 당연히 알지!' 하고 이 부분을 넘기려 한다면 잠시 멈추길 바란다. 리더십에도 종류가 있고 자신의 성격과 리더십을 잘 조화시켜 자소서를 써야만 신뢰도를 상승시킬 수 있다. 따라서 그 어떤 요소보다 신중을 기할 필요가 있는 것이 리더십이다.

예를 들어, 본인은 내성적이고 소극적인 성격인데 자소서에는 카리스마적으로 이끌어 가는 리더십처럼 과장해서 적으면 어떻게 될까? 면접에서 진실은 다 드러나게 되어 있다. 그렇다고 리더십을 자소서에 표현하지 않으면? 리더십 활동 경험이 있는 사람에 비해 매력 요소가 줄어드는 것이 사실이다. 이에 대한 해결책으로, 필자는 '성격·성향에 따른 리더십 어필하기' 방법을 추천한다. 이 방법을 구체적으로 알아보자.

리더십의 이미지
고정관념에 사로잡히지 말자

'리더십(Leadership)'하면 떠오르는 이미지. 고등학생이라면 전교 회장, 부회장 등을 떠올릴 것이고 취준생이라면 과 회장이나 동아리 회장 등을 떠올릴 것이다. 이렇게 생각하는 것이 잘못은 아니다. 지금까지 주변의 사회적 인식이 그래 왔기 때문에 리더십에 대한 고정관념은 어찌 보면 당연한 것이다.

누구나 거쳐 갔던 고등학생 시절을 돌이켜보면, 입시 전형 중 '리더십 전형'을 본 기억이 있을 것이다. 보통 이 전형은 주로 각 학교의 전교 회장들이 지원했고, 특출나게 리더십이 좋았던 이들이 합격하는 경우가 대부분이었다. 아마 그래서 '리더십'하면 '카리스마적'이고 '앞에서 뒷사람들을 이끌어 가는' 존재를 떠올리게 되는 것이 아닐까 한다.

위와 같은 특수한 경우 외에도 요즘은 기본적으로 인재의 요소로서 리더십을 중시하다 보니, 사람들은 자소서에 어떻게든 리더십의 이미지를 넣으려 애를 쓴다. 그러다 보니 본인의 모습을 꾸며서 써내는 상황이 발생하는 것을 많이 보아 왔다. 평가자가 아닌 첨삭자의 입장에서만 보아도 이렇게 꾸며내는 리더십은 너무나 티가 난다.

이제는 더 이상 그럴 필요가 없다. 리더십에도 종류가 있다는 것을 알고 이 중에서 자신에 맞는 것을 취사선택하여, 본인에게

솔직하면서도 리더십 요소를 채워 넣을 수 있는 자소서를 준비
해 보자.

리더십의 종류

:: 이끄는 리더십 & 섬기는 리더십 ::

경사진 도로에서 수레바퀴를 옮기는 두 사람을 상상해 보자.
한 사람은 앞에서 수레를 끌고 있고 다른 한 사람은 뒤에서 수레
바퀴를 밀고 있다. 누가 리더일까?

WHO IS THE LEADER?

일반적인 인식으로 꼽자면, 앞에서 수레바퀴를 끄는 사람이
리더라고 생각할 것이다. 물론, 틀린 말은 아니다. 하지만 앞뒤
의 사람, 그 둘의 '역할'이 다를 뿐 어떻게 생각하느냐에 따라 리
더는 달라질 수 있다. 즉, 앞사람은 '이끄는 리더십'을, 뒷사람

은 '섬기는 리더십'을 행하고 있다고 볼 수 있다.

　의외로, 요즘은 섬기는 리더십의 자세를 더 중요하게 보는 경우가 많아졌다. 이를 전문 용어로는 '서번트(serveant) 리더십'이라 부르기도 하는데, 예전처럼 강력한 카리스마를 풍기며 '이거 하자.', '저거 하도록 해.'라는 강한 리더십을 가진 자만이 대우받는 시대가 지나면서 이 용어의 의미가 주목을 받고 있다. 요즘의 입시나 취업 현장에서는 오히려 인성을 강조하며, 다른 사람들과 조화롭게 어울리면서도 팀원 전체를 안고 걸어갈 수 있는 부드러운 카리스마의 리더를 추구하는 경향이 높아지고 있다.

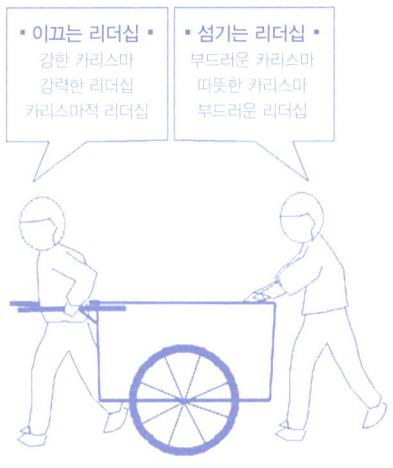

　정리하면, 리더십에는 두 가지 종류가 있다. '이끄는 리더십'과 '섬기는 리더십'. 이끄는 리더는 '강한 카리스마'를 가지고 있는 경향이 많고, 섬기는 리더는 '부드러운 카리스마'를 가진 경우가 많다. 자신이 평소에 적극적이고 외향적이며 친구들이 자신을 잘 따르는 경우에는 '이끄는 리더십과 강한 카리스마'를 가진 사람임을 강조하자(단, 그렇다고 강력하기만 한 리더십보다는 부드러운 리더십도 겸비하고 있음을 강조하면 좋다).

　다음으로, 평소 소극적이고 내성적인 성격을 가진 학생들은 '섬기는 리더십'을 가지고 있음을 자소서에 어필함으로써 리더십의 요소를 채울 수 있다. 단, 그에 대한 합당한 에피소드나 근거는 제시할 수 있어야 한다. 섬기는 리더는 이끄는 리더만큼 눈에 띄거나 모두에게 인정받지는 못하지만, 한 그룹에서 분열이나 갈등이 일어날 경우 친구들을 설득하고 잘 협력하도록 이끌어, 결국 그 그룹이 좋은 성과를 내거나 바른 길로 갈 수 있도록 도와준다. 그게 부드러운 카리스마를 가진, 섬기는 리더의 특징이다. 이를 알고 이에 해당하는 에피소드를 자소서에 기록하면 된다.

나만의 리더십 만들기

＿＿＿＿＿＿＿의 리더십

　이끄는 리더십과 섬기는 리더십, 꼭 2가지가 정답인 것은 아니다. 그 외에도 글로벌 리더십, 창의적 리더십, 배려의 리더십 등, 특색 있는 이름을 붙여 본인만의 리더십을 만들어 내어 근거를 잘 기술한다면, 본인만이 가진 특색 있는 리더십을 표현할 수도 있다.

리더십 종류	표현해야 하는 것
글로벌 리더십	저는 '국가 및 세계 인류에 공헌할 전문 지식과 교양을 갖추고, 글로벌적인 마인드와 태도를 지닌 리더로서의 인재'입니다.
창의적 리더십	저는 '전문성과 교양을 갖추고 창의적 사고와 혁신으로 사회에 공헌할 수 있는 리더로서의 인재'입니다.

위 리더십 중 글로벌 리더십을 가지고 쓴 자소서를 읽어 보자.

저만의 강점은 '글로벌 리더십'을 가지고 있다는 점입니다. 세계화된 사회 속 4차 산업 혁명의 시대가 도래하고 있는 지금까지 저는 글로벌 리더십을 길러 왔습니다. 교육부 주관 TaLK program을 통해 다문화가정을 도우며 '문화 포용·이해력'을 얻었습니다. 2012년 정상회의 통역단에서는 각 국가 외신기자들을 만나는 과정에서 외국어 실력은 물론 문화적으로 완전히 다른 사람을 만났을 때 쉽게 다가가고 소통하는 방법을 터득했습니다. 저의 이러한 글로벌 리더십은 A회사에 들어가 B업무를 맡을 때 좋은 역할을 하리라 확신합니다.

〈글로벌 리더십 예시〉

[리더십] 요소 준비하기

내게 맞는 리더십 종류를 정하고 에피소드를 기록하라

지금까지 리더십의 종류를 알아보았다. 이 부분에서 누차 강조하지만 리더십은 대학 및 기업에서 추구하는, 상당히 중요한 인재상의 요소임에는 틀림없다. 특히, 일부 대학과 기업에서는 단순한 리더십을 넘어 '글로벌'한 리더십을 추구하는 경우도 많다. 이렇듯 대놓고 중요하게 여기고 있는 리더십의 요소에 대하여 '나는 리더 스타일이 아니야.' 혹은 '난 소극적인 성격이라 리더십이 없는데…….'라 고민하며 리더십 요소를 살포시 포기하는 행동은 하지 않기를 바란다.

사실, 리더십은 거창한 것이 아니다. 리더십을 어필하는 방법도 그리 어렵지 않다. 아래 순서를 따라 기록해 보자.

① 본인 성격에 맞는 리더십(이끄는 리더십, 섬기는 리더십, 글로벌 리더십, 창의적 리더십 등)을 고른다.

② 본인이 그러한 리더십을 가지고 있음을 평가자가 수긍할 수 있도록 하는 '에피소드'를 기록해 둔다.

예시) 나의 리더십 성향 : 섬기는 리더십
  ↳ (예전에 활동한 A에서, ……)

〈글로벌 리더십 예시〉

만약, 관련 에피소드를 미처 준비하지 못한 경우나 전혀 생각이 나지 않는 경우에는? 없는 것을 지어내는 것은 추천하지 않는다. 지어내는 순간, 자소서에는 진솔함이 사라지고 면접에서든 어디서든 진심이 통하지 않게 된다.

따라서 생각이 나지 않을 때에는, 본인을 잘 아는 주변 사람들에게 본인의 성향을 물어보거나 그동안 했던 활동들이 기록된 기록물이나 학교생활기록부를 되짚어 보자. 분명히 작은 어떠한 하나라도 생각이 날 것이다. 그 에피소드를 통해 자신이 선택한 리더십을 적절히 어필한다면, 충분히 심사위원·인사담당자의 마음을 끌 수 있는 리더십을 전달할 수 있다.

• **성장 가능성**

_ 입시생 vs 취준생

인재상	표현해야 하는 것
성장 가능성	저는 '미래 사회 각 분야에 기여하고, 지도적 역할을 할 수 있는 인재'입니다.

성장 가능성, 쉽게 말해서 '잠재 능력'이라고 생각하면 된다. 이 부분에서의 주요 평가 요소는 '미래 사회 각 분야에 기여할 수 있고, 지도적 역할을 할 수 있는 인재인가?'이다. 상당히 추

상적인 개념이라 준비하기 까다로운 항목이다. 추상적인 개념을 가진 인재상의 요소이기 때문에 더더욱 '구체적 활동'과 '에피소드'를 활용해서 어필해야 한다. 그렇지 않으면 '훌륭한 공학자가 될 것입니다.', '최고의 경영인이 될 것입니다.' 등 상투적 내용으로 전락해 버릴 가능성이 크다.

일단, '성장 가능성' 요소에 대한 추천 준비 방법을 아래에서 소개한다. 이대로 잘 준비하여 지원 대학 혹은 지원 기업에서 본인의 성장 가능성을 인정받을 수 있는 좋은 자소서를 쓰길 바란다.

추상적인 개념의 성장 가능성
어떻게 접근해야 할까

성장 가능성 부분에서는 전공 적합성, 자기주도성, 비판적 사고력, 설득력 등 너무나 다양한 요소가 포함될 수 있다. 그래서 더욱 필자의 고민이 많았던 부분이었다. 분명히, 합격한 자소서들을 읽어 보면 그 사람의 성장 가능성이 눈에 보인다. 그러나 필자는 이를 이론화해서 그 방법을 알려 주어야 하기 때문에, '성장 가능성'이라는 추상적 개념을 어떻게 이론화·방법화할 것인가에 대하여 정말 많은 고민이 있었다. 수없는 고민 끝에 내린 결론은 이것이었다.

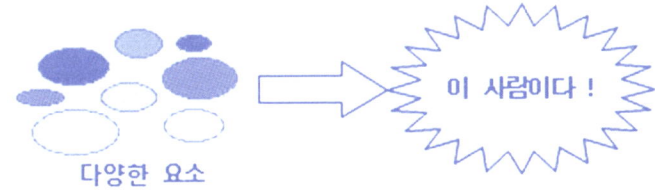

다양한 요소들을 담은 자소서를 읽고 평가자들이 '앞으로 함께 해야 할 인재는 이 사람이다!'라는 생각이 들 수 있도록 만드는 것. 이것이 성장 가능성을 표현하는, 가장 쉬운 방법이다.

성장 가능성의 요소에는 여러 가지를 담을 수 있지만, 대표적으로 꼭 자소서에 담기를 바라는 요소로서, '미래 비전'을 간단히 설명하고 넘어가고자 한다.

[미래 비전] 자소서에 구현하는 방법

미래에 어떤 사람이 될 것이고 어떤 활동을 해나갈 것이며, 본인의 현재 모습에서 어떻게 발전하여 장기적으로 어떠한 목표를 가지고 있는지를 제시하면 된다.

이때, 본인만이 가진 삶의 철학이나 인생 가치관 등을 활용하여 사회에 어떤 식으로 기여할 인재가 될 것인지를 설명하는 것이 좋다.

사실 '성장 가능성'을 이루는 요소에는 여러 가지가 있을 수 있다. 따라서 몇 가지로 요약하기는 힘들다. 본인과 관련된 다양한 요소들을 적되 그 방향이 '본인 소개·자랑'이 아닌, '미래 사회의 각 분야에 기여할 사람이다!'라는 쪽을 향해야 함을 명심하자.

[성장 가능성] 요소 준비하기
전공과 직·간접적으로 관련된 내용의 활동을 많이 하라

성장 가능성의 요소는 사람에 따라 다르기 때문에 성장 가능성의 요소를 확인하기란 쉽지 않다. 그렇다면 성장 가능성의 요소를 어떻게 준비해야 할까? 필자가 가장 추천하는 방법은, '가급적 다양한 활동을 하는 것'이다. 이 과정에서 성장 가능성 요소가 저절로 체득될 수 있고, 틀에 맞춰지지 않은, 보다 좋은 자소서를 써낼 수 있는 경험과 에피소드들이 차곡차곡 쌓이게 된다.

이 글을 읽고 있는 본인이 입시생이라면 '지원 대학의 지원 학과'와 직·간접적으로 관련된 활동을, 취준생이라면 '본인의 전공'과 직·간접적으로 관련된 활동을 하도록 하자. 앞서 언급한 바와 같이, 성장 가능성이란 '사회 각 분야에 기여할 수 있고 지도적 역할을 할 수 있는 인재인가'의 문제이다. 따라서 일단 '자신의 분야에서 자신의 전공으로 어떻게 사회에 기여할 수 있는지'를 생각해 보는 게 핵심이다. 이를 준비하는 방법을 입시생과 취준생으로 나누어서 알아보자.

입시생,
교내 활동은 가리지 말고
가급적 '많이, 다양하게' 참여하라

　일단 필자가 고등학생이었을 때 '생명공학과'를 지원하기 위하여 준비한 활동을 살펴보자. 생명공학과와 관련된 활동으로 작게는 관심 분야 신문·영문 과학 잡지 스크랩 및 브레인스토밍 노트, 교내 과학 실험 후 더 관심 있게 찾아보고 발전시키는 것부터 시작해서 크게는 도 과학영재, 공과대학 과학캠프까지 지원·선발되었다. 그 외에도 학급실장, 전교총학생회 부회장 등 넓은 스펙트럼으로 참가했으며 그 결과 굳이 '성장 가능성' 요소를 준비하지 않아도 자연스럽게 이 요소를 자소서에서 표현할 수 있었다.

　특히 최근에는 사교육 감소 정책을 위해 교내 활동에 중점을 두겠다는 정부의 교육 정책이 발표되면서, 넓은 스펙트럼으로 활동하는 것이 더욱 중요하다는 게 필자의 생각이다. 이는 학교생활기록부에 기록된 것 위주로 평가를 받게 되는 것을 의미하므로 가급적 교내 활동과 연관 있는 다양한 활동들을 함으로써 학생부에 가급적 많이 기록해야 한다. 이러한 변화로 인해 각 학교에서도 나름대로의 독특한 활동 커리큘럼을 만들기 위해 노력하고 있는데, 그 예시로 한 고등학교에서는 인근 공과대학과 연계하여 대학생 혹은 대학원생과의 협력 연구 R&A를 진행하기도 한다.

이렇게 참신하고 독특한 활동을 학교 측에서 편성해 주면 좋겠지만, 사실 학교 입장에서는 지역적 · 인력적 · 재정적으로 쉬운 일이 아니고 모든 학생들이 이러한 프로그램을 제공받을 수는 없다. 그렇기 때문에 이 책을 읽는 입시생들에게 성장 가능성 요소를 준비하는 방법으로, '가급적 교내 활동은 다양하고 넓은 범위의 스펙트럼으로 적극 참여하기'를 추천한다.

지원하고자 하는 대학과 학과가 정해져 있다고 해서 그 학과와 직접적으로 관련된 활동만 하지 말고 가급적 '다양'하게 참여하자. 활동이 많을수록 교집합을 찾아내기 쉽고 자소서에 넣을 수 있는 이야기도 다채로워진다. 특히, 학교에서 주최하는 가급적 다양한 행사나 활동에 많이 참여하길 바란다. 그 예로, 교내 경시대회도 '결과에 상관없이' 가급적 많이 참여하길 권장하는데, 이러한 태도는 '도전 정신'이라는 성장 가능 잠재력을 보여주는 요소가 될 수 있기 때문이다.

이해를 돕기 위하여 신문방송학과(이하 '신방과')가 목표인 학생을 예시로 들어 보자. 신방과가 목표라 해서 '신문 편집 동아리', '글쓰기(논술 · 토론) 관련 동아리', '시사 관련 동아리'에만 한정지을 필요는 없다. 영어회화 동아리, 컴퓨터 관련 동아리 등 큰 관련이 없어 보이는 동아리도 자소서를 쓸 때는 피가 되고 살이될 수 있다. 신방과에서는 보통 기본적으로 대중매체의 커뮤니케이션을 연구하고 제작 실습 및 실제 현장에서 취재 보도를 한다. 따라서 문장력, 토론력 외에도 통찰력, 예술적 감각, 창의력, 체력 등 다양한 자질이 요구된다.

그럼에도 불구하고 신방과를 지원하는 대부분의 학생들은 신방과와 밀접한 관련이 있는 동아리나 활동만으로 자소서를 채우기 시작한다. 사실 대부분 학교는 큰 차이 없이 비슷한 방식으로 동아리를 진행하고 있을 것이기에, 에피소드도 많이 겹칠 가능성이 높다. 여러분이 심사위원이라면, 과연 이렇게 유사한 교내 활동이 큰 임팩트로 다가올까?

다음의 자소서 예시를 보며 다양한 활동을 했을 경우 자소서의 내용이 풍부해짐을 느껴 보자.

> 문항 4. 지원 동기와 지원 분야의 진로 계획을 적고, 이를 위해 어떤 노력과 준비를 해 왔는지 기술해 주시기 바랍니다.

"인문학적 소양, 통찰력, 소통력을 기반으로 한 인재로 성장하겠습니다!"

(…이전 내용 생략…)

신방과는 문장력, 토론력 외에도 통찰력, 예술적 감각, 체력 등 다양한 자질이 요구된다는 신방과에 재학 중인 선배의 이야기를 들었습니다. 이에 저는 다양한 자질 중에서도 신방과에 진학하였을 때 꼭 필요하다고 생각되는 세 가지-인문학적 소양, 통찰력,

소통력─를 기르기 위해 활동해 왔습니다.

첫째, '퀘렌시아' 토론 관련 동아리 활동의 팀장을 맡아 왔습니다. 토론은 신방과 인재의 필수 요소인 '인문학적 소양'을 기르는 데 상당히 중요한 역할을 합니다. ○○대학의 신방과의 인재로 성장하고 싶은 저는 퀘렌시아에 단순히 참여하는 것을 넘어 하늘로 비상한다는 의미를 가진 '우올로' 팀의 팀장을 맡았습니다. 팀장으로서 저는 토론의 중심을 잡고 구성원들의 의견을 경청하여 하나로 모으는 역할을 해왔습니다. 이를 통해 저는 신방과를 위한 문장력, 토론력, 수용력 등의 기본적인 자질을 체득할 수 있었습니다.

둘째, 교내 독서시간에 예술적 감각이 깃든 책을 탐독함으로써 통찰력을 많이 길렀습니다. 고등학교 1학년 겨울방학, 자발적으로 청강을 하고 온 한 작가의 강연에서 예술적 감각과 통찰력의 관계에 들은 적이 있습니다. 이를 토대로 『인문학으로 광고하라』, 『에디톨로지(편집학)』 등 폭넓고 참신한 사고를 맛볼 수 있는 책들을 많이 읽었습니다. 그 결과, 독특한 발상과 상상을 하는 시간이 늘어났고 동아리에서도 참신한 생각들로 주목을 받기도 하였습니다. '참신한 상상력'은 신방과에 진학하였을 때 큰 강점이 되어 줄 것입니다.

셋째 SNS 중 '블로그'를 개설, 직접 운영하며 소통의 장을 마련하고 있습니다. 학교 정보 시간, 온라인 인간관계 네트워크를 기반의 소통이 매우 활발한 블로그에 대해 들었습니다. 실행력이 강한 저는 블로그를 직접 제작·운영하며 이웃들과 소통하고 있습니다.

제가 신방과에 진학할 때에는 IT시대 속 소통에 능숙한 사람이 더욱 필요하게 될 것입니다. 고등학교 3년간 블로그 활동을 활발히 해왔기에 미래 신방과 인재로서 큰 역할을 해내리라 확신합니다.

(…이후 내용 생략…)

_ 〈신방과 자소서 예시〉

신방과에 지원할 계획이라 해서, 신문을 많이 읽고 글을 많이 써 보고 뉴스를 챙겨 보고 토론을 자주하는 것 자체만으로 자소서를 채운다면, 오히려 식상하고 흔한 자소서가 되기 쉽다. 따라서 다양한 활동을 통해 위의 자소서처럼 다양한 방면에서 여러 자질을 체득한 사람으로 자신을 빛나게 하자.

입시생,
교외 활동을 통해 스토리를 특별하게 만들어라

위의 〈신방과 자소서 예시〉를 보면 토론 동아리, 교내 독서 시간, 교내 정보 시간 등 '교내 활동'을 통해 잘 어필한 느낌이 들 것이다. 하지만 자소서를 조금만 더 자세히 들여다보면 아주 교묘한 전략이 숨어 있음을 깨닫게 될 것이다. 바로, '교내 활동'과 '교외(개인) 활동'을 은근히 섞어서 썼다는 점이다. 특히, 구조를 보면 교내 활동이 동기 · 계기가 되어 교외 활동으로 이어지는 것이 보이는데, 아래 [표]를 보고 더 자세히 이해해 보도록 하자.

교내 활동	▶	교외 활동
교내 독서 시간	▶	작가의 강연 청강
교내 정보 시간	▶	개인 SNS 활동(BLOG)

[표]

기본적으로 평가자들은 자소서에서 '교내 활동'을 중점적으로 보는 것이 사실이다. 그러나 교외 활동을 약간 첨가하면 평가자들로 하여금 자소서의 내용이 더욱 탄탄하고 본인만의 개성이 드러나는 느낌을 받게 할 수 있다. 따라서 자신만의 특색 있는 교외 활동을 경험하고 이를 교내 활동과 자연스럽게 엮어서 쓸 수 있도록 준비하자.

이렇게 말하면 '스펙을 쌓으라.'라는 말처럼 들릴지도 모르겠다. 하지만 절대 그런 뜻이 아니다. '교외 활동'은 학교 외 활동으로, 학교에서는 배우고 접하기 어려운 것들을 경험해 보는 교내 활동의 연장선이 될 수 있다. 요즘은 SNS나 다양한 매체가 잘 발달되어 있는 만큼 할 수 있는 교외 활동도 많다. 단순히 돈이 있어야 할 수 있는 것도 아니다. 열정, 노력, 의지만 있다면 충분히 해낼 수 있다.

교외 활동

자소서뿐 아니라 인생의 밑거름

교외 활동은 '학과, 전공'에 대한 열정과 관심을 보여 줄 수 있는 여러 방법 중 하나이면서, 본인 스스로도 그것에 적성이 맞고 진정으로 관심이 있는지 알아볼 수 있는 좋은 기회이다. 즉, 자소서에서의 '성장 가능성'을 표현하는 데 도움이 될 뿐만 아니라 학생 스스로도 다양한 활동 및 타 학교의 열정적인 학생들과의 만남을 통해 배울 수 있는 기회를 가질 수 있다. 이런 과정이 결국 '스토리'가 되고, 자소서에 온전히 녹여 낸다면 합격의 영광을 누릴 수 있다.

요즘 주변을 보면, 정말 열정적인 학생들이 많다. 필자가 고등학생 때는 생각도 못했던 교외 활동들을, 현 후배들은 하고 있는 셈이다. 그러한 학생들은 자소서에 쓸 수 있는가의 유무와 상관없이 자신이 좋아서 교외 활동을 하는 경우가 많다. 이런 학생들은 '생각보다' 대학을 잘 간다. 그 이유는 잠재력, 즉 성장 가능성이 자소서에 자연스럽게 묻어나기 때문이지 않을까 하는 게 필자의 생각이다. '성장 가능성' 요소는 교내 활동뿐 아니라 교외 활동으로 눈을 돌리는 과정을 실행하느냐 그렇지 않느냐에서부터 자라나는 것임을 명심하자.

입시생, 교외 활동 준비하는 팁
거창한 것이 아니다. 쉽게 생각하자!

교외 활동에 대해서 거부감을 갖는 학생들도 분명 있을 것이다. 보통 '교외 활동'하면 거창한 무언가를 떠올리게 되기 때문일 것이다. 하지만 교외 활동은 말 그대로 '학교 외 활동'일 뿐이다. 어떤 기관에서 주최하는 큰 활동이면 물론 좋겠지만, 여건이 허락하지 않는다면 개인적으로 진행하는 프로젝트성 활동도 교외 활동의 하나가 될 수 있다. '제2장'은 '자소서 준비법'을 알려 주는 장인 만큼, 교외 활동을 준비하는 손쉬운 방법을 간단히 소개한다.

개인 프로젝트성 교외 활동 준비하기

여건이 안 될 경우에는 아래 [교외 활동 목차]와 같은 활동을 하면 좋다. 단, 개인적으로 하는 활동의 경우에는 심사위원 입장에서 확인이 불가능하다는 것이 가장 큰 문제일 것이다. 이를 극복하기 위해서는 '진정성을 가지고 활동하기', '꾸준하게 하기'가 답이 될 수 있다. 겉치레가 아닌 진정성을 가지고, 일회성이 아닌 꾸준함을 지켜서 개인 활동을 한다면 자소서에는 반드시 그것이 묻어나게 되어 있다. 거짓으로 할 경우, 자소서는 물론이고 설사 자소서가 통과되었다 하더라도 면접에서 탄로 나게 된다.

[교외 활동 목차]
∨ 블로그 운영하기
∨ 관심 분야 스크랩하기
∨ 특허 내기 or 특허 노트 만들기

∨ 아이디어 노트 쓰기

∨ 학과 관련 선배에게 연락하기

∨ 학과 관련 교수님께 연락하기

∨ 개인 출판하기

기관에서 주최하는 교외 활동 준비하기

여건이 된다면 기관 주최 교외 활동을 꼭 한 번 해 보길 바란다. 자소서에도 도움이 되지만 미래에 자신의 꿈을 만들어 가고 성장하는 데 큰 밑거름이 될 것이다. 대표적으로는 기자단, 동아리 연합회 등이 있다. 그 외에도 기관 주최 교외 활동은 종류가 워낙 다양해서 몇 가지를 고르기가 쉽지 않을뿐더러 본인이 원하는 종류가 다를 수 있기 때문에 특정 리스트를 뽑는 것이 쉽지 않다. 따라서 세 가지 사이트(경로)를 소개한다. 이 사이트에 수시로 들어가 보며 본인이 원하는 교외 활동이 있다면 적극 지원해 보자.

∨ 올콘 사이트 http://all-con.co.kr/

– 중 · 고등학생이 할 수 있는 활동들을 모아 두어 유용하다.

∨ 스펙업 사이트 http://cafe.naver.com/specup

– 대학생 활동들이 주류를 이루지만, 가끔 중 · 고등학생 및 일반인이 참여 가능한 활동들이 올라오기도 해 잘만 찾으면 참신한 활동의 기회를 얻을 수 있다.

∨ FACEBOOK 외교부(등 기관 SNS)

– 페이스북을 하는 중·고등학생이라면 친구 추가를 해두자. 종종 외교부 주관으로 주최하는 좋은 활동들이 올라온다.

입시생, 교외 활동 준비 시 주의할 팁

앞서 말했던 교외 활동은 자소서의 합격·불합격에 큰 차이를 주지 않을 수도 있다. 평가자들은 '교내 활동'을 보겠다고 선언하였기 때문이다. 아마도 교외 활동이 사교육으로 번질 가능성을 막기 위한 조치일 것이다. 물론 교외 활동이 합격을 보장해 주는 것은 아니지만, 잘만 활용하면 교내 활동을 더 탄탄하고 내실 있게 보이도록 할 수 있다는 점에서 합격률을 높일 수 있음은 확실하다.

'제2장'에서 이야기한 대로 교내·외 활동 둘 다 잘 준비해 둔다면 '제3장'에서 자소서를 보다 더 견고하게 만들 수 있으리라 확신한다. 다만, 교외 활동에 있어 주의할 점 두 가지가 있다.

첫째, '교외 활동의 학생부 기록' 부문이다. 사실 교외 활동을 학생부에 기록하기란 쉽지 않다. 하지만 본인 특성을 표현할 만큼의 중요한 활동이라면 기록해 두는 것도 좋다. 필자의 개인적인 팁으로는 '교사기록란(행동 특성·종합 의견란 등)'과 '독서활동란'에 기록하는 방법이 있다. 단, 이 기록에서 교외 활동이 주가 되는 것이 아닌, 평가자로 하여금 학생을 더 잘 판단할 수 있도록 하는 근거로서의 역할에 충실해야 한다.

　그러나 이는 필자의 추천일 뿐, 학교·교사에 따라 교외 활동을 학생부에 기록해 주지 못하는 경우도 있다. 그럴 경우, 교외 활동 수료증은 반드시 챙기자. 저학년 때 한 활동의 경우 고학년 때까지 자세히 기억이 나지 않을 수 있으니 핵심 에피소드나 흥미로운 스토리 등은 반드시 기록해 두도록 한다.

　둘째, '수상 실적'이다. 아래의 수상 실적을 자소서에 기록할 경우 0점 처리 된다는 점을 기억하자.

　　■ 공인어학성적
－ 영어(TOEIC/TOFEL/TEPS) 중국어(HSK) 일본어(JPT/JLPT) 독일어(ZD/TESTDAF/DSH/DSD) 프랑스어(DELF/DALF) 러시아어(TORFL) 스페인어(DELE) 등 모든 공인어학성적이나 한자시험성적

　　■ 수학/과학/외국어 교과에 대한 교외 수상실적
－ 대회 명칭에 수학, 과학(물리/화학/생물/지구과학/천문 등), 외국어(영어 등) 교과명이 명시된 교외 경시대회/올림피아드 등 수상실적
－ 해외 어학연수 등 사교육 유발요인이 큰 교외활동을 기재한 경우 0점 처리는 하지 않으나 평가에 반영하지 않음

대학생, 취준생
'주 전공'에 대한 깊음의 정도가 꽤 중요하다

합격 자소서를 분석해 본 결과, 고등학생이 관심 분야와 관련해서 비교적 다양한 대외 활동을 하면 좋았던 것과 달리, 대학 이후부터는 '전공에 대한 전문성'이 중요한 것으로 판단되었다.

물론 대외 활동을 지원하려는 대학 1~2학년은 주 전공에 대한 경험이 아직 없을 수 있다. 이럴 땐 주 전공에 대한 경험보다는 주 전공 자체를 이용해서 어필하면 된다. 모두가 비슷한 선상에서 출발하기 때문에, '본인 전공을 활용하여 대외 활동을 성공적으로 마무리하는 데 어떤 잠재적 역할을 할 수 있는지 보여 주는 것'이 성장 가능성을 보여 줄 수 있는 가장 쉬운 방법이다. 예를 들어, 본인이 경영학과라면 '경영' 관련 이야기로 엮어 가고 전공이 간호학이면 대외 활동에서 '간호학'을 통해 어떤 역할을 할 수 있는지 보여 주면 된다. 정리하자면, '전공을 잘 엮어서' 이야기하면 된다.

이렇듯 대학생의 경우에는 주 전공에 대한 깊음을 표현하되 그 깊이가 조금은 얕아도 큰 문제는 없다. 그러나 취준생의 경우는 이야기가 달라진다. '취업'을 목표로 하고 있는 만큼, 적어도 대학 4년간 접하고 공부했던 주 전공에 대한 깊이는 자소서에서 꽤 중요하게 다루어질 필요가 있다. 예전에 필자가 첨삭을 진행했던 사례를 보면 이를 명확히 알 수 있다. 아래는 대한

민국 인재상 1차 서류 전형을 무난하게 통과한 지원자가 준비해 왔던 경력이다.

[공대생] 경력

1. 전국 대학(원)생 에세이 미래 예측 공모전 우수상

2. 제6회 소외된 90%를 위한 창의설계 경진 대회 은상

3. 제2회 나눔의 기술, 적정기술 공모전 최우수상

4. A 중견기업 USA 미국 인턴 참가

   (자동차 Arounding View Monitoring 시스템 개발)

5. 제16회 총장배 전국 라켓볼 대회 C클래스 우승

6. 동부문화재단 장학생 선발

7. LS그룹 전국 대학생 해외 봉사 활동 참가

8. 우리미래나눔 포스텍 해외 봉사 활동 참가

9. Save the children 방글라데시 아이 후원 활동 중

10. 국제 워크캠프 활동

이 사례의 경우, 10가지의 경력 중 2-4번 활동은 주 전공과 관련해 직접적으로 그 깊이를 증명할 수 있는 큼직한 활동이다. 1번 활동 또한 그 주제가 미래 지향적인 주제이며 에세이(장편의 글)라는 점에서 공대생에게 전공을 뒷받침해 줄 수 있는 좋은 자질이다.

이렇듯 다양한 활동을 하더라도 '주 전공의 깊이'를 증명해 낼 수 있는 활동을 적어도 2개 이상은 가지고 있는 것이 좋다. 그 이유는 확인 차원에서 적어도 2번 정도는 전문성에 대한 인정이 되었을 때 자소서를 통해 전문성 자체를 어필하기가 한결 수월해지기 때문이다.

　이 글을 읽고 있는 대학생이라면 혹은 취업을 준비하는 과정에 있는 학생이라면, '주 전공' 관련 활동을 소홀히 하지 말자. 전공 관련 구직을 위한 자소서라면 더욱 명심해야 한다. 인턴·공모전·강의청강·문화생활 등 어떤 것이 되어도 상관없으니 대외활동 사이트에 자주 들러 본인의 전공과 직·간접적으로 관련된 활동을 많이 지원하여 준비해 두도록 하자

　실전 자소서 작성법을 다룬 '제3장'에 가기 전, 지금 이 '제2장'의 '성장 가능성' 파트를 읽는 동안, 아래 공란에 본인의 주 전공 관련 활동을 정리해 보는 시간을 꼭 가져 보자.

- **인성**
  _ 입시생 vs 취준생
  _ 봉사 활동이 부족할 때의 팁

인재상	표현해야 하는 것
인성	저는 '이웃과 사회에 열린 마음으로 사랑을 실천하고, 섬기는 정신을 갖춘 인재'입니다.

인성은 최근 몇 년 사이에 상당히 중요한 화두로 떠오르고 있다. 대학이든 기업이든 인성은 매우 중요한 요소로 여겨지는 추세이다. 문제는 자소서만으로 인성을 어떻게 확인할 수 있는가이다. 더욱이 요즘은 '봉사 활동'이라는 명목으로 인성 관련 요소를 채우는 사람들이 넘쳐나면서 웬만한 봉사 활동으로는 평가자들의 눈에 띄기가 쉽지 않아졌다. 그러면 어떻게 해야 할까? 그 방법들을 살펴보자.

입시생, 취준생 모두에게–
'인성=봉사'라는 고정관념을 제발 깨뜨려라

첫째, '인성=봉사'의 개념을 타파하는 것이다. 예전에는 봉사를 하는 사람들이 지금처럼 흔하지 않았고 봉사의 동기나 의미가 크게 느껴지던 때였기에 봉사 활동의 경력이 플러스 요인으로 작용했다. 하지만 요즘은 너도나도 봉사를 하고 있기 때문에 임팩트가 크지는 못하다. 더욱이 진실성 있는 봉사를 하는 학생들이 많지 않다는 사실을 평가자들이 인식하고 있기 때문에, 단순하고 동기가 없는 봉사 활동은 그저 일종의 '관례'처럼 여겨지기 십상이다.

여기서 발상의 전환을 해 보자. 생각해 보면, 굳이 [인성=봉사]의 공식을 따를 필요는 없다. 봉사는 인성을 표현해 주는 하나의 수단일 뿐이다. 필자가 수많은 자소서를 쓰면서 느낀 점이 하나 있다. 인성 부분에서는 '봉사' 자체가 중요한 것이 아니라는 것이다. '봉사를 하였는가?'보다 '봉사 정신이 있는가?'가 중요하며 '봉사' 외에 '협력', '협동', '배려', '소통', '사회성' 등 여러 요소로 어필할 수 있다.

그럼에도 불구하고, 많은 대학 · 기업들이 '봉사 정신'을 인재상으로 두고 있다. 따라서 일단은, 봉사 정신을 표현할 수 있는 활동을 하나쯤 해 두는 것이 좋다는 것이 필자의 의견이다. 그 외에, 봉사와 함께 인성적 요소(협력 · 배려 · 소통 · 사회성 등)가 들어간 활동을 한다면, 자소서의 인성 파트를 더 특별하게 만드는 데 도움이 될 것이다. 인성 준비법에 관하여 입시생과 취준생을 나눠 생각해 보자.

입시생
'상담 활동'을 절대 놓치지 말자

고등학생에게 가장 추천하는 봉사 활동은 '상담 활동'이다. 물론 봉사 시간을 채워야 하기 때문에 학교 자체에서 봉사 활동을 하겠지만 이와 병행해서 하면 좋은 활동이 바로 '상담 활동'이다. 봉사 활동보다는 희소하면서 겉치레가 아닌 느낌을 주고, 실제적으로도 상담을 통해 배우는 것들이 정말 많다. 따라서 학교에 '또래상담도우미'나 'Wee class', '상담 동아리' 등이 있다면 주저하지 말고 적극 참여하자.

상담 활동은 '공감', '소통', '경청', '이해' 등 현대 사회가 요구하는 많은 인성적 요소들을 가지고 있는 활동이다. 만약 상담과 관련한 어떤 공식적인 활동도 하기가 어려운 상황에 놓여 있다면 상담 관련 기본서나 책을 읽어 보는 것도 좋다. 이를 읽어 보고 친구들에게 평소에 상담을 활용하여 본인만의 에피소드를 만들어 두어야 한다. 필자의 서울대 합격 자소서 예시를 보고 이해해 보자.

"3년간 또래 상담을 통해 얻은 공감, 경청, 소통 능력"

저는 고등학교 3년간 꾸준히 'wee class 또래상담도우미' 활동을 해왔습니다. 그 과정에서 깨닫게 된 상담의 가치란, 문제를 직접 해결해 주는 것보다는 문제를 가진 사람 스스로 해결할 수 있도록 도와주는 것이었습니다. 이를 깨닫게 된 계기는 학교 스쿨버스에서 우연히 만난, 아주 작은 장애를 가진 친구와의 인연 덕분입니다. 그 친구는 화상으로 얼굴이 내려앉아 또래들 사이에 어울리지 못하던 친구였습니다. 처음엔 제게도 마음을 열지 않았지만, 상담 활동을 통해 익혔던 상담 기법을 적용하다 보니 자연스럽게 제게 마음을 터놓기 시작하였습니다. 늘 혼자인 것이 고민이라는 그 친구. 처음엔 그저 경청해 주기만 하였는데, 점차 그 친구는 자신감을 가지고 또래들과 어울리기 시작하였습니다. 이 과정을 통해 진정한 소통이란 말이나 해결책 제시가 아닐 수 있으며 진심으로 들어주고 공감해 주는 것임을 깨닫게 되었습니다. 저의 이러한 '공감', '경청', '소통' 능력은 훗날 서울대학교 생명공학과에 진학하게 되었을 때, 함께 연구 프로젝트를 이어가게 될 구성원들과의 관계에 큰 도움이 될 것입니다.

위 자소서에서 쓰인 바와 같이, 상담의 기본 원리들인 '공감', '소통', '경청' 등의 단어를 꼭 기억해 두도록 하자. 자소서를 쓸 때 써먹어야 하는 키워드들로 필자가 추천하는 것들이다(제3장 '05 자소서에 넣어야 할 필수 키워드' 270쪽 참조). 상담 관련 활동을 할 기회를 놓쳤거나 여건이 안 되는 경우, 봉사 활동 외에는 할 수 있는 게 없는 사람들도 있을 것이다. 이들을 위해서는 다음의 해법을 제시한다.

입시생,
지속성이 있는 봉사로 진정성을 담자

봉사 활동은 '꾸준함'이 생명이다. 일시적인 봉사 활동은 딱히 큰 임팩트를 줄 수 없다. 따라서 지속성이 있고 에피소드로 차별화된 봉사 활동을 하여 신뢰감을 주는 전략이 필요하다. '고등학교 3년 동안' 계속해 온 봉사 활동과 '1학년 1학기 때만' 한 봉사 활동은 그 기간에서 차이가 나기 때문에 전자가 더욱 큰 가치를 지닌다고 볼 수 있다. 만약 이 글을 보는 학생이 고 1-2학년 학생이라면, 지금부터라도 '봉사의 지속성'에 초점을 두고 준비하면 된다.

지속성이 없는, 일시적인 봉사를 했다면
'기간'을 '에피소드'로 살짝 덮어라

만약 본인이 1학년 때부터 시작해서 지금까지 계속 봉사 활동을 해오고 있다면 '고1 때부터 고3인 지금까지 꾸준하게 해왔다는 것'을 반드시 강조해야 한다. 안 하면 손해다. 이렇듯 현재 고3인 학생들이 지속적 봉사를 했다면 다행이지만, 1년 미만의 일시적 봉사를 하고 끝내 버린 고3 학생이 이 글을 보고 있다면? 너무 늦었다고 생각할 필요는 없다. 이럴 때에도 전략은 존재한다.

1년 미만의, 일시적인 봉사를 한 학생들에게 해 주고 싶은 말은 '자소서에 봉사 관련 내용을 적을 때 기간은 가급적 명시하지 말라'는 것이다. 일시적 봉사를 한 학생들은 기간보다는 '봉사 활동 에피소드'에 초점을 맞춰 쓰는 것을 추천한다.

　이 글을 읽으며 짧은 봉사였지만 기억에 남거나 다른 사람들과는 좀 특별했던 에피소드를 구체적으로 기록해둔다면 실전 작성법에 대해 다룬 '제3장 나를 표현하는 값진 한 장, 실전 자소서 작성법'에서 글을 쓰는 데 큰 도움이 될 것이다.

　자소서는 자고로 스스로를 빛나게 해 주는 종이이며 평가자들로 하여금 본인을 뽑고 싶게 만드는 자소서여야 한다. 따라서 본인에게 불리한 점을 굳이 적을 필요는 없다. 그렇다고 해서 좋은 점만 적으라는 것은 아니다. 회피 불가능한 점이나 누구나 고개를 끄덕일 수 있는 근거를 댈 수 없다면 적지 말라는 뜻이다.

　이러한 관점에서 봉사 부분에서는 '기간'에 있어 취사선택을 해야 한다. 지속적으로 봉사를 해온 학생들은 기간을 반드시 강조하도록 하고 일시적인 봉사를 한 학생들은 기간 대신 에피소드에 초점을 맞춰 자소서를 준비하도록 하자. 같은 이야기라도 본인이 빛나는 방향으로 글을 써 내려갈 준비를 하는 것이 좋을 것이다.

취준생,
자소서에서의 봉사 방정식을 기억하라

10년에 가까운 시간 동안 자소서를 써 오며 그리고 취업 자소서를 첨삭해 주며, 고등학교 이후의 봉사는 확실히 입시를 준비할 때와 다르다는 것을 느낀다. 입시 자소서에서는 봉사가 내용의 큰 주축이 될 수 있었다. 반면, 취업 자소서를 쓸 때는 인성만큼이나 능력적인 부분도 중요시 다루어 기술해야 한다.

사실, 사회복지 등 봉사와 직접적인 전공을 가진 것이 아닌 이상, 취준생들에게 봉사는 어느 정도만 해두면 자소서를 쓰는 데 무리가 없는 편이다. 그 이유는 입시에서는 '나눔·배려·협력을 실천한 사례'를 제시하는 문항이 공식적으로 존재하지만, 대학 이후에는 그런 문항은 잘 없기 때문이다. 필자의 경험상, 대학생·취준생들은 '제대로 된' 봉사 활동 하나만 있어도 잘 엮어서 인성을 표현하기에 부족하지 않았다.

단, 주의할 점은 봉사 이력이 전혀 없는 것은 안 되며 최소한의 봉사 활동 이력은 가지고 있어야 한다는 점이다. 그리고 소소한 봉사보다는 해외 봉사, 지속적인 봉사 등 큼직한 것이 있는 경우가 합격률이 높았다는 점도 주목할 만하다. 특히, 봉사를 할 때도 전공과 전혀 무관하기보다는 본인의 전공을 잘 살려 타인을 위해 도움을 주는 형태가 되었을 때 자소서에 큰 도움이 된다. 위의 구구절절한 이야기를 정리한 봉사 방정식은 아래와 같다. 잘 기억하고 이를 잘 활용하도록 하자.

> ## 취준생 봉사 방정식 = 봉사 x 전공

대학생에게–
정부기관이 실시하는 자원봉사는 강력 추천

 필자의 경우를 예시로 들어 이해하기 쉽게 설명해 보면, 필자가 봉사 활동으로 쓸 수 있는 활동들은 핵안보정상회의, 아프리카 해외 봉사, 교육부 주관 TaLK Program 등이다.

 첫 번째로, 핵안보정상회의와 같은 '국제회의 자원봉사'에 대해서 이야기해 보자. 자소서에서뿐만 아니라 이 사회 자체는 어떤 활동에서든지 '인증된 기관인지의 여부'를 중시하는 편이다. 사기업에서 주최하는 자원봉사도 좋다. 하지만 만약 봉사 활동을 준비하는 단계라면 가급적 인증된 공식기관의 자원봉사를 하길 바란다. 확실히 인프라적인 측면이 다르고 배울 점도 많다.

 그중에서도 정부기관이 주최하는 자원봉사가 있다면 강력 추천한다. 그 예로 국가정상회의, G20 등의 국제회의가 있다. 언어, 외교, 안보, 무역, 경제, 방송 등이 전공인 사람들에게는 더할 나위 없이 좋고 이공계 학생들이여도 국제회의의 취지에 따라 지원하면 매우 유익한 봉사의 경험을 얻을 수 있다.

2012년에 실시되었던 핵안보정상회의는 급여 없이 봉사의 일환으로 진행되었기 때문에 봉사로 분류할 수 있다(만약 급여가 있다면 봉사 활동으로 분류하기 힘들다). 그뿐만 아니라 필자의 전공과도 관련 있는 봉사였기에 자소서에 쓸 때도 큰 의미가 생긴다.

이렇듯 정부기관에서 주최하는 국제회의는 급여와 상관없이 기회가 된다면 꼭 참가하길 추천한다.

해외 봉사를 생각한다면
특이점 3가지 중 하나는 만들자

다음으로, 아프리카 해외 봉사를 이야기하며 해외 봉사와 관련된 중요한 팁을 소개하려 한다. 기업의 사회적 책임(CSR) 차원에서 행해지는 해외 봉사가 늘어나면서 해외 봉사가 예전과 달리 다소 흔한 활동이 되어 버렸다. 그럼에도 불구하고 대학생들의 로망이자, 다양한 사람을 만날 수 있고 배울 점도 꽤나 많은 것이 바로 해외 봉사이다.

기업 자소서에서 해외 봉사를 통해 큰 메리트를 얻고자 한다면 특이점이 하나는 있어야 한다. 가령, 봉사했던 지역이 특이하거나(봉사에서의 도전 정신), 해외 봉사를 간 횟수가 비교적 많거나(봉사의 지속성), 현지에서 보다 특별한 활동을 한 경험(전공을 살린 봉사, 험난한 봉사 등)이 그것이다.

위의 3가지 특이점에 비춰 보면 필자가 다녀온 아프리카 해외

봉사는 2가지를 만족한다. 우선, '아프리카'라는 지역의 희소성이 있다는 점에서 메리트가 생긴다. 그뿐만 아니라 '교육 담당'을 했다는 데에서 전공과도 무관하지 않다. 하지만 다른 해외 봉사팀과 구별되는 특별한 활동은 없었기 때문에 3가지 중 2가지만 만족하는 것이다.

'보다 특별한 활동'을 하기 위한 가장 좋은 방법은 '전공'을 살리되 일반인들이 하기 힘든 활동 이력을 만드는 것이다. 해외 봉사에 참가한 사람들은 알겠지만, 팀 내 본인의 역할을 정하고 팀별로 프로젝트를 구성하여 제출한다. 이때 조금 더 계획성 있는 해외 봉사가 되려면 본인의 전공을 살릴 수 있는 역할을 맡고 프로젝트 또한 그쪽으로 하면 매우 좋다. 그리고 가급적 전공과 관련한 에피소드들을 만들어 두도록 하자.

봉사를 하러 갔는데 왜 전공을 살리라고 이야기하는지, 그게 무슨 의미가 있는지 되물을 수도 있다. 물론, 봉사는 봉사다울 때 아름답고, 진정한 봉사 정신으로 진실 되게 임하는 것이 가장 바람직하다. 그러나 해외 봉사를 다녀와 본 사람들은 공감하겠지만, 해외 봉사는 한국으로 돌아오면 큰 변화 없이 다시 너무나 당연한 일상이 되어 버리고 한순간의 '스펙'이 되어 버리는 경우가 많다(물론 필자의 경우처럼 잊지 못할 추억이 되기도 한다).

하지만 전공을 살려서 봉사를 임했을 때는 그때의 경험을 살려 앞으로의 전공을 발전시켜 나가는 데 도움이 될 수 있다. 무엇보다 봉사에서도 전공을 잘 살려 활동했다는 의미는 훗날 사회에서도 전공을 살린 봉사 정신을 발휘할 수 있다는 이미지를 심어 줄 수 있다. 그것이, 이왕이면 전공과 관련하여 봉사를 하길 추천하는 이유이다.

취준생, 자소서에서 인성적 측면을 부각하라

기업은 하나의 사회다. 대기업 인사담당자들의 말을 빌리면, '능력이 뛰어나다고 무조건 뽑는 것이 아니다. 사회성, 인성 등 구성원들과 잘 어울릴 수 있는지가 매우 중요하다.'

석·박사 이상이 아닌 이상, 학사로서 기업에 지원한다면 자소서에 전문성만큼이나 더욱 잘 어필해야 하는 것이 바로 '인성'이다. 지금까지 이야기했듯이 '봉사 정신'뿐만 아니라 본인이 사교적인 성격, 좋은 사회성, 적극적인 태도, 뛰어난 친화력 등을 지니고 있다면 이러한 인성적 요소를 꼭 자소서에 사례를 들어 기술하도록 하자.

봉사 활동이 부족할 때의 팁!
'취지'가 봉사와 겹치는 활동은
봉사 활동이 아니더라도 봉사로 엮어 낼 수 있다

마지막으로, 봉사가 아닌 것을 봉사로 엮어 내어 인성 요소를 채우는 법을 소개하고자 한다. 특별한 봉사 이력이 없거나 봉사 활동은 소소하나 2% 부족하다고 느낄 때 혹은 봉사의 취지가 담긴 다른 활동을 더욱 어필하고 싶을 때 쓰면 좋은 방법이다.

필자의 〈교육부 주관, TaLK(Teach and Learn in Korea) Program〉을 예로 들어 보자. 영어민 보조교사로 일한 이 활동은 일정의 급여를 받았기 때문에 '순수한 (자원)봉사'라고 자소서에 쓸 수는 없다. 따라서 이를 핵심 봉사 활동으로 쓰기에는 무리가 있으나 이것을 봉사의 일환으로 살짝 집어넣는 방법은 있다.

TaLK Program에서 필자는 방과 후 원어민 교사 수업 중에 학생들과 원어민 사이의 소통이 원활하게 이루어지도록 하는 역할을 수행해야 한다. 특히 다문화 학생들이 많기 때문에 한국어에도 서툰 학생들이 영어로 대화하기란 쉽지 않다. 이러한 활동의 '취지'만을 놓고 본다면 '봉사'의 개념과 유사점이 있다. 급여를 받았다는 점에서 위 활동은 봉사라고만 분류하기엔 무리가 있지만, 다문화 학생들을 돕고 우리나라 문화에 익숙지 않은 원어민 교사의 한국 적응을 도와준다는 취지에서는 봉사의 특징을 가지고 있다는 점에 주목하는 것이다.

따라서 본인이 급여를 받고 행했던 활동이라 하더라도 혹시 '취지' 부분에서 봉사의 냄새가 나는 것이 없는지, 꼼꼼히 살펴보자. 예상치 못한 곳에서 본인만의 독특한 봉사 이력이 생겨날지도 모른다.

- **창의성**

인재상	표현해야 하는 것
창의성	저는 '창조적 정신을 바탕으로 국가 및 세계 문화 교류와 발전에 이바지하는 인재'입니다.

어느 학교, 사회, 기업, 그리고 어떤 일에서건 창의력은 매우 중요한 요소로 작용한다. 이 때문에 자소서에 본인이 창의력이 있는 인재라는 것을 어필하는 것은 필수 중의 필수이다. 그러나 많은 사람들의 자소서 상담 과정에서, 창의력은 본인과는 먼 이야기라고 고민하는 경우를 많이 보았다. 이러한 생각은 '자소서에서의 창의성'을 알고 '자소서에서 창의성을 어필하는 방법'을 제대로 알면 쉽게 해결할 수 있다.

자소서에서의 창의성이란 무엇인가
사람에게 필요하고 도움을 주는 것

『왜 일류의 기업들은 인문학에 주목하는가』라는 책에서 '창의'에 관한 좋은 사고방식이 나온다. 책 일부 중 창의성에 관한 내용을 살펴보자.

'창의성의 기본은 사람들이 쉽게 생각하지 못하고, 기존에 없던 새로운 것을 만들어 내는 능력이다. (중략) 다만 창의가 기초부터 완전히 새로운 것을 만든다는 의미는 아니다. 사람들이 흔히 접했던 사물이나 생각을 결합해 결과물을 만드는 것이다. (중략) 단지 창의적이라고 해서 모두 도움이 된다고 할 수는 없다. 우리에게 필요한 창의성은, 사람에게 필요하고 도움을 주는 것이어야 한다. 어떤 창의는 사람들에게 해를 끼칠 수도 있고, 자원 낭비나 에너지 낭비를 초래할 수도 있다. 그래서 우리에게 가치 있고, 사람들이 좋아하는 제품이나 서비스를 만드는 것이 좋은 창의성이다.'

위의 내용이 창의성에 대한 정답은 아니지만, 필자는 이것이 자소서를 쓸 때 가장 적절한 창의성에 대한 개념이라 생각한다. 특히 '우리에게 필요한 창의성은 사람에게 필요하고 도움을 주는 것이어야 한다.'는 부분이 상당히 와 닿는 대목이다.

그렇다면 창의성을 표현할 수 있는 것에는 무엇이 있을까? 글, 그림, 독특한 생각 노트, 특허 발명, 남과 다른 시각을 제시했던 경험, 색다른 취미 등의 리스트를 뽑을 수 있다. 그 외에도 '거의 모든 것'이 창의성의 사례가 될 수 있다. 다만, 앞에서 언급했듯이 자소서에서의 창의성은 하나의 전제－'사람에게 필요하고 도움을 주는 것'－를 더 붙여야 한다. 따라서 이 글을 읽는 여러분들은 앞으로 '자소서에서의 창의성'을 이렇게 생각하길 바란다. '우리에게 필요한 창의성', 즉 '사람에게 필요하고 도움을 줄 수 있는 창의성'이라고 말이다.

그렇다면 어떤 것들이 자소서에서의 창의성이 될 수 있는지, 그 예시를 살펴보도록 하자. 다음은 대한민국 인재상 1차 서류 합격을 한 공대생의 예시이다.

경력

1. 전국 대학(원)생 에세이 미래 예측 공모전 우수상
2. 제6회 소외된 90%를 위한 창의설계 경진 대회 은상
3. 제2회 나눔의 기술, 적정기술 공모전 최우수상
4. A 중견기업 USA 미국 인턴 참가
 (자동차 Arounding View Monitoring 시스템 개발)
5. 제16회 총장배 전국 라켓볼 대회 C클래스 우승
6. 동부문화재단 장학생 선발
7. LS그룹 전국 대학생 해외 봉사 활동 참가
8. 우리미래나눔 포스텍 해외 봉사 활동 참가
9. Save the children 방글라데시 아이 후원 활동 중
10. 국제 워크캠프 활동

1번, 2번, 3번은 '자소서에서의 창의성'으로 아주 적합한 활동들이다. '미래 예측', '소외된 90%를 위한', '나눔의 기술'이라는, 사람에게 필요하고 도움을 주는 '전제'가 붙어 있기 때문이다.

1번 활동부터 살펴보자. 1번 활동은 10년 후 사회 문제에 대하여 예측하고 이에 대한 해결 방안을 적음으로써 창의적인 생각과 더불어 '전 인류에 도움이 될 수 있는' 새로운 시각을 창출한 것이다. 2번 활동의 경우, 공대 출신이라는 본인의 전공을 잘 살려 '소외된 90%에게 실질적 도움을 줄 수 있는' 창의적 설계를 제시한 것이다. 3번 활동도 마찬가지로, 단순한 기술이 아니라 '누군가에게 도움을 줄 수 있는' 나눔의 기술을 개발한 것이다.

이렇듯 자소서에서의 창의성은 독특한 생각이나 물건에서 그치는 것이 아니라 '타인에게 도움이 되는' 것일 때 더욱 빛을 발한다. 자소서에서의 창의성이란 이런 것이고, 이러한 것일 때 자소서를 통해 창의적인 인재로 인정받기 쉬워진다는 것을 기억하자. 그러면, 본인과 창의성이 그렇게 먼 관계가 아니라는 것이 느껴질 것이다.

<h2 style="text-align:center">입시생,
자소서에서의 창의성을 준비하는 방법</h2>

창의성의 개념에 대해 살펴보았다면 이번에는 입시생, 취준생이 창의성을 준비하는 구체적인 방법에 대해서 알아보려 한다.

입시생의 경우에는 창의성과 관련된 교외 활동을 하기가 쉽지 않을뿐더러, 관련 수상 실적이 있더라도 자소서에 쓸 경우 0점 처리가 될 확률이 높다. 그렇다면 어떻게 해야 할까?

일단 본인 관심 분야(지원 학과)와 관련해서 '남들과는 조금 다른 활동'을 하면 좋다. 일반적으로 창의성은 과학, 수학과 관련이 많다고 생각하지만 꼭 그렇지만은 않다. 문학, 예술, 언어, 운동 등 다양한 분야에서 창의성은 발휘될 수 있다. 일단 교내 활동에 충실하되, 창의성 파트에서는 '저는 창의적인 인재입니다'를 뒷받침해 줄 수 있는 확실하고 구체적인 '근거'가 필요하다. 그 근거로서 교내 활동 혹은 교외 활동을 준비해 두는 것인데, 아래를 보며 그 구체적 방법을 알아보자.

교내 활동으로 창의성 준비하기
다양한 활동에 참여하며 느낌과 경험을 '기록'하라

일단 교내 활동에서 창의성 요소를 준비하는 방법은 '가급적 많은 활동들에 참여'하는 것으로부터 시작한다. 교내 경시대회는 물론 골든벨, 탐구수업, 연구 활동 등 수상 가능 여부와 상관없이 도전하도록 하자.

하지만 여기서 끝난다면, 스펙(혹은 스토리)을 만드는 것에 그치지 않는다. 창의성을 준비하기 위해서는 '기록'이라는 과정이 더 필요하다. 즉, 교내에서 실시된 여러 활동에 참여하는 과정에서 독특하고 신기하다고 느낀 순간이나 활동을 기록해 두는 것이다. 예를 들어 A활동을 하는 과정에서 주변 친구들이 본인이 제시한 좋은 생각에 대하여 칭찬했거나 특이하다고 한 경우, 혹은 다른 친구들과 구별되는 생각을 떠올렸던 본인만의 에피소드가 생겼을 경우, 그때그때 반드시 기록해 두어야 한다.

그렇게 차곡차곡 적어 놓은 노트는 개인적인 활동일지라도 본인만의 '창의 노트'로서의 기능을 톡톡히 해낼 수 있다. 레오나르도 다빈치의 노트가 왜 유명해졌는지, 그 가치가 얼마인지를 생각해 본다면 여러분들의 '창의 노트'의 잠재력이 얼마나 클지 예측할 수 있을 것이다.

그 외에 책, 영화, 잡지, 신문, 인터넷 뉴스 등을 볼 때도 이와 관련한 자신의 생각이나 개선점 등을 적어 두거나 스크랩해 두는 것도 아주 좋은 창의성 준비 방법이라 할 수 있다. 필자의 경우에도 과학 잡지, 신문, 더 나아가 영화 포스터까지 필자의 관심 분야와 관련된 것을 스크랩하고 이에 대해 브레인스토밍 한

것을 기록해 둔 스크랩북이 있다. 이는 각종 명문대 자소서를 쓸 때 상당한 소스가 되었다.

이러한 스크랩 활동을 추천하는 이유가 또 하나 있다. 필자의 경우, 스크랩 활동이 D의대 논술 전형에서 500:1의 경쟁률을 뚫은 창의적 논술을 가능하게 해 주었기 때문이다. 조금 더 구체적으로 이야기하면, 우연히 스크랩해 두었던 안락사 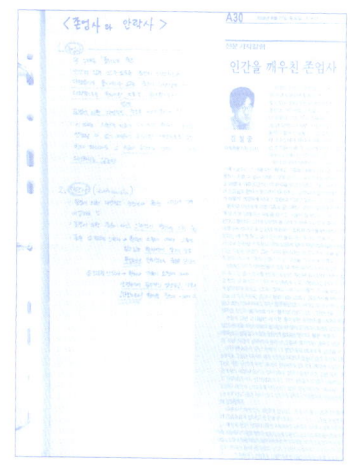 와 존엄사의 차이에 관련한 내용이 의대 논술로 출제되었던 것이다. 이에 대한 정확한 이해를 바탕으로 필자는 창의적인 논술을 써 내려갔고, 그 결과 엄청난 경쟁률을 뚫을 수 있었다.

'기록'의 일환인 스크랩. 꼭 스크랩이 아니어도 좋으니 관심 분야에 대한 자신만의 기록의 결과물을 만들어 보자. 손끝의 감각이 뇌로 전이되어 또다시 자소서로 녹아 나오는 멋진 결과를 맛보게 될 것이다.

교외 활동으로 창의성 준비하기
수상 여부와 관련 없이 '도전'하라

교내 활동 외에, 창의성 부문에서는 교외 활동도 해 보면 좋다. 앞서 알려 준 올콘 사이트, 스펙업 사이트를 들어가 보면 청소년을 위한 다양하고 참신한 활동들이 많이 있다. 그중에서 본인이 지원하려는 학과나 그 분야와 관련 있는 주제를 다룬 활동을 선택하면 된다. 광고 공모전, 글쓰기 공모전, 사진·UCC 콘테스트부터 시작해 소소하게는 사연 공모, 아이디어 제안, 캘리그라피, 이름 짓기, 독후감, 후기 공모전 등도 있다.

수상 여부와 상관없이 도전하자. 수상을 하면 매우 좋겠지만 그렇지 않더라도 상관없다. 그 도전에서 얻었던 과정과 창의적 생산물을 만들어 낸 에피소드들을 잘 기록해 두고 이를 자소서에 적용하면 멋진 스토리를 만들어 낼 수 있다.

수상을 못했을 경우의 팁
[행동 특성 및 종합 의견]란 공략하기

교외 활동도 크게 두 가지로 나뉠 수 있다. 활동 후 수료증을 주는 교외 활동과 대회에 출전하여 수상할 경우에만 이를 인정해 주는 교외 활동이 그것이다. 후자의 경우, 수상을 못했을 경우에는 어떠한 기록도 남지 않기 때문에 아쉬움이 클 수 있다.

이때 필자만의 조그만 팁을 하나 준다면, 선생님께 본인의 노력을 알리는 것이다.

수시를 준비할 때, 학생부에 교사가 적어 주는 [행동 특성 및 종합 의견]란이 상당히 중요한 역할을 한다. [행동 특성 및 종합 의견]이란 명칭은 종종 바뀌곤 하지만, 쉽게 말해 담임 교사가 자율적으로 적을 수 있는 란이라 이해하면 된다. 공식적 기록이 없는 교외 활동의 경우, 가능하다면 이 란에 관련된 내용을 적어 두면 신뢰성을 더욱 높일 수 있을 것이다.

[행동 특성 및 종합 의견]의 경우, '학생의 학습·행동·인성에 대해 구체적인 변화와 성장을 중심으로 기술'이라는 교육부의 지침이 있다. 따라서 결과가 아닌 '과정 중심'으로 적되, 인위적 교외 활동이 아니라 학생의 변화와 성장에 영향을 준 활동으로 적을 수 있도록 부탁드리는 것이 좋다. 이때, 반드시 담임 선생님께서 이해하실 수 있도록, A4 한 장 정도에 본인의 교외 활동에 대한 내용(결과 중심이 아닌, 과정 중심으로)을 적어서 드리기를 추천한다. 경우에 따라 교외 활동을 학생부에 기재해 주실 수도 있고 불가능하다고 하시는 선생님도 계실 수 있지만 일단 시도해 본다는 측면에서 부탁드려 보길 추천한다.

취준생,
자소서에서의 창의성을 준비하는 방법

대학생·취준생 둘 다 해당되는 이야기를 해 보자. 또다시 현실적인 이야기로 넘어가서 아쉽지만, 보다 효과적인 자소서 준비법을 위해서 솔직하게 전개해 보려 한다.

창의성 어필이 필요한 이유, 제4차 산업 혁명 시대

일단, 기업에 취업하는 게 목표인 이상 창의성은 필수 중에 필수다. 일부 기업은 창의성이 필요 없는 단순 업무인 경우도 있지만, 대부분의 기업에서는 창의성을 중시한다. 업무 효율과 실적 등 실질적 성장과 관련이 있기 때문일 수도 있으나 더욱 중요한 것은 이제 4차 산업 혁명의 시대가 오고 있다는 점 때문일 것이다.

필자가 생각하기에 4차 산업 혁명 시대는 AI(인공지능), IOT(사물인터넷), 자율주행차 등을 화두로 한 '데이터 사회'가 될 것이다. 데이터 사회에서는 대부분의 분야를 다루는 데 있어서 속도와 정확성 측면에서 컴퓨터를 따라가기가 힘들다. 그나마 컴퓨터가 인간을 쉽게 따라오기 힘든 영역들 중 하나가 바로 '창의성'이다. 이러한 기술적 발전과 사회 흐름이 지식적인 인재에서 창의적인 인재로의 스포트라이트 변화를 가져왔을 것이며 앞으로도 그러할 것이다.

이러한 사회 흐름을 잘 생각해 보면, 자소서에 본인이 창의적인 인재라는 사실을 각인시키는 게 얼마나 중요한지 깨닫게 될 것이다. 그래서 필자는 본 책에서 독자들에게 평소에 신문, 미래를 예측하는 도서들을 많이 읽어 보길 추천한다. 신문이나 책을 많이 읽다 보면 미래를 보는 눈이 생기고 그것이 곧 창의적인 생각으로 연결되며, 자소서를 쓸 때도 '나의 전공을 미래 흐름에 반영하면 이런 효과를 줄 수 있을 것 같아. 이 기업의 이런 부분에서 나의 재능을 발휘하여 창조적 효과를 줄 수 있겠는걸!' 등의 생각이 떠오르게 되는데 이러한 사고 과정은 자소서를 쓸 때는 물론, 삶에서 창의성과 관련한 큰 자양분이 된다.

이것은 심리학자 소이어의 창조적 과정 8단계 모델에도 부합하는 원리다. 창조적인 발상을 위해서는 관련 지식들을 축적한 후 잠복기를 가지고 나면 머릿속에서 무의식적으로 축적된 지식들의 조합되고, 후에 창조적 사고를 가져온다는 이론이다.

시간이 부족한 당신을 위한, 사회 흐름 파악 방법
'타이틀 스키밍(title skimming): 책 제목 훑어보기'

앞서, 필자는 창의성을 위하여 신문 · 책 · 뉴스 등을 잘 챙겨 보기를 추천하였다. 그럼에도 불구하고 신문, 책을 읽을 시간적 여력이 없는 사람들 혹은 자소서를 쓰고자 컴퓨터 앞에서 인터넷만 보고 있는 취준생들을 위해서 개인적으로 쉽게 효과를 보았던 팁을 하나 공개하려 한다. 이 방법은 필자의 각종 대외 활동 자소서는 물론이고 지인들이 취업 자소서를 쓰는 데에도 큰 도움이 되었기에 소개한다.

그 전에 전국 에세이 공모전에서 수상한 필자의 작품 중 프롤로그 일부를 살펴보도록 하자.

'2023년 4월의 어느 날, 한 30대 후반 여성이 전국에 몇 군데 남아 있지 않은, K문고를 방문한다. 그녀는 3D프린터 업계 홍보마케팅을 담당하는 잘나가는 커리어우먼으로, 혼기가 찼으나 결혼의 필요성을 느끼지 못해 싱글의 생활을 즐기고 있다. 요즘은 책을 다 온라인으로 사다 보니 오프라인 서점을 찾기가 쉽지 않지만, 여전히 아날로그 감성을 그리워하는 그녀는 주말마다 시간을 내어 K문고를 방문한다.

K문고를 들어간 그녀는 10년 전 자신의 모습을 떠올려 본다. 대형 서점에 가서 베스트셀러 코너 및 신간 도서 코너를 돌아다니며 어떤 책을 살까 고민하던 자신의 모습……. 그러나 그런 생각을 하는 것도 잠시, 웨어러블(wearable) 기기는 그녀의 데이터를 분석해서 추천 책 목록을 보여 준다. 그녀는 고민의 여지없이 책을 선택하고, 책을 선택함과 동시에 드론이 책을 찾아 가져다준다. 드론에 장착된 결제기에 카드로 결제를 하고 나서 그녀는 K문고를 유유히 빠져나간다.

원하는 책을 사고 결제하고 서점을 나오기까지 걸린 시

간은 단 10분! 편리하고 좋으면서도 왠지 모를 아쉬움에 서점을 뒤돌아보는 그녀의 손에는 『인성이란 무엇인가』, 『취업난, 1인 기업으로 극복하기』, 『IOT시대의 모순』이라는 책 3권이 쥐어져 있었다.'

이 프롤로그를 보여 준 이유가 무엇일 것이라 생각하는가? 바로, 아날로그 매체의 대표인 '책'이 자소서를 쓸 때 어떻게 이용될 수 있는지를 알려 주기 위함이다.

위 프롤로그에 등장한 책 제목은 곧 2023년 미래의 모습을 보여 주고 있다. '인성이 부족해진 현실', '취업난 증가와 1인 기업의 등장', 그리고 'IOT시대가 도래와 그에 따른 문제 발생'이라는 시대상을 예측하고 있는 것이다. 다시 말해 책은 인터넷보다는 그 전달 속도가 느리지만, 현 시대의 굵직한 사회상을 반영하고 이를 토대로 미래를 예측할 수 있는 힘을 길러 준다.

따라서 자소서를 쓰고자 하는 취준생이라면 하루만 잠시 시간을 내어 오프라인 서점에 가 보길 추천한다. 서점에 가 보면 경영 · 경제 · 사회 · 자기계발 · 문학 · 컴퓨터 · 예술 등 다양한 분야의 도서가 있을 것이다. 일단 경제 · 사회 파트 도서 쪽으로 가서 데스크 위에 놓여 있는 신간 도서들의 '제목'을 찬찬히 살펴보도록 하자.

제목을 계속 보다 보면 손쉽게 사회의 흐름을 파악할 수 있다. 이것이 바로 필자가 자주 애용하는 사회 흐름을 파악하는 방법인, '타이틀 스키밍(title skimming)'이다.

어떻게 책 제목을 보는 것만으로 사회 흐름을 이해할 수 있을까? 책은 아날로그의 한 형태로, 디지털 시대에서는 다소 속도가 느린 매체임은 부정할 수 없는 사실이다. 중요한 것은, 순간적인 속도는 느리더라도 그 달 혹은 그해에 핵심적인 사회적 현상이나 굵직한 사회 흐름을 반영한다는 점이다. 즉, 책은 하루 혹은 몇 시간 사이로 바뀌어 버리는 뉴스와 같은 지엽적인 데이터를 담기보다는 제4차 산업 혁명, IOT(사물인터넷), 인공지능, AI 등 장기적으로 진행될 굵직한 사회 흐름을 담는 경향이 있다.

따라서 자소서를 쓸 때 시사·현안을 알아보기 위한 방편으로 인터넷을 들어가 검색엔진만 두드리기보다는 '타이틀 스키밍'을 잘 활용해 보자. 본인이 비판적 사고가 충분하고 큰 틀에서 보는 연습이 되어 있으면 인터넷도 사회 흐름을 파악하는 좋은 매체가 될 수 있겠지만, 그렇지 않다면 필자의 생각으로는 서점만큼 좋은 곳은 없지 않을까 한다.

사실, 타이틀 스키밍의 결과는 사람마다 다를 수 있다. 각자 중요하다고 생각하는 것이 다르기 때문이다. 일단 타이틀 스키밍을 하며 본인이 생각하기에 중요한 사회 키워드를 추출하자. 최소 3-4가지를 기록해 두고 그에 대한 간략한 내용은 책 일부를 참조하거나 인터넷을 활용하여 보충해 적어 두면, 자소서를 쓸 때 유용한 소스가 될 수 있다.

사회 흐름을 자소서에 적용하는 방법
'창발(emergence)'

타이틀 스키밍을 통해 사회 흐름을 파악했다면 이제 자소서에 어떻게 적용해야 할지 알아보자. 취업자소서 문항들을 보면 본질적으로 '미래를 보는 눈'을 평가하는 부분이 있다. 미래를 볼 줄 안다는 것은 현재의 것을 기반으로 창의성을 발휘하여 미래를 예측할 수 있는지를 평가하려는 것이기도 하다. 그 예시로 다음 문항들이 있다.

– 본 회사가 나아가야 할 방향을 IT기술과 연관된 자동차 산업의 측면에서 기술하십시오.
– 본 회사가 더 좋은 온라인 쇼핑 경험을 제공하기 위한 아이디어를 구체적으로 제안해 주세요.
– 본인의 현재의 ○○○ 산업 분석을 토대로 예상되는 향후 10년 후의 ○○○ 시장의 변화에 대해 논리적으로 서술하여 주십시오.
– 자원 고갈(석유/석탄) 대체 방안에 대하여 서술하시오.
– 본 회사가 앞으로 나아가야 할 방향에 대해 서술하시오.

차후에 〈라이팅스토밍 체크법〉에서도 매우 자세히 소개하겠지만, 일단 본인이 지원하고자 하는 기업에서 '미래 예측'과 관련된 문항이 있는지 없는지를 확인해 보자. 만일 미래 예측과 관련된 문항이 있다면, 〈타이틀 스키밍〉을 이용하여 추출했던 사회 흐름 키워드를 본인의 전공, 전공의 비전 및 전공 관련 경력과 연관시키면 된다.

타이틀 스키밍이 다소 생소할 수 있기 때문에 공모전에 당선된 에세이를 쓰기 전에 어떤 식으로 타이틀 스키밍을 진행했는지 그 과정을 소개한다.

필자는 본 책에서도 강조했듯, 글을 쓰기 전에 언제나 서점으로 향한다. 그날도 어김없이 필자는 ○○문고의 경제/사회 분야 책들에 대한 타이틀 스키밍을 하였다. 그리고 타이틀 스키밍을 통해 얻은 생각들(브레인스토밍)은 다음과 같다.

"사물인터넷, 개인주의 심화, 혼밥, 저출산, 인공지능과 같은 미래 키워드를 조합해 보면 창의성과 인성의 부족이 교육계에 있어서 특히 심각한 미래의 사회문제가 될 수 있을 것 같아. 나의 전공을 살리면서 이 문제를 해결할 수 있는 방안에는 무엇이 있을까? 단순히 인문학 교육을 제시하기엔 너무 상투적인데…….

아! 예전에 봤던『희망의 인문학_ 클레멘트 코스』내용을 좀 이용하면 좋겠다. 미래 사회에서는 사물인터넷(IOT)으로 인해 범죄 자체는 줄어들겠지만 '저출산', '경기불황'의 조합으로 인성 교육에 신경 쓸 겨를도 없이 '능력 위주의 교육', '사교육의 팽창', '일단 내가 잘되고 보자'란 의식이 만연할 거야. 더군다나 '이혼율의 증가', '성교육 부족으로 인한 미혼모의 증가' 등으로 가정 교육 또한 제대로 받지 못하게 되는 상황은 '인성의 부재' 문제를 더욱 심각하게 만들겠지.

가정 교육에 대한 지원은 정부차원의 문제이기 때문에 내가 건들기는 쉽지 않고(더욱이 교육 예산도 부족한 지금, 바라기는 힘들 거야) 대신 개인적 차원에서 할 수 있는 일은 인문학 교육을 통한 인성 교육. 이것만이 가장 빠르면서도 현실적으로 지금부터 인성 부재를 예방할 수 있는 길일 것 같아. 좋아! 내가 교사니까, 이 점을 강조해서 글을 써 내려가면 되겠어."

이러한 과정을 일종의 '창발(emergence)'이라고 한다. 창발이란, 쉽게 말해 기존에 있던 콘텐츠들을 조합하고 편집하는 행위이다. 위의 예시에서도 필자는 타이틀 스키밍을 통해 기존의 콘텐츠들에서 아이디어를 얻었고, 약간의 '추론 과정'을 첨가하여 새로운 글을 만들어 내었다. 이러한 과정을 통해 교육 관련 미래 예측 공모전에도 당선될 수 있었다.

문화심리학자 김정운의 저서 『에디톨로지(편집학)』에서는 무에서 유를 창조하는 것은 쉽지 않으며 거의 모든 창조력은 '편집'하는 과정에서 나온다고 말한다. 이처럼 '창발(emergence)'은 '편집'과 유사한 형태로 진행하면 된다. 앞서 〈타이틀 스키밍〉을 통해 추출한 키워드에 본인 전공, 비전, 관련 경력을 잘 편집하여 자소서에 들어갈 참신한 콘텐츠를 만들어 내자. 상투적이지 않으면서도 '나'를 중심으로 적혀진 미래 지향적인 자소서가 탄생할 것이다.

'창발(emergence)'의 과정을 통해 쓰인 자소서는 기존 자소서를 ctrl+c / ctrl+v 한 자소서의 내용과는 차원이 다르다. 세상에 단 하나밖에 없는, 본인만의 사고를 담은 자소서가 탄생된다. 따라서 이를 읽는 인사담당자들은 회사의 미래를 이끌어 나가는 데 있어서 여러분을 뽑지 않으면 안 될 것 같은 느낌을 받게 될 것이다.

• **역량**

인재상	표현해야 하는 것
역량	저는 '기본적 (학업 · 전공)역량을 갖추어 미래를 이끌어 갈 인재'입니다.

역량은 본래 '지식이나 기술뿐 아니라 다른 사람과의 관계나 사고, 정서적 특성, 동기, 가치 등이 복합된 개인의 행동 특성'

이다. 하지만 본 책에서는 지식·기술 측면에서의 학업 역량과 전공 역량을 '역량'으로 생각하기로 한다.

이 파트에서 입시생은 '기본 학업 역량'을, 취준생은 '기본 전공 역량'을 자소서에 잘 표현해 내는 방법을 터득하는 것을 목표로 삼는 게 좋겠다.

:: 입시생 ::
전공 적합성 + 성실성 = 학업 역량

평가자들이 입시생으로부터 확인하려는 기본 학업 역량은 '본학생이 대학에 와서 전공 분야에 대한 열정을 가지고 학업을 잘해 나갈 수 있을지'이다. 이때 필자는 입시 자소서에서의 학업 역량이란 '전공 적합성'과 '성실성' 두 가지의 결합이라 간주한다. 입시 자소서에서 위 두 가지를 잘 어필하는 것이 필자만의 또 다른 합격 자소서 팁이다.

우선, '전공 적합성'을 살펴보자. 전공 적합성이란 여러 전공 중에서도 이 학과에 진학하였을 때 잘 적응하여 학업 및 성취를 지속해 나갈 수 있는 능력을 말한다. 이것은 관련 학과에 대한 교내외 활동과 평소 이 전공에 대한 개인적인 관심, 지적 호기심, 관련 탐구 활동을 통해 평가할 수 있다.

하지만 학생들이 전공 적합성에 대해 '경제학부를 위해서는 경제동아리를 들어가야 하고 신문방송학과를 위해서 방송·신문

동아리에 꼭 들어가야 한다.'는 편견을 가지는 경우가 많다. 사실 대입에서는 특히 스펙의 유의미성(51쪽)을 통해 지원자를 총체적으로 평가하기 때문에, 관련 동아리를 이수했다는 사실만 가지고 전공 적합성을 평가하지는 않는다. 따라서 지원 학과와 관련된 활동을 하더라도 활동이 유의미할 때 전공 적합성을 채울 수 있음을 기억하자.

다음으로, 평가자들이 입시생으로부터 전공 적합성을 가장 쉽게 표면적으로 확인할 수 있는 것은 바로 '내신'이라는 것도 말해 주고 싶다. 내신과 비교과 활동은 반비례한다고 생각하는 학생들이 많은데, 사실은 그렇기도 하고 그렇지 않기도 하다. 즉, 내신이 부족하기 때문에 더욱이 비교과 활동을 통해 채우려는 시도는 잘못된 것은 아니지만 '내신이 부족해도 교내외 활동으로 채우면 된다'라는 사고 자체는 상당히 위험하다. 내신은 평가자들이 '전공적합성'과 '성실성'을 판단하는 기본적 기준으로 삼을 확률이 높기 때문이다.

결론적으로, '저는 기본적 학업 역량을 갖추어 미래를 이끌어 갈 인재입니다.'라고 어필하고 싶은 학생들이라면 일단 내신 준비에 충실히 임하면서도 비교과 활동에 적극적이길 바란다. 하지만 모든 면에 완벽할 수는 없는 법! 전 과목을 준비하기 힘든 경우에는 해당 전공과 관련된 과목의 내신만큼은 열심히 하길 바란다. 예를 들어, 영어 관련 학과를 지원할 예정인데 영어 등급이 다른 과목에 비해 현저하게 낮다면 당연히 그 타당성을 갖지 못한다. 물론 그렇다고 방법이 없는 것은 아니다. 영어 성적이 현저히 낮은 학생이 영어 관련 학과를 지원하고자 한다면, 영어 성적에 있어 상승 곡선을 이루도록 할 때 자소서를 통한 합격의 가능성을 높일 수 있다.

다음으로, '성실성' 요소를 알아보자. 성실성은 여러 활동 중에서도 '꾸준히 행한 무언가'를 통해 확인이 가능하기 때문에 지속적으로 행한 어떠한 활동을 통해 어필할 수 있다. 봉사든, 동아리든 그 외 활동이든 성실하고 꾸준하게 하는 것이 중요하다. 사실 성실성 또한, 이를 평가하는 데 있어서 내신만큼 평가자들이 판단하기 쉬운 것이 없다.

이러한 이유 때문에 '내신'은 학생들이 놓쳐서는 안 되는 부분임을 필자는 꼭 강조하고 싶다. 내신이 낮을 때, 유의미한 비교과가 큰 힘이 되어 줄 수 있는 것은 사실이나 비교과가 좋다고 내신이 커버된다고 볼 수만은 없다. 따라서 가장 이상적인 방안은 내신에 최선을 다해 준비하고 그 외에 학과 관련 활동을 하도록 하기를 추천한다.

그런데 만약 내신이 이미 결정되어 버린 학생들이라면? 최후의 전략 또한 물론 존재한다. 비록 내신은 낮지만 본인이 전공 적합성과 성실성이 충분하다는 것을 표현하는 '히든카드'를 꺼내 들어야 한다. 이에 대해 더 자세히 알아보도록 하자.

내신이 낮은 학생, 학업 역량 어필하기
내신과 히든카드는 반비례하게 준비

　내신이 낮은 학생의 경우, '학업 역량(전공 적합성+성실성)'을 제대로 표현하려면 가급적 평가자들이 특별하다고 느낄 수 있는 히든카드(내신 외 교과·비교과 활동)가 있어야 한다. 그렇지 않을 경우, 평가자들 입장에서 이왕이면 내신이 좋은 학생들을 뽑는 것은 당연하다.

　그러므로 내신 점수가 높지 않은 학생일수록 히든카드의 특별성이 높아야 합격률이 높아진다. 위 제목이 '내신과 히든카드는 반비례하게 준비'인 이유가 바로 여기에 있다. 내신이 조금 낮더라도, 학업 역량을 증명하기 위한 히든카드는 '전공 관련 관심을 지속적으로 실행했다'는 것을 어필하는 것이다. 필자 예시(변형)를 통해 이해해 보자.

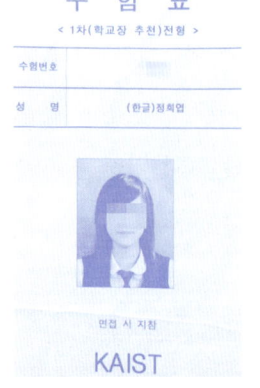

수 험 표

< 1차(학교장 추천)전형 >

수험번호	
성　명	(한글)정희엽

면접 시 지참

KAIST

필자의 스펙

– 다른 지원자들에 비해 내신이 조금 부족

– STEM-CELL(줄기세포)에 대한 관심·열정이 남다름

– 그에 대한 근거로, 관심 분야 TED/K-MOOC 강의 수강

– 인근 대학 관련 분야 연구 교수님과의 연락, 토론

저는 '생명공학'과 관련하여 TED 주제 토론 활동을 하기도 하였고 지역 인근 대학의 생명공학 교수님과 이메일을 주고받기도 하였습니다. 또한 현재는 K-MOOC강의를 듣는 중입니다.

_ 〈자소서 a〉

저는 '생명공학'과 관련하여, 고1 때는 TED에서 관련 주제를 선정하여 이에 대해 토론하는 활동을 주도적으로 이끌어 왔습니다. 이것으로 지적 호기심이 충족되지 않았던 저는 고2 때 제가 사는 지역 인근 대학의 생명공학과 교수님께 직접 이메일을 드리며 생명공학 중에서도 가장 관심 있는 STEM-CELL과 관련한 질문을 영어로 주고받기도 하였습니다. 그리고 고3인 현재에는 학업도 중요하지만, 평소 꼭 들어 보고 싶었던 K-MOOC의 'ㅇㅇ'강의를 신청해, 조금 어렵기는 하지만 그 분야에 대한 지식을 키워 가는 중입니다.

_ 〈자소서 b〉

위 자소서는 내신이 조금 낮더라도 이를 커버할 수 있는 자소서 기술법을 설명하기 위함이다. 지원 학교 기준 내신이 다소 낮은 학생의 경우, 〈자소서 a〉처럼 쓰기보다는 〈자소서 b〉처럼 쓰기를 권장한다. 〈자소서 b〉를 살펴보면, '생명공학'에 대한 지속적 관심이 '고1→고2→고3'까지 어떻게 연결되었는지가 구체적으로 설명되어 있는데, 이를 통해 살짝 낮은 내신을 커버하고 학업 역량(전공 적합성+성실성)을 어필할 수 있는 좋은 히든카드를 내밀고 있다. 학업도 중요함을 알지만 본인은 전공 관련 관심이 더 컸으며 이에 집중적으로 시간을 투자했다는, 쉽게 말해 '낮은 내신에 대한 근거'를 나름대로 합리적으로 제시하고 있는 것이다.

  같은 방법으로, '다문화 교육' 관련 관심을 가지고 특정 학교·학과에 지원하려 할 때의 자소서 예시를 살펴보자.

저는 친구들의 고민을 들어 주고 그 문제에 대해 함께 이야기해 보는 '또래도우미 상담 활동'을 해왔습니다. 그뿐만 아니라 다문화 가정이 많이 모여 있는 기관을 방문해서 그 실태를 살펴보기도 하였습니다.
  _〈자소서 a〉

저는 고등학교 1학년부터 2학년 때까지 2년간 또래 친구들의 고민을 경청하고 이에 대해 소통하는, 한국교육개발원 주관의 'Weeclass 또래상담도우미' 활동을 해왔습니다. 이에 그치지 않고 고3인 현재, 학업도 중요하지만 제가 가장 관심 있는 분야인 '다문화교육'과 관련하여 사회적 소수자들이 모여 있는 기관을 방문해 현황과 문제점을 생각해 보기도 하였습니다.
  _〈자소서 b〉

〈자소서 a〉보다는 〈자소서 b〉에서 지원자가 관심 있는 분야인 '다문화 교육'에 대한 지속적 관심이 '고1, 2→고3'에 걸쳐 어떻게 연결되어 가는지를 잘 보여 주고 있다. '학업도 중요하지만'이라는 간단한 언급을 통해 내신은 조금 낮아도 본인이 정말 관심 있는 분야에 대해서 전공 적합성과 성실성을 길러 왔음을 잘 어필한 자소서는 본인의 취약점을 커버해 줄 수 있는 좋은 자소서 스킬이 될 것이다.

:: 취준생 ::

전공 적합성 + 성실성 + 유연성 = 직무 역량

입시생과 달리, 취준생은 자소서에서 '직무 역량'을 어필할 필요가 있다. 사실, 대부분의 기업에서는 학사를 졸업하고 기업에 들어가면 전공과는 무관한 업무를 하게 된다는 말을 많이 들어 보았을 것이다. 그것이 현실이지만 필자의 경험상, 대외 활동 자소서나 취업 자소서에서만큼은 일단 자신의 전공과 관련하여 기업에 채용되었을 시, 어떠한 업무에 어떤 식으로 전문성을 발휘할 것인지를 설명했을 때 합격률이 높은 편이었다. 취업을 위한 자소서는 채용을 하도록 설득하는 것이 주 목적이기 때문이다.

필자는 취업 자소서를 직접 쓰거나 첨삭할 때, '직무 역량'을 표현하기 위한 방법으로 '전공 적합성', '성실성', '유연성'을 잘 결합시킨다. 이것이 필자가 주고 싶은 또 하나의 팁이자 노하우이다. 입시생이 대학의 평가자들에게 '전공 적합성'과 '성실성'을 통해 해당 대학, 해당 학과에서 학업을 잘해 나갈 인재임을 표현한다면, 취준생은 기업의 인사담당자들에게 '전공 적합성', '성실성', '유연성'을 통해 기업에서 성실하고 유연하게 대처하며 업무를 잘 수행해 나갈 인재임을 표현하는 것이다.

먼저 '전공 적합성'은 앞에서도 언급했듯이 '전공과 관련하여 업무를 잘 수행할 수 있고 이에 적합한 사람'임을 어필하는 것이다. 이는 대학 4년간 전공과 관련한 활동을 통해 확인시킬 수 있다.

'성실성'은 어떤 기업에서도 공통적으로 중요한 인재상 요소 1위로 꼽히곤 한다. 경기가 좋지 않고 시장이 급변할수록 책임감을 지닌 성실한 인재를 원하기 때문이다.

'유연성'은 넓은 범주로서 많은 것을 포함하는데, '직무와 관련하여 유연하게 대처하는 능력, 직무를 효율적으로 처리하는 능력, 직무 수행 시 구성원들과의 유연한 조화, 직무에 있어 유연한 발상 등' 직무를 수행하는 동안 발생하는 상황에 유연하게 행동하는 모든 것들을 포함한다.

합격한 취준생들의 자소서를 보면 보통 '전공 적합성', '성실성', '유연성' 중 하나만 기술되어 있는 경우는 드물다. 대부분 세 가지가 조화되어 '직무 역량' 자체가 자연스럽게 표현된 자소서인 경우가 많다. 정리하면, 전공과 관련하여 업무를 잘 수행할 수 있으면서도 직무에 성실한 자세로 임하고 어떤 상황에서도 유연하게 대처하며 극복해 낼 수 있는 사람. 그것이 취준생들에게 요구되는 가장 진정한 전문성이 아닐까 하고 필자는 생각한다.

다소 길었던 서론을, 한방에 이해시켜 줄 자소서 항목들을 보도록 하자.

 – 여러분이 경험했던 게임 콘텐츠 중 가장 인상 깊었던 콘텐츠는 무엇이었나요? ① TV 또는 온라인 등 게임 관련 콘텐츠 중 하나를 선정하신 후, 선정 이유를 설명하고 ② 해당 콘텐츠가 성공한 이유에 대해 본인의 생각을 작성해 주세요.

 – 본인이 경험한 최고의 서비스, 최악의 서비스에 대해 기술하고, 그렇게 판단한 근거 및 사유에 대해 설명하시오.

 – 본 회사에 제안하거나 추천하고 싶은 서비스를 서술해 주십시오.

 – 본인이 지원하는 사업부의 시장 경쟁력을 높이기 위한 방안을 기술하여 주십시오.

 – ○○은행의 A어플을 이용해 보시고, 다른 은행의 모바일 은행과 비교하여 우위에 있는 점과 개선이 필요하다고 생각하는 점을 가감 없이 서술해 주세요.

 – 최근 사회 이슈 중 중요하다고 생각되는 한 가지를 선택하고 이에 관한 자신의 견해를 기술해 주시기 바랍니다.

- 남들과 새로운 관점으로 변화/혁신을 추구한 경험과 그를 통해 배운 점이 무엇인지 기술하시오.

　- 자신에게 주어진 일이나 과제를 수행하는 데 있어 고정관념을 깨고 창의적으로 문제를 해결했던 사례에 대해 구체적으로 기술하시오.

　- 기존의 업무나 과정이 비효율적이라 판단하여 자신만의 체계나 기준을 세워 문제를 해결한 경험에 대해 서술하시오.

　이러한 문항들은 제3장에서 더 자세히 다루겠지만 '비판적 사고력', '문제 해결력', '창의성'을 동시에 볼 수 있는 문항들이다. 직무 역량이 중요시되면서 단순한 자기소개를 넘은, 위와 같은 문항들이 제시되고 있는 추세이기에 본 '역량' 파트에 추가하였다. 하지만 6요소 중에서 '창의성'과도 뗄 수 없는 부분임을 언급해둔다.

이러한 문제는 다음의 구조로 해결하라

　세계적 기업인 한 회사의 자소서 항목을 분석해본 결과, 필자는 창의적 문제해결과정을 기술하는 방법에 대한 명확한 답을 찾을 수 있었다.

⑴ 문제 인식(A라는 문제가 있는 상황을 가정)

－ 비판적인 사고와 시선을 보여줄 것

⑵ A 문제 상황의 원인, 문제의 현황 등 제시

－ 자신이 알고 있는 배경지식이나 연구 결과 등을 기반으로 합리적인 원인을 제시할 것

ex) 아이디어를 내는 것과 실제로 아이디어를 구현하는 것에는 차이가 분명히 존재합니다. 따라서 A와 같은 문제가 생겼던 것입니다.

⑶ A 문제를 해결할 수 있는 방법

－ 논리적이고 통찰적인 해결과정을 거칠 것

－ 다각도적인 해결책을 제시(본인이 할 수 있는 것과 기업이 해 줄 수 있는 것 등)

ex) A에 대해 개인적으로는 ~와 같은 일을 할 수 있습니다. 기업 차원에서는 운영 팀을 만들어 직원들에게 구체적 가이드라인과 데이터를 제공함으로써…

위의 방법을 토대로 자소서를 쓴다면 해당 직무와 관련한 본인의 역량을 잘 표현할 수 있을 것이다.

- **적극성**

인재상	표현해야 하는 것
적극성	저는 '전공 · 관심 분야에 있어 적극성과 열정을 가지고 해당 분야에 기여 할 수 있는 인재'입니다.

지금까지 리더십, 인성, 성장 가능성, 창의성, 성실성에 대해 알아보았다. 이제 자소서 작성을 위한 6요소 중 마지막 하나가 남았다. 바로 '적극성'이다. 지금부터 '적극성'이란 무엇이며 어떻게 준비해야 하는지 알아보자.

21세기는 빠르게 변화하는 시대이기 때문에 소극적인 자세로는 살아남기 어려워졌다. 보다 적극적으로 나서는 사람이 빠른 변화에 대처하여 험난한 세상을 잘 이겨 낼 수 있는 세상이 온 것이다. 자소서에도 이러한 사회 흐름을 담아, 본인이 얼마나 세상에 적극적이고 능동적으로 살아가는 인재인지를 담아낼 수 있어야 한다.

몇 년 전, 필자는 S기업 채용자로부터 특별한 미션에 관한 내용을 듣게 되었다. 적극성을 중시하는 기업이 지원자들에게 낸 미션을 살펴보며, 적극성을 이해해 보자.

이는 앞서 이야기한 6요소 중 하나인 '리더십', '성장 가능성'과 비슷하다고 느껴질 수도 있으나, 리더십이 '사회 구성원과 함께 앞으로 나아갈 수 있는 힘을 가지고 있는가'를 표현하는 부분이라면, 적극성은 '본인 전공·관심 분야에 있어서 얼마나 열정적이고 능동적인가'를 표현한다는 점에서 차이가 있다고 볼 수 있다. 또 성장 가능성은 '사회에 얼마나 기여할 수 있는 잠재적 인재인가'를 표현한다는 측면에서 적극성과 구별된다.

필자는 위의 3가지 요소의 개념을 구분할 때, 리더십은 community(공동체)적인 '관계' 측면에 중점이 있고 적극성은 personal(개인)적인 '행동' 측면에 그 중점이 있으며, 성장가능성은 social(사회)적인 '비전'측면에 중점을 둔다는 점에 주목하여 구분한다.

적극성은 행동에 초점을 두고 있기 때문에 '열정도'와 비슷하게 이해하면 쉬울 것이다. 따라서 적극성을 자소서에 담아내려면 '본 대학/기업의 학과/직무에 대한 열정이 어느 정도인가'를 표현해야 한다는 것을 잊지 말자.

적극성을 표현하는 방법 – 내용편
목표 학교 · 기업을 낱낱이 파헤쳐라

각자 정말 좋아하는 일 하나쯤은 가지고 있을 것이다. 게임, 영화, 화장, 쇼핑, 책, 연예인, 운동, 음식, 예술, 여행 등 3-4 시간을 집중해서 하여도 지루하지 않고 능동적인 동기로 실천하는 분야를 말이다. 대표적으로 필자의 경우, 미술 작품 활동을 할 때가 그렇다. 3-4시간 집중은 기본이고 누가 시킨 것도 아닌데 미술 작품을 그리는 과정에서 필요한 스킬이나 기법을 적극 찾아보고 익힌다. 여러분도 분명 하나쯤은 그런 분야가 있을 것인데, '적극성'이란 이때의 느낌, 과정과 같다.

적극성을 표현하는 방법으로, 진학하고자 하는 대학교나 취업하고자 하는 기업을 낱낱이 파헤쳐 보는 것이 중요한데, 일단 대학 · 기업의 홈페이지를 들어가서 다량의 정보를 획득하는 것이 가장 쉬운 방법이다. 이때 획득해야 하는 기본 정보는 '핵심 가치', '인재상', '추구 이념', '진행하는 프로그램' 정도이다. 그 외에는 본인의 선호에 따라 추가해도 좋다.

핵심 가치(+@)

앞서 필자가 정리해 둔 6요소는 학교 · 기업들이 공통적으로 중시하는 보편적 핵심 역량이다. 이에 덧붙여, 학교별 · 기업별

+@의 부가 핵심 가치가 있을 수 있는데, 핵심 가치는 학교별·기업별 특색이 담긴 중요 가치이기 때문에 본인이 지원하려는 곳에 따라 핵심 가치를 직접 찾아내야 한다. 찾는 방법은 아주 간단하다. 공식 홈페이지를 참조하면 된다. 이를 직접적으로 언급해 둔 곳도 있고 스스로 추측·추출하여야 하는 곳도 있는데, 대학과 기업을 나누어서 알아보자.

일단 입시생을 위해 대학을 살펴보도록 하자. 아래는 Y대학교의 [건학 정신/이념] 부분이다. 이 부분을 읽다 보면 몇 가지 핵심 가치들을 추출해 낼 수 있다. 진리, 자유, 창의력, 비판력, 정의감. 이러한 핵심 가치들 중 사용하면 좋을 키워드를 추출했다면, 자소서에 이와 관련된 에피소드가 나올 때 자연스럽게 한 번씩 언급해 주면 매우 좋다.

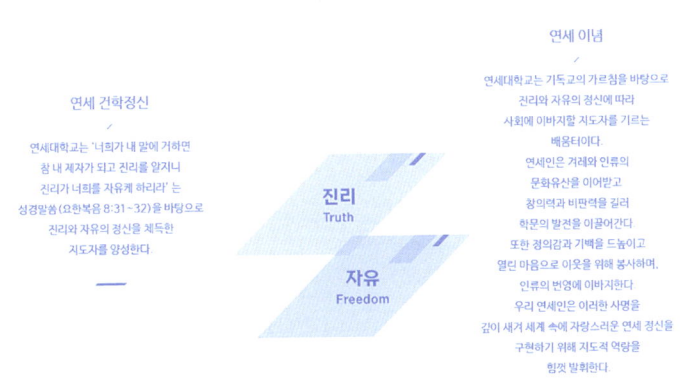

연세 건학정신

연세대학교는 '너희가 내 말에 거하면
참 내 제자가 되고 진리를 알지니
진리가 너희를 자유케 하리라' 는
성경말씀(요한복음 8:31~32)를 바탕으로
진리와 자유의 정신을 체득한
지도자를 양성한다

진리
Truth

자유
Freedom

연세 이념

연세대학교는 기독교의 가르침을 바탕으로
진리와 자유의 정신에 따라
사회에 이바지할 지도자를 기르는
배움터이다.
연세인은 겨레와 인류의
문화유산을 이어받고
창의력과 비판력을 길러
학문의 발전을 이룩어간다.
또한 정의감과 기백을 드높이고
열린 마음으로 이웃을 위해 봉사하며,
인류의 번영에 이바지한다.
우리 연세인은 이러한 사명을
깊이 새겨 세계 속에 자랑스러운 연세 정신을
구현하기 위해 지도적 역량을
힘껏 발휘한다.

다음으로는 취준생을 위해 기업 하나를 선정해 살펴보도록 하자. 각 기업 홈페이지는 철학, 이념, 가치 등을 직접적으로 제시해 주고 있는 편이다. 다만 다양한 범위에 걸쳐 있다 보니 상당히 포괄적이어서 어떤 핵심 가치를 자소서에 써야 할지, 생각하는 과정이 다소 어려울 수는 있다. 이러한 경우, 6요소를 기반으로 하되 그 외의 독특하고 참신하다 싶은 핵심 가치를 추출하여 자소서에 쓰면 좋다. 이해를 돕기 위해 아래 S기업의 '핵심 가치' 부분을 살펴보도록 하자.

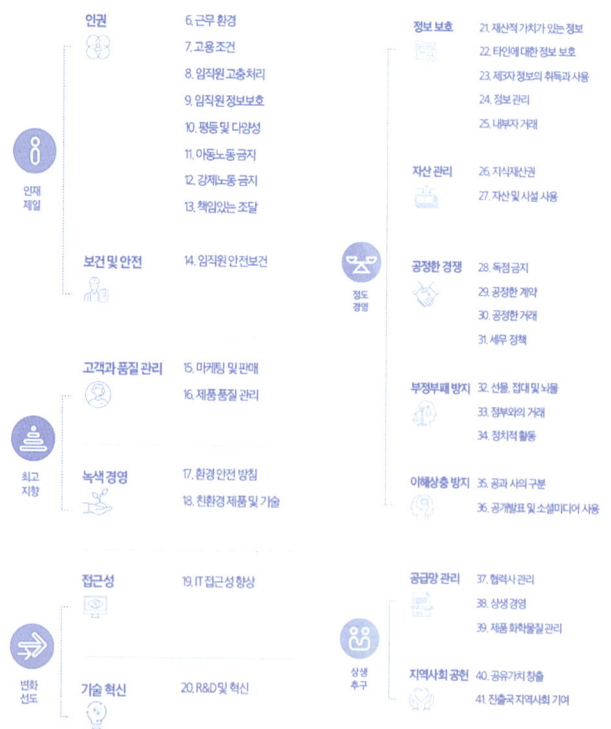

S기업 홈페이지의 핵심 가치 부분을 보면(년도마다 경영진 바뀔 때마다 조금씩 바뀌니 정확한 부분은 다시 체크하길 바란다), 이와 같이 총 5가지로 정리된다. 이때, 너무 포괄적이거나 추상적인 단어는 과감히 버리고 '구체적인 단어'를 골라 핵심 가치로 사용하기를 권장한다. [인재 제일] 부분에서는 '인권', '평등', '다양성' [최고 지향] 부분에서는 '고객과 품질', '친환경' [변화 선도] 부분에서는 '접근성', 'R&D', 'IT·기술', '혁신' [정도 경영] 부분에서는 '정보보호', '공정' [상생 추구] 부분에서는 '지역사회 공헌', '공유가치' 등이 자소서에서 사용하기 좋은 가치 키워드로 꼽을 수 있겠다. 하지만 이는 필자의 주관적인 추출이며 본인의 자소서 내용에 따라서 가감하길 바란다.

인재상

핵심 가치는 인재상과도 큰 연관이 있기 때문에 이 둘을 관련 지어 생각하여야 한다. 인재상이 핵심 가치와 다른 점은, 인재상이 핵심 가치보다 조금 더 구체적인 이미지를 그려 낸다는 점이다. 대학교와 기업을 하나씩 예로 들어 보자. 우선, Y대학의 '대학 비전' 부분에 들어가면 다음과 같이 학교의 비전이 나온다.

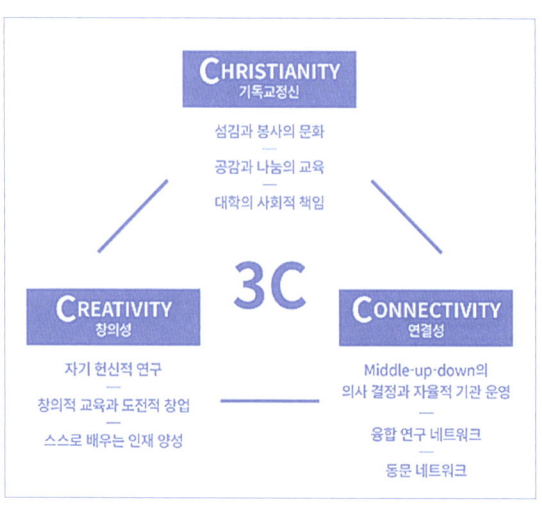

[Y대 대학 비전]

이 부분에서도 물론 핵심 가치를 추출해 낼 수 있다. 창의, 도전, 섬김, 봉사, 공감, 나눔, 연결, 융합 등의 키워드들이 그것들이다. 하지만 대학의 경우, 인재상을 직접적으로 언급해 주는 곳이 많지는 않다. 따라서 인재상을 스스로 추출해야 한다. 다음에서, 인재상을 추출해 내는 법을 알아보자.

인재상, 핵심 역량에 대한 더욱 구체적인 이미지

인재상은 아까도 언급했듯 조금 더 구체적인 이미지를 그려낼 수 있는 것이어야 한다. 이전의 [Y대 대학 비전] 예시를 보자. 이전에 추출했던 핵심 역량 중 하나인 '도전'을 예로 들면,

도전은 '도전 정신', '도전적 자세', '도전적 배움' 등 여러 형태가 될 수 있다. 그런데 위 [Y대 대학 비전]을 보면 여러 형태 중에서도 '도전적 창업'을 중시하고 있음을 알 수 있다. 다시 말해, Y대학은 '도전'을 핵심 가치로 두지만 그중에서도 '도전적 창업 정신을 가진 사람'을 인재상으로 하고 있음을 추출해 낼 수 있다.

이를 토대로, 완전한 문장으로 인재상을 추출해 보자. Y대학은 일단 3C를 기반으로 하되 그들이 원하는 구체적 인재상은 '섬김과 봉사의 문화를 가지고 / 공감·나눔을 할 수 있으며 / 자기 헌신적·융합적 연구를 하고 / 창의적 교육을 통한 도전적 창업 정신을 지니며 / 스스로 배우고자하는 자율적 인재로서 / 융합연구·동문 네트워크를 활용하여 사회에 이바지할 지도자'이다. 복잡해 보이지만 하나하나 자소서를 통해서 어필할 수 있고 이를 어필할 때 합격률을 높일 수 있다.

이번에는 기업에서의 인재상을 살펴보도록 하자. 기업 홈페이지에는 인재·채용 부분에 '인재상' 자체를 실어 놓은 경우가 많다. 대학에 비해 기업은 기업의 특성상 그 목적이 '이윤 추구'에 있으므로 확실한 인재상이 존재하는 것이 아닐까 하는 것이 필자의 생각이다.

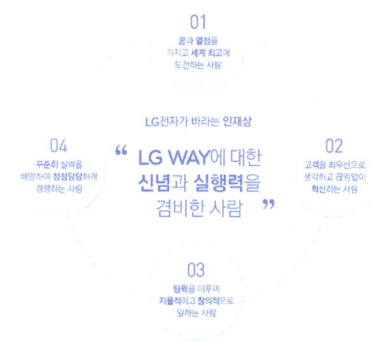

따라서 주는 정보를 굳이 쓰지 않을 이유는 없다. 직접 제시해 주는 만큼, '본 기업은 ~한 인재를 원합니다!'라는 직접적 호소로 받아들이고 자소서에 반드시 어필할 필요가 있다.

추구 이념

추구 이념은 이전에 살펴보았던 핵심 역량이나 인재상보다 포괄적인 범주라고 생각하면 된다. 이 또한 직접적으로 언급되어 있는 곳도 있고 지원자가 스스로 추출해 내야만 하는 곳도 있다. 추구 이념은 포괄적이지만 오히려 한두 단어 안에서 해결되기 때문에, 이를 자소서의 제목 및 마지막 문장에 넣어 사용하면 매우 임팩트 있는 자소서를 만들어 낼 수도 있다.

그렇다면 추구 이념은 어떻게 추출해야 할까? 포괄적이라 찾기가 어렵다고 느껴질 수 있지만 의외로 간단하다. 대부분의 학교가 [입학 안내] 부분에 추구하는 이념을 넌지시 알려 주고 있기 때문이다.

입학안내

대한민국의 미래를 개척하고 인류사회에 공헌하는
국립대학법인 서울대학교로 거듭나겠습니다.
역사가 숨쉬는 곳, 미래를 꿈꾸는 곳, 서울대학교는
겨레의 대학으로서 그 책임을 묵묵히 다하며
세계의 대학으로 나아가는 새 지평을 열어 가고 있습니다.

S대학의 경우 '대한민국 미래 개척', '인류 사회 공헌'이라는 이념을 추구하고 있음을 알 수 있다. 국립대학인 만큼 우리나라에 대한 애정과 책임이 느껴지는 부분이다.

입학안내

연세대학교는 진리와 자유의 정신을
갖춘 글로벌 리더를 선발합니다.

연세대학교는 진리와 자유의 정신을 갖춘 글로벌 리더로서 사회에 공헌할 수
있는 우수인재 선발, 고등교육의 비전을 선도하는 입학정책과 제도의 마련,
사회공헌과 통합에 기여하는 정책적 목표 하에 다양한 입학전형을 도입하여
우수인재들을 선발하고 있습니다.

Y대학의 경우 '진리와 자유정신', '글로벌 리더'가 추구 이념이라는 사실을 추출해 낼 수 있다. 특히 글로벌을 추구하는 대학의 경우에는 자소서에 본인이 글로벌 리더가 될 수 있는 자질을 갖추고 있음을 어필하면 좋다.

기업의 경우도 다르지 않다. 아래는 S기업의 [경영 이념]이다. '창조경영', '파트너십 경영', '인재 경영'을 통해서 인간의 삶을 풍요롭게 하고 사회적 책임을 다하는 지속 가능한 미래에 공헌하는 혁신적 기술, 제품 그리고 디자인을 통해 미래 사회에 대한 영감을 고취하는 것이 현재 그들의 추구 이념이 되겠다.

　경영이념은 시간이 지남에 따라 그리고 경영진이 바뀜에 따라 조금씩 변화할 수 있으므로 위 예시들은 이해에만 참고하고 지금 책을 읽는 이 순간의 정확한 내용은 지원하려는 대학 및 기업 홈페이지에 들어가 확인하길 권한다.

진행 프로그램

진행 프로그램이란 해당 학교나 기업에서 현재 중점을 두고 진행하고 있는 특정 프로그램을 의미한다. 이에 주목하는 이유는 '학교·기업이 중시하는 가치' 및 '현재의 관심사·주력 사업'이 그 속에 포함되었을 가능성이 높기 때문이다. 또한 그러한 프로그램까지 알고 있다는 것은 해당 학교나 기업에 대한 간절함과 애정도, 관심이 그만큼 크다는 것을 의미하기도 한다.

진행 프로그램을 자소서에 응용하는 것은 필수는 아니다. 하지만 필자가 10년간 자소서를 써 오면서 상당히 좋은 효과를 거두었던 전략이니 참고하길 바란다.

입시생, 진행 프로그램을 활용하여 잠재적 신입생처럼

대학교마다 진행하는 프로그램은 다양한데, 필자가 대학을 지원하던 당시, H대학은 자매결연 대학과의 '국제 교류 프로그램'을 진행하고 있었다. 이것을 미리 알아보았던 필자는 자소서를 쓸 때 이를 이용하여 대학 입학 후 진로 계획을 아주 구체적이고 실제적으로 작성했다. 마치 해당 대학의 학생이 된 듯한 느낌이 들도록, 구체적인 프로그램명과 미래 계획을 기술한 것이다.

'진로 계획을 서술하라'는 항목이 없을 경우에는 지원자의 미래 비전을 보여 주어야 하는 문항에서 학교의 지원 프로그램을 적극 활용했다. 예를 들어, '내가 본 대학에 합격한다면 ○○프로그램을 통해 ○○을 하겠다.'라는 구체적 비전을 제시한 것이다. 그 결과는 당연히 합격이었다.

진행하는 프로그램은 주로 대학 홈페이지의 [대학 생활]란에 많이 기재되어 있다. 주력 프로그램의 경우에는 아예 따로 메뉴가 만들어져 있는 경우도 있다. 입시생들은 자소서를 쓸 때, 공식 홈페이지 및 입학 홈페이지를 꼼꼼히 살펴보도록 하자.

대학 홈페이지의 [대학 생활]란 외에도 [뉴스&공지] 부분에 진행하는 프로그램이 나오기도 한다. 자소서에 이를 활용하되 이왕이면 이름 전체를 구체적으로 기재해 주면 자소서 내용의 신뢰도를 더욱 높일 수 있다. '나중에 내가 입학했을 때 없어질 프로그램이면 어쩌지?'라고 고민할 필요는 없다. 진행 프로그램을 자소서에 쓰는 이유는 본인이 해당 학교에 그만큼 관심이 많으며 해당 학교의 잠재적 입학생임을 각인시키기 위함임을 기억하자.

취준생에게 진행 프로그램이란, 핫이슈 & 트렌드

기업의 경우도 마찬가지다. 기업에서는 다양한 프로그램에 막대한 비용을 투자하기도 한다. 하지만 취준생의 경우, 진행 프로그램에 대한 개념이 조금 달라진다. 입시생은 '진행 프로그램'으로, 취준생은 '핫이슈'라는 개념으로 받아들이는 것이 좋겠다.

그 이유는, S기업이 진행하는 프로그램이 다양하지만 아래와 같은 '청춘문답', '드림클래스' 등은 취준생에게 큰 의미가 없기 때문이다. 이러한 것들은 기업의 사회적 환원이라는 이름 아래 대학생들을 위해 진행되는 것들이기 때문에, 이러한 활동들을 과거에 했었다면 물론 살짝 언급하는 것은 가능하지만 그렇지 않다면 굳이 쓸 필요는 없다.

대학생을 위한 프로그램보다 취준생들이 신경 써야 할 진행 프로그램은 '현재 기업이 몰두하고 있는 분야에 대한 연구 및 R&D' 혹은 '비중을 두고 진행하고 있는 프로젝트' 등이다. 이를 알 수 있는 대표적인 방법은 [뉴스&공지]에 올라온 최근 소식 및 기사를 읽어 보는 것이다. 그 외에 해당 기업에 취직한 사람들의 스토리를 읽어 보는 것도 진행 프로그램, 핫이슈 등을 알 수 있어, 참신하고 살아 있는 자소서를 쓰는 데 도움이 된다.

따라서 회사에서 현재 관심을 두는 사업 분야나 비중을 두고 진행하는 프로젝트를 자세히 알아 두자. 중요한 것은 이 프로그램이 본인의 전공과 어떤 관련이 있는지 확인하여, 본인이 해당 기업에 입사한다면 그 프로젝트에 어떻게 도움을 줄 수 있을지, 그 잠재력을 표현하는 게 포인트이다. 단, 본인이 개입할 수 있는 분야가 아니면 큰 메리트가 되지는 못하기 때문에 본인과의 관련성을 잘 파악하는 것이 중요하다. 다음 L기업의 예시를 간단히 살펴보자.

뉴스 제목을 보면, 최근 L기업이 '베트남 E-commerce 시장에 진출'하였고 '베트남 청년 창업 지원'을 나서고 있음을 알 수 있다. 즉, 베트남을 잠재적 시장이라 여기고 해당 기업을 진출시키려는 의도가 엿보인다. 이것을 캐치하여 자소서에 적용하면 남들과 차별화된 자소서를 써낼 수 있다. 베트남 진출에 대하여 본인의 전공 혹은 본인이 입사 후 맡게 될 예상 직무에서 어떤 역할을 할 수 있는지를 기술하는 것이다. 딱히 연관이 없다면 억지로 끼워 맞추려 하지 말고 본인을 어필할 수 있는 또 다른 중점 프로젝트를 찾아 활용하도록 한다.

적극성을 표현하는 방법 – 형식편
자소서의 어조, 3번 반복 법칙을 이용해라

지금까지는 적극성을 표현하는 방법 중에서도 '내용편'에 대해 알아보았다. 이번 파트부터는 '형식적 측면'에서 적극성을 극대화시키는 방법을 소개한다.

앞서 34쪽에서 밀그램의 실험을 통해 자소서에서의 3번 반복의 힘을 알려 주었다. '적극성', 즉 '열정도'라는 요소를 표현하는데에 3번 반복의 힘만큼 효과적인 형식은 없으리라 생각한다. 일단 한 문항에서 '제목', '내용', '문장 마지막'이 반복을 해 주는 위치임을 기억하자. 위에서 찾아 두었던 '핵심 가치', '인재상', '추구 이념', '진행 프로그램'을 '제목', '내용', '문장 마지막'에서 언급하도록 한다.

아래의 예시는 필자가 국가과학기술위원회 블로그 기자단에 지원했을 때의 자소서이다. 블로그 기자단에 대한 정보를 적극적으로 찾은 후 이에 맞는 자소서를 써 내려갔기에 합격이란 결과를 낼 수 있었다.

: : 국가과학기술위원회(국과위) 블로그 기자단 : :

지원 자격
① 글쓰기를 좋아하고 적극적인 취재 활동이 가능한 사람
② 과학기술을 좋아하고 관련 정책에 관심이 많은 사람
③ 자신의 블로그나 트위터, 페이스북 등 SNS 매체를 활발히 운영해 온 사람
④ 디지털 기기(사진, 동영상 촬영) 사용에 익숙한 사람

⑤ 과학기술정책, 인터뷰, 연구 현장과 수요자 의견, 생활 속 과학 이슈 등에 관한 취재 기사 작성 및 영상 제작 등 다양한 온라인 콘텐츠 생산

⑥ 매월 정기 기획회의

⑦ 국과위 행사 참여 및 지원, 과학 나눔 봉사 등

필자가 위에서도 언급했듯이 적극성을 표현하는 방법(내용편)은 핵심 가치, 인재상, 추구 이념 등 지원하려는 곳에 대한 많은 정보를 적극적으로 얻어내고 이에 자신이 얼마나 맞는 인재인지를 기술하는 것이다.

위 예시-국과위 블로그 기자단-의 경우에는 '지원자격'과 '활동내용', '국과위'라는 곳의 특성에 본인의 특성을 맞춰 가며 자소서를 쓰면, '적극성'을 잘 표현해 낼 수 있다. ①~⑦이를 실제로 형식적으로 잘 표현한 자소서를 보며 이해해 보자.

"제 인생의 방정식 : 관심+열정+노력 = Perfect"

저는 현재 ○○교육대학교 1학년에 재학 중인 ○○○입니다. 전주라는 먼 곳에서 교육대학교를 다니는 학생이 왜 '블로그 기자단'에 지원하게 되었는지 의문이 드시지 않으십니까?

「제가 지금은 이렇게 교대를 다니고 있지만, 저의 본 목표대로라면 재학 중인 이 학교는 제가 원했던 곳은 아닙니다. 사실 저는 '인간과 생명' 쪽에 관심이 많았었기 때문에, 어릴 때부터 그 쪽으로 꿈을 키워 나갔습니다.

중ㆍ고등학생 때는 과학ㆍ기술 분야 기사와 잡지를 꾸준히 읽으며 스크랩했고, 고등학교에 올라가서는 경상북도 과학영재로 선발되어서 다양한 실험과 수준 높은 수업을 들으며 제 꿈을 위해 열심히 달렸습니다.」② **교대생이지만 과학기술에 관심 많은 이유 설명**

결과적으로는 원하는 대학을 가지 못했고, 교대를 가게 되었으나 많은 고민 끝에 스스로가 선택한 것이기에 후회는 없습니다. 오히려 저는 이곳에서 저의 또 다른 재능과 강점을 발견하고 있습니다. 「특히, 글쓰기와 프레젠테이션 등 저의 내면을 드러내고 저의 생각과 의사를 효과적으로 전달할 수 있는 능력이 제 안에 있다는 것을 깨달았습니다. 지금은 이 능력을 향상시키기 위해 관련 서적들을 탐독하거나 Prezi, 인디자인, 파워포인트, 동영상 매체 등의 프로그램을 익히기 위해 다양한 노력을 하고 있습니다.」④ **디지털 기기를 다루기 위한 노력 어필**

비록 교대를 다니고 있긴 하지만, 저는 제 안에 있는 가능성과 잠재력을 내버려 두지는 않을 것입니다. 위와 같이 저의 과학ㆍ기술 분야에 대한 관심, 글쓰기에 대한 열정 그리고 소셜 네트워크 사회에 발맞춰 가려는 저의 노력이 합쳐진다면 멋진 블로그 기자단이 될 수 있을 것이라 확신합니다.

"최고의 블로그 기자단. 자유로움 속에 철저함을, 공감 속에 이해를 더하겠습니다!"

「블로그. 어느 순간 이 단어는 제 일상이고 제 삶이 되어 있었습니다. 블로그에서만큼은, 대학교 시험처럼 교수님이 좋아하시는 글의 스타일이나 소재를 고려할 필요가 없습니다. 그저 제가 원하는 소재에 대해 저의 시각에서 자유롭게 쓰면 되기 때문입니다. 다만, 이 자유로움 속에서도 제가 꼭 지키는 두 가지가 있습니다.

첫째, 자료의 출처를 반드시 밝힙니다. 이것은 저작권의 문제가 관련되어 있을 뿐만 아니라 타인에 대한 배려, 존중의 문제도 포함되는 것이기 때문입니다.

둘째, 최대한 객관적인 시각으로 바라보려 노력합니다. 예를 들어, 어떤 기사가 있다면 우선 제3자의 입장에서 객관적인 시각으로 바라본 후, 제 나름대로 기사에 대한 동의 혹은 반박과 그 근거를 정리해서 작성합니다.」③ **블로그 운영 및 블로그 운영에 대한 자신만의 철학 강조**

이 두 가지만큼은, 블로그 기자단을 할 때도 반드시 지킬 것입니다. 「또한, 우리나라뿐 아니라 더 나아가 세계의 글로벌 과학·기술 이슈에 대해서도 관심을 가지고 활동할 것입니다. 활동 중에도 글쓰기 능력을 계속 향상시키고, 기자 활동에 도움이 될 만한 컴퓨터 프로그램도 많이 배워 나갈 것입니다.

위와 같은 능력적인 부분과 더불어, 고등학생 때 상담 활동을 하면서 얻은 '상대의 말을 경청하는 능력'과 학생 기자반 활동으로 체득한 '사람을 대하는 능력'을 통해 최고의 블로그 기자가 될 수 있을 것이라 확신합니다.」⑤ **국과위 특성 반영 및 기사 제작 시 유리하게 작용할 개인적 능력을 어필**

이 과정이 바로, 6요소 중의 마지막인 '적극성' 요소를 채우는 방법이다. 대학·기업에 대해 적극적으로 알아보고 이것을 자소서에 잘 녹여내는 과정. 이를 통해 적극성과 더불어 간절함까지 표현할 수 있다.

05

합격을 가르는
'라이팅스토밍 체크법'

브레인스토밍(Brain-storming). 아마도 많이 들어 본 단어일 것
이다. 브레인스토밍이란 머리를 굴려 당신의 속에 있는 많은 것
들을 꺼내는 전략으로써 다른 말로는 '마인드맵(가지치기)'라고도
부른다. 브레인스토밍의 기법과 비슷하지만 조금 더 구체적으로
써 나가는 과정인 '라이팅스토밍(Writing-storming)'을 소개한다.

'라이팅스토밍' 기법은 자소서 외에도 다양한 글을 쓸 때 필자
가 유용하게 사용하는, 필자만의 노하우다. 라이팅스토밍 과정
을 거치고 글을 쓰는 것과 그 과정을 거치지 않고 무작정 글을
쓰는 것 사이에는 분명한 차이가 난다. 라이팅스토밍 기법을 사
용하는 것보다 더 중요한 것은 이 기법을 '언제·어떻게 사용하
느냐' 하는 것이다. 이 기법은 앞서 설명한 제2장의 '6요소 기반
준비법'과 뒤에서 다룰 제3장의 '6요소 기반 작성법' 사이에 사용

하면 매우 효과적이다.

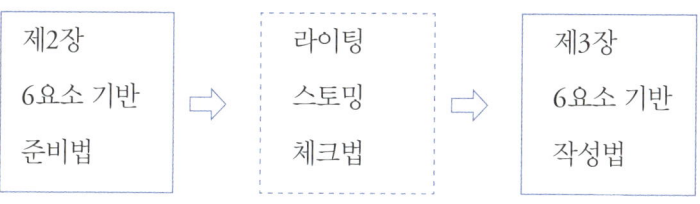

제2장
6요소 기반
준비법
⇨
라이팅
스토밍
체크법
⇨
제3장
6요소 기반
작성법

사실, 라이팅스토밍 기법이야말로 100% 합격을 가르는 하나의 키(KEY)라고 해도 과언이 아니다. 자, 지금부터 라이팅스토밍 기법이 자소서에서 어떻게 사용되어야 하는지를 소개한다. 일단 준비할 것은 A4용지 한 장과 3색 펜이다. 보다 쉬운 이해를 위해서 직접 라이팅스토밍 기법으로 평소에 필자가 하는 대로 그려 보았다.

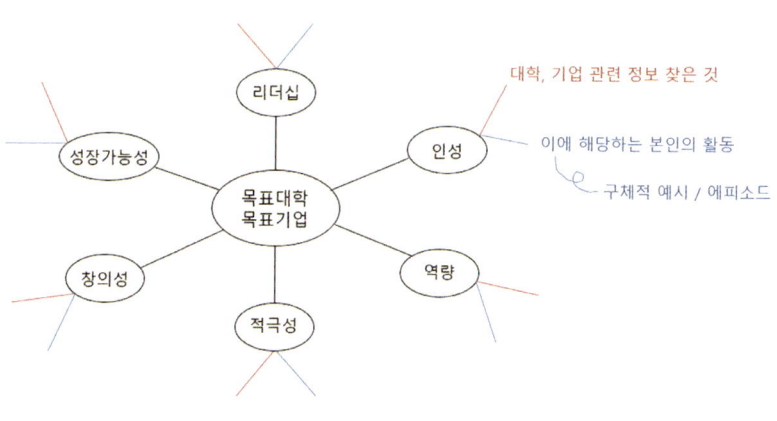

[종이 1]

가장 중간의 타원에는 목표 대학·기업을 적는다. 그다음으로 6개의 선을 뻗어 나가며 또다시 타원 6개를 그리는데, 그 안에는 6요소를 집어넣으면 된다(편의상 가장 중간 타원을 '타원 1', 그다음의 6개 타원들을 무리 지어 '타원 2'라고 부르도록 한다). 지금까지 '제2장'을 열심히 읽었다면 그리 어렵지 않은 과정일 것이다.

자, 그다음부터가 중요한 과정이다. 단순히 '단어'를 적어 나가는 것을 넘어서 줄글 형태로 정리해야 하기 때문이다. 예를 들어, '인성' 요소를 라이팅스토밍 하는 과정을 말로 표현해 보자.

① 6요소 기반 준비법에서 찾아둔 목표대학·기업에 대한 정보를 적는 단계이다. 타원 2들 중 **인성**에서 빨간 줄을 그어내고 찾아 둔 대학·기업 관련 정보를 빨간 펜으로 적는다.

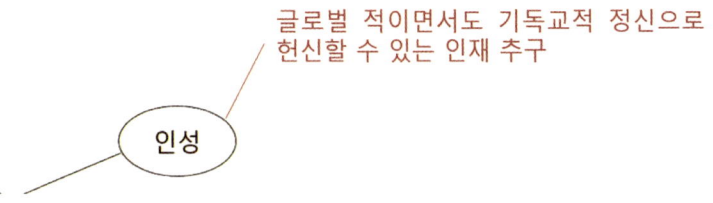

〈라이팅스토밍 [인성] 대학 예시 1-1〉

직업의식, 책임감이 있으며 열린 사고와 행동으로 다양성과 차이를 존중할 수 있는 개방적 사고 지닌, 지속가능 경영 추구 인재

〈라이팅스토밍 [인성] 기업 예시 2-1〉

② 다음으로 파란 줄을 그어내고 이곳에 인성과 관련지을 수 있는 자신의 활동명을 모두 파란 펜으로 적어 둔다.

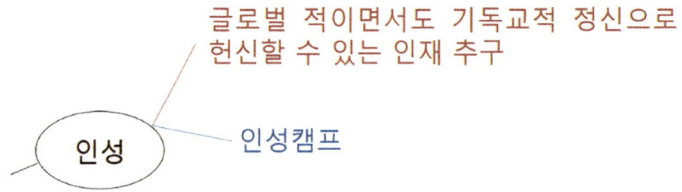

글로벌 적이면서도 기독교적 정신으로 헌신할 수 있는 인재 추구

인성캠프

〈라이팅스토밍 [인성] 대학 예시 1-2〉

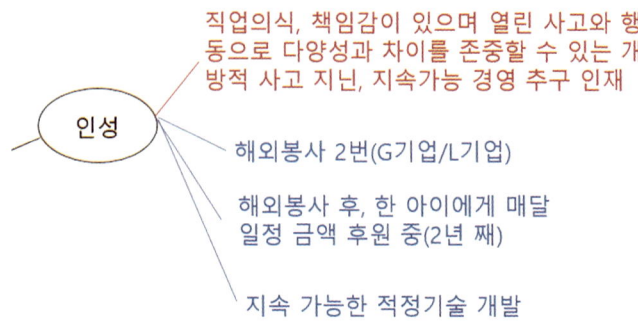

〈라이팅스토밍 [인성] 기업 예시 2-2〉

③ 이에 대한 구체적 '에피소드'나 '예시'가 있다면 '돼지꼬리'를 내린 다음 간단히 적어 둔다. 길이는 상관없이, 본인이 나중에 두고두고 보기 위해 적는 것이기 때문에 까먹지 않을 수 있도록 자세하게 적는 것을 추천한다.

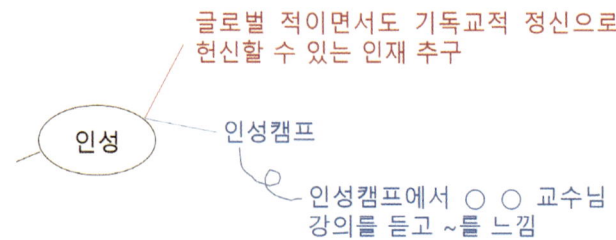

〈라이팅스토밍 [인성] 대학 예시 1-3〉

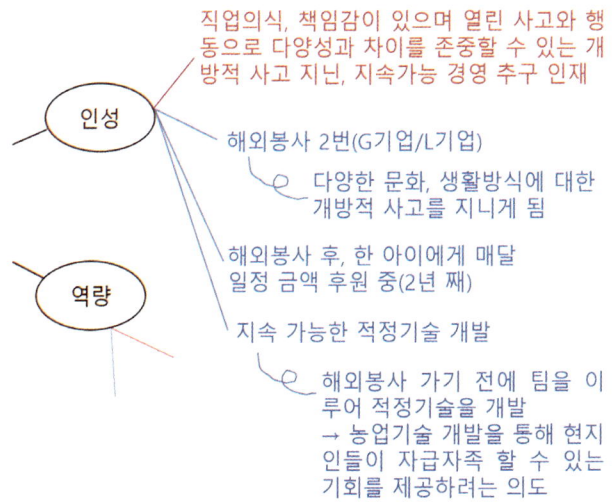

인성

직업의식, 책임감이 있으며 열린 사고와 행동으로 다양성과 차이를 존중할 수 있는 개방적 사고 지닌, 지속가능 경영 추구 인재

해외봉사 2번(G기업/L기업)

다양한 문화, 생활방식에 대한 개방적 사고를 지니게 됨

역량

해외봉사 후, 한 아이에게 매달 일정 금액 후원 중(2년 째)

지속 가능한 적정기술 개발

해외봉사 가기 전에 팀을 이루어 적정기술을 개발
→ 농업기술 개발을 통해 현지인들이 자급자족 할 수 있는 기회를 제공하려는 의도

〈라이팅스토밍 [인성] 기업 예시 2-3〉

④ 마지막 단계는 빨간색(대학·기업이 추구하는 인성)과 파란색(본인이 해왔던 인성 관련 내용)의 공통점을 재확인하는 단계이다. 대학·기업이 원하는 인성적 측면이 '배려'라면 이에 관한 요소를 적어야 하고, 없다면 어떻게 엮어서 그 부분을 채워 넣을지 생각해 보아야 한다.

즉, 마지막 단계에서는 각 요소에 대하여 대학·기업이 추구하는 것(빨간색)과 본인이 그 요소에 대하여 가진 것(파란색)을 시각적으로 비교하고 부족한 점은 없는지, 자소서를 쓰기 전에 전반적으로 체크하는 단계이다.

라이팅스토밍으로 빈 부분을 찾아 메꿔라

위 4단계를 따라 라이팅스토밍을 하고 나면, 스스로 부족한 부분이 보일 것이다. 6요소 중에 좀 많이 적힌 부분이 있고 빈약해 보이는 요소가 있는데, 이 빈약한 부분을 채우려는 것이 라이팅스토밍 체크법이 존재하는 이유다.

이 과정을 거치지 않으면 본인이 부족한 부분이 어디인지 정확히 알 수 없고 '대략 다 채운 것 같은데!'라는 생각에, 완성된 자소서 군데군데 구멍이 뚫릴 가능성이 있다. 반면, 라이팅스토밍 체크법을 하고 나면 시각적으로 어디가 부족한지를 파악할 수 있고 그것을 빠르고 확실하게 채워 넣을 수 있기 때문에 완벽한 합격 자소서를 빠른 시간 내에 쓸 수 있다.

부족한 활동을 채우는 자소서 스킬
기존 활동도 새로워 보이게 하는 '리폼 전략'

부족한 부분이 판단되었다면 이제 그 부분을 채울 일만 남았다. 부족한 부분을 채우는 것이 가장 이상적인 방법이자, 더 완벽한 자소서를 쓸 수 있는 방법이다. 시간이 있거나 기회가 있는 사람이라면 부족한 요소를 채우기를 권장한다. 그러나 새로운 활동으로 부족한 부분을 채우기엔 시간이 부족하다거나 지금 당장 자소서를 써야 하는 경우가 있을 수 있다. 이때 추천하는 방법이 있다. 바로, '기존 활동 리폼하기'이다.

'기존 활동 리폼하기'란, 기존에 가진 활동들을 재활용하여 새로운 활동처럼 보이게 만드는 기술이다. 254~259쪽의 자소서 스킬 3가지를 [쪼개기→시선 돌리기→엮어 가기] 순으로 사용하면 된다. 예를 들어, '리더십'과 '인성' 요소를 채워야 하는데 봉사 활동 외에는 쓸 것이 없는 상황이라 가정해 보자. 원래는 봉사 활동을 인성 요소로 쓰려고 했으나 리더십 요소를 채울 활동이 없다는 것이 마음에 걸릴 것이다.

이 경우, '봉사 활동'이라는 하나의 활동을 두 개의 색다른 활동으로 쪼개어 사용할 수 있다. 단, 쪼개기를 한 후에는 시선 돌리기를 통해, 같은 활동이지만 얼핏 보았을 때 동일한 활동처럼 보이지 않도록 '포커스(집중 공략 부분)'를 완전히 다른 곳에 두는 게 핵심이다. 이해를 돕기 위해, K군의 상황을 보자.

K군은 [노인요양시설 봉사 활동]에서 어르신들 말동무가 되어 드리는 동안 있었던 에피소드를 통해 '인성' 요소를 채울 계획을 가지고 있다. 하지만 평소 내성적인 성격인 K학생은 봉사 활동 외에 딱히 내세울 만한 활동이 없어, '리더십' 요소를 채우지 못해 고민하고 있다.

K군과 같은 고민을 가지고 있는 경우, 〈리폼 전략〉이 유용할

수 있다. 이는 봉사 활동을 다른 측면에서 서술함으로써 평가자들의 시선을 돌리는 방법이다. 그 예로, 함께 봉사 활동을 간 멤버 중에서 함께 가기로 약속해 놓고 펑크를 낸 경우가 있다면, 그때 그 상황을 해결하는 과정에서 본인이 한 역할을 생각해 보자. 이때 본인 성격상 적극 나서지 않았더라도 조금이라도 의견을 제시한 것을 잘만 서술하면 '문제 해결력으로서의 리더십'으로 활용이 가능하다.

자소서 스킬[엮어 가기] (254쪽 참조)

또한 봉사 활동 멤버들 사이에 사소한 트러블이 생긴 경우나 봉사를 하는 도중에 일어난 여러 가지 일에 대해서도 '문제 해결력'이라는 측면을 집중 공략한다면 '리더십'을 채울 수 있는 좋은 소재가 된다. 문제 해결력은 리더십의 아주 중요한 자질 중 하나이기 때문에 잘만 활용하면 리더십 요소를 손쉽게 채울 수 있는 유용한 전략이 된다.

단, 봉사 활동으로 인성과 봉사 활동 모두를 채우고자하는 K군의 경우 주의할 점이 하나 있다. '인성' 측면을 부각할 때는 '노인요양시설 봉사 활동'이라고 구체적으로 쓰고 '리더십' 측면을 부각할 때에는 '봉사를 하던 중 일어난 어떠어떠한 일' 정도로 포괄적으로 적어야 한다는 점이다. 이 방법은 과장이나 거짓을 적는 것이 아니라, 포괄적으로 적고 '문제 해결력'이라는 리더적 자질 측면에 초점을 둠으로써 본인의 장점을 리더십화하여 평가자들에게 보여 주기 위한 방법이다.

자소서 스킬[시선 돌리기] (257쪽 참조)

이때 생긴 문제는 무엇이었으며 이를 본인이 어떻게 해결함으로써 리더십을 발휘하였는지에 시선을 집중시키는 데 핵심이 있다는 것을 기억하자.

라이팅스토밍, 교집합을 만드는 게 핵심

148~161쪽의 라이팅스토밍 ①~④단계를 거치고 부족한 부분을 채우고 나면 합격 자소서를 쓸 준비가 서서히 완성되어 갈 것이다.

지금까지의 과정이 스스로를 돌아보고 부족한 부분을 체크하여 이를 채우는 것이었다면, 이제는 부족하지 않아 보이는 부분으로도 시선을 돌려볼 순서이다. 이 과정을 거치는 이유는 각 요소에 대하여 대학·기업에 원하는 것과 자신의 활동 간의 '교집합'을 더욱 명확히 하기 위해서다.

교집합을 찾는 의미는 단순히 해당 대학이나 기업에의 맞춤형 인재가 되는 것만을 뜻하지는 않는다. 다만 그들이 원하는 인재상에 맞는 인재가 본인이라 생각되는 경우, 이를 조금 더 눈에 띄게 하는 과정이다.

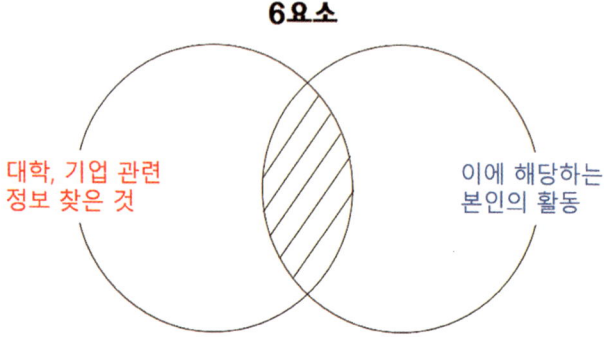

6요소

대학, 기업 관련
정보 찾은 것

이에 해당하는
본인의 활동

경우에 따라서는 라이팅스토밍 체크법을 하다가 '어, 이곳은 나랑 잘 안 맞는 것 같은데?'라는 생각을 하게 될 수도 있다. 이처럼 라이팅스토밍은 본인을 제대로 파악하고 해당 대학·기업과 본인이 잘 맞는지를 어느 정도 예측해 보는 기회가 될 수도 있다.

그러므로 이 과정을 소홀히 하지 말고 '교집합'을 꼼꼼히 살피고 체크하자. 이를 찾았다면, 그 부분을 '점선'으로 연결 지어 둠으로써 교집합을 시각적으로 표현할 수도 있다. 보다 쉬운 이해를 위하여 예를 들면 다음과 같다.

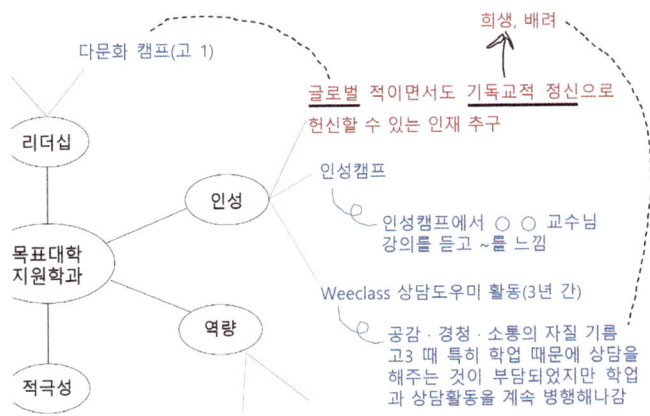

〈라이팅스토밍 [인성] 대학 예시〉

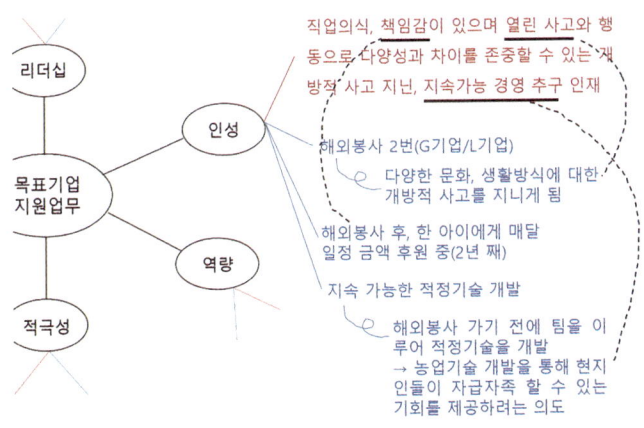

〈라이팅스토밍 [인성] 기업 예시〉

이렇게 해둘 경우 실제 자소서를 작성할 때도 보다 편리하게 알아볼 수 있고 더욱 수월하게 써 내려갈 수 있을 것이다.

06

자소서의
최종 목표지를 설정하라

'자소서에서의 소실점'은 실전 작성법을 다룬 '제3장'으로 넘어가기 전 꼭 짚고 넘어가야 하는 것이기에 이 부분에 실었다. 필자가 지금까지 소개한 6요소 준비법, 라이팅스토밍 모두 너무나 중요한 내용들이지만 이것들은 단 하나의 목표를 향해야 한다. 필자는 그것을 '자소서에서의 소실점'이라 부른다.

'소실점'이란 회화나 설계도 등에서 투시하여 물체의 연장선을 그었을 때, 선과 선이 만나는 점이다. 자소서에서도 소실점의 개념은 상당히 중요한 의미를 가진다. 자소서를 쓰다 보면 자신의 많은 것을 드러내기 위해 하나둘 펼쳐 놓는 과정을 거친다. 성격, 스펙, 지원 동기, 비전 등 자신에 관한 많은 것들을 6요소 기반 준비법을 통해 풀어놓게 되는 것이다.

사실 여기까지만 해도 어느 정도는 자소서를 통해 여러분들을 잘 어필할 수 있다. 문제는 이 '소실점'을 체득하는 과정을 거치지 않으면 '100%' 합격하는 자소서를 만들기는 쉽지 않다는 점이다.

자소서에서의 소실점은 자소서에서의 '목표'라고 생각하면 된다. 즉, 여러분이 쓴 자소서의 내용들은 여러분이 평가자들에게 하고 싶은 말을 향하고 있어야 한다. 글쓰기에서는 이것을 '일관성'이라고 부르기도 한다.

일관성이란?

일관성이란 문장과 문장 사이 혹은 문단과 문단 사이에 있어서 그 관계가 긴밀하게 구성되어야 한다는 원리이다.

자소서에서 이러한 일관성의 역할은 글에 '통일성'을 부여하기 때문이다. 아무리 글을 잘 쓰더라도 '자소서의 소실점', 즉 '일관성'을 가지지 못한 글이라면 심사위원들의 입에서 '도대체 무슨 말을 하고 싶은 거야?'라는 말이 나올 수밖에 없다.

중요한 것은, 여러분이 자소서를 통해 하고 싶은 말이 무엇인지를 정하는 것이다. 정답은 없다. 지금까지 필자가 제시해 왔던 것처럼, '6요소를 뽑아내라.' 등의 지침을 제공할 수 없는 이유가 여기에 있다. 따라서 필자가 자소서의 소실점을 정해 줄 수는 없지만, 소실점을 정하는 방법을 제시해 줄 수는 있다.

마지막 한마디를 할 수 있다면, 무엇을 말할 것인가

면접장에 들어갔다고 생각해 보자. 면접관들과 약 10분 정도의 면접을 본 후, 마지막으로 여성 면접관이 이렇게 이야기한다. "마지막으로 하고 싶은 말이 있습니까?"

'마지막'이라는 말은 참 슬픈 말이기도 하지만, 한편으로는 어떤 결과를 뒤엎을 수 있는 기회의 말이기도 하다. 그렇기 때문에 그 어떤 때보다 신중하고 소중한 것이 '마지막(the last)'이다. 이 순간에 여러분이 딱 한마디, 면접관들에게 무엇을 말할 것인지를 생각해 보자.

필자의 경우, KAIST 면접을 볼 당시 마지막으로 하고 싶은 말을 할 수 있는 시간이 주어졌던 기억이 난다. 그때 필자는 "꼭 합격하고 싶습니다!"라는 다소 상투적인(?)말을 했었다. 당시에는 잘 몰랐던 것 같다. '마지막'이라는 것이 주는 의미를 말이다. 필자에게 다시 기회가 주어진다면, 분명 다른 말을 했을 것이다.

자소서에서도 마찬가지이다. 이 자소서를 통해 어떤 것을 전달하고 싶은지를 마음속 깊이 새겨 두자. 그 마음으로 자소서를 쓰기 시작하면 된다. 단, 두루뭉술하게 하기보다는 구체적으로 정해 놓으면 더 좋다. 예를 들어, '내가 정말 이 대학·회사에 꼭 맞는 사람임을 말하자!'라고 정하기보다는 '나의 긍정적·사교적 성격이 이 대학·회사에 발전적인 결과를 줄 수 있기 때문에 꼭 맞는 사람임을 말하자!' 하고 구체적으로 적어 두면 더욱 좋다. 한 번 생각해 보고 아래에 자신만의 소실점을 적어 보자.

위에 적은 소실점은 곧 여러분이 자소서를 통해 심사위원들에게 하고 싶은 말이다. 소실점을 정한 순간, 당신은 글재주가 없는 사람이라도 일관성을 지킬 수 있게 될 것이다. 당신이 스스로 정한 소실점이 자소서를 쓰는 동안 계속해서 당신의 머릿속을 맴돌 테니 말이다.

실전 자소서 작성법을 다룬 제3장에서 일관성을 유지하는 방법에 대해서 더 자세하게 다룰 예정이니, 일단 이 부분에서는 자신만의 소실점을 만들어 두는 데 의의를 두도록 하자. '자소서 6요소 준비법'에 따라 내용을 준비해 두고 라이팅스토밍 체크법을 통해 6요소가 잘 준비되었는지 확인한 후, 자신의 소실점을 정하자. 그리고 그 소실점을 마음에 새기며 제3장 '실전 자소서 작성법'을 따라 자소서를 쓰기 시작할 준비를 하면, 합격 자소서를 쓸 모든 준비가 끝난 것이다.

3

나를 표현하는 값진 한 장,
실전 자소서 작성법

01

6요소
기반 적용법

　재료만 잘 골라 두어도 반은, 아니 그 이상은 성공한 셈이라 할 수 있다. 재료 고르는 방법, 즉 자기소개서에 들어갈 내용을 준비하는 방법은 '제2장'에서 소개하였으며 그대로만 준비했다면 자소서의 반은 이미 다 쓴 것이나 다름이 없다.

　이번 장에서는 〈6요소 기반 준비법〉을 토대로, 이를 자소서에 어떻게 구현시키는지에 대한 구체적 〈적용 방법〉을 짚어 보려 한다. 이 책을 읽고 있는 중·고·대학생 및 취준생 여러분들 모두가 알아 두면 평생 써먹을 수 있는 큰 자산이 되어 줄 것이다.

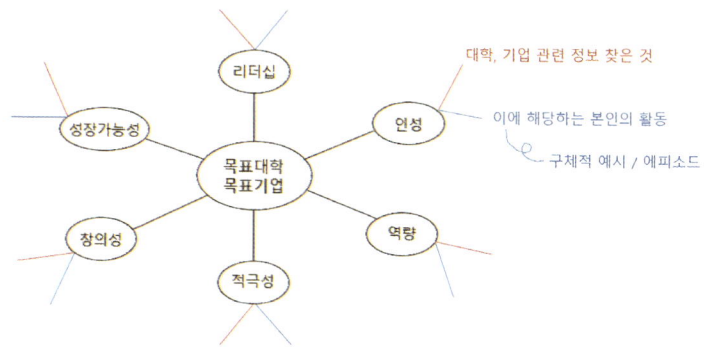

위 그림은 '제2장'에서 하나씩 짚어 보았던 '라이팅스토밍 체크법'이다. 각자 이를 적은 것을 가지고 있다면 그 종이를 꺼내자. 아직 적지 않았다면 다시 제2장으로 돌아가 꼭 정리하길 바란다. 제2장에서 제대로 정리했다는 가정하에 지금부터는 '6요소 기반 작성법'을 시작한다.

자소서의 몇 번 항목에 어떤 내용을 쓸 것인가

위 라이팅스토밍 체크법이 '6요소에 따라 나를 파악하고 대학·기업이 원하는 요소와 비교·보충하는 과정'이었다면, 이제는 이를 자소서에 '적용하는 단계'라고 보면 된다. 즉, 자소서의 몇 번 항목에 어떤 내용을 쓸 것인가를 최종 결정하는 단계이다. 아래 그림을 보면 쉽게 이해될 것이다.

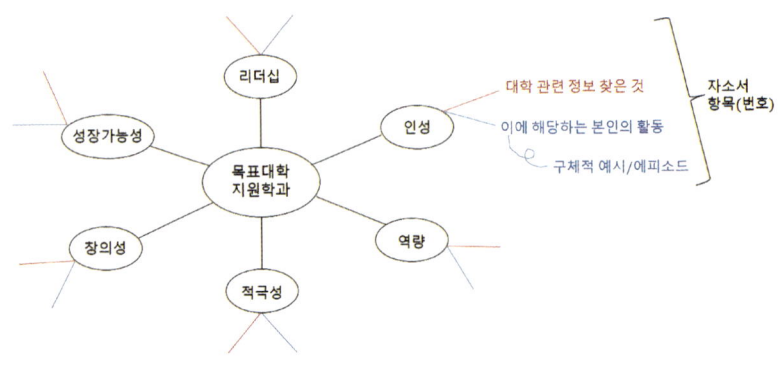

[라이팅스토밍 실전 적용 구조화 1 – 대학]

실전 자소서를 쓰기 직전에 가장 먼저 할 일은 라이팅스토밍 체크법을 찬찬히 돌아보며 자소서의 항목과 비교해 보는 것이다.

일단 라이팅스토밍 한 것을 토대로, 각 내용을 '자소서의 몇 번 항목에서 어필할지' 결정해야 한다. [라이팅스토밍 실전 적용 구조화 1]을 보면 오른쪽 상단에 '자소서 항목(번호)'이라고 적힌 부분이 있을 것이다. 이는 '인성' 부분에 정리한 내용을 자소서 항목 중 몇 번에 적을지를 결정하는 과정이다. 몇 번 항목에 적을지를 결정한 후에는 전체를 아우르는 기호를 그리거나 화살표를 밖으로 그려 내어 '해당 내용을 기술할 자소서 항목 번호'를 적으면 된다. 이 과정을, 입시생과 취준생에 따라 나눠 자세히 알아보자.

먼저 입시생의 경우, 자소서 항목을 매기는 것이 비교적 쉽게 느껴질 수 있다. 입시 자소서에서는 공통 문항이 있기 때문이다. 하지만 필자는 개인적으로 이것이 큰 의미는 없다고 생각한다. 100% 합격 자소서를 위해서는 ctrl+c / ctrl+v를 사용하는 것은 권장하지 않을 뿐더러 학교마다 6요소에 대한 생각이 조금씩 다르기 때문이다. 따라서 각 학교에 맞게 각 학교에 대한 라이팅스토밍을 하는 것이 좋다.

일부 비슷한 것은 요령껏 그대로 적어도 되지만 일단 빨간색 부분이 대학교별로 달라지기 때문에 교집합도 조금은 달라질 수밖에 없고, 결국 자소서의 내용도 조금씩 달라져야 한다. 정말 급한 경우가 아니라면, 시간이 조금 걸리더라도 학교별로 라이팅스토밍을 해 보길 추천한다. 어차피 수시에는 6개의 카드밖에 없다. 본인의 미래 대학이 달린 일인데, 6개 정도의 라이팅스토밍에 투자할 가치는 있지 않을까?

뿐만 아니라 이 과정은 장기적으로 여러분 인생에도 큰 자산이 되리라 확신한다. 라이팅스토밍이 단순히 자소서를 쓰는 과정이라 느낄 수 있지만 '지피지기면 백전백승'이라는, 상대방을 이해하는 자세를 체득하게 해 주는 이점도 있다. 자신을 표현하고 남에게 의견을 전달하며 사회에 나가서 어떤 글을 쓰게 되었을 때에도 큰 디딤돌이 되어 줄 것이다.

취준생의 경우도 크게 다르지 않다. 회사마다 조금씩 다른 특성들이 존재하기 때문에 정말 급한 것이 아니라면 각 회사에 따른 자소서를 쓰는 것이 합격률을 높이는 방법이다. 문제는 입시생들에게 6개의 수시 지원 횟수가 제한되어 있는 것과는 달리, 취준생들은 수십·수백 개의 회사에 지원하는 경우가 있다는 것이다. 이럴 때는 어떻게 해야 할까? 그 많은 회사마다 라이팅스토밍을 해야 할까?

그렇지는 않다. 개인적으로는 정말 간절히 취업하고 싶은 4-6개 정도의 기업만 라이팅스토밍을 하자. 그렇게 하고 나면 나머지는 필자가 제시한 라이팅스토밍 구조처럼 체계적으로 하지 않더라도 대략적으로 어떻게 써야 할지 감이 온다.

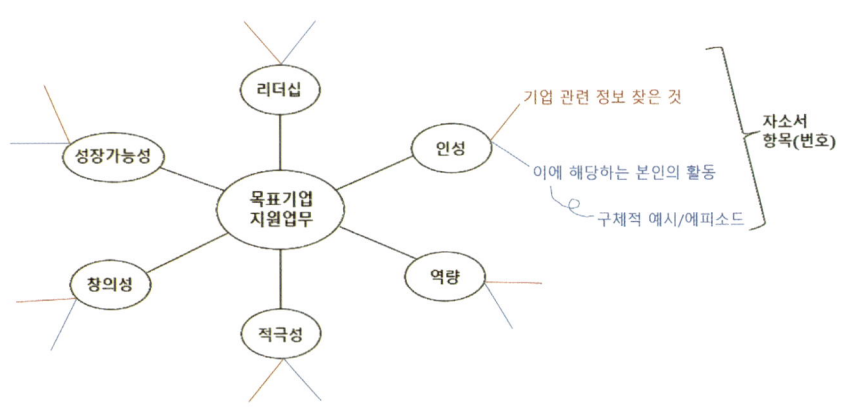

[라이팅스토밍 실전 적용 구조화 2 – 기업]

[라이팅스토밍 구조화 2]의 방법대로 A4 한쪽 크기 정도의 종

이에 자유롭게 적으면 된다. 다음에 나올 〈라이팅스토밍 예시〉를 볼 때, 각 기호·표시의 의미를 잘 이해하고 사용하길 바란다.

돼지꼬리	구체적 예시나 에피소드 간략히 적기
★	해당 대학, 기업에서 중시하는 내용 중 자소서에 직접적으로 적용하면 좋을 것 같은 것
빨간 글자 or 동그라미	6가지 키워드 외에, 학교별로 본인이 생각하기에 사용해야 할 것 같은 중요 키워드

다음 페이지는 〈서울대 농 생명공학 라이팅스토밍 예시〉이며, 취준생들은 229쪽의 기업 라이팅스토밍을 참조하자.

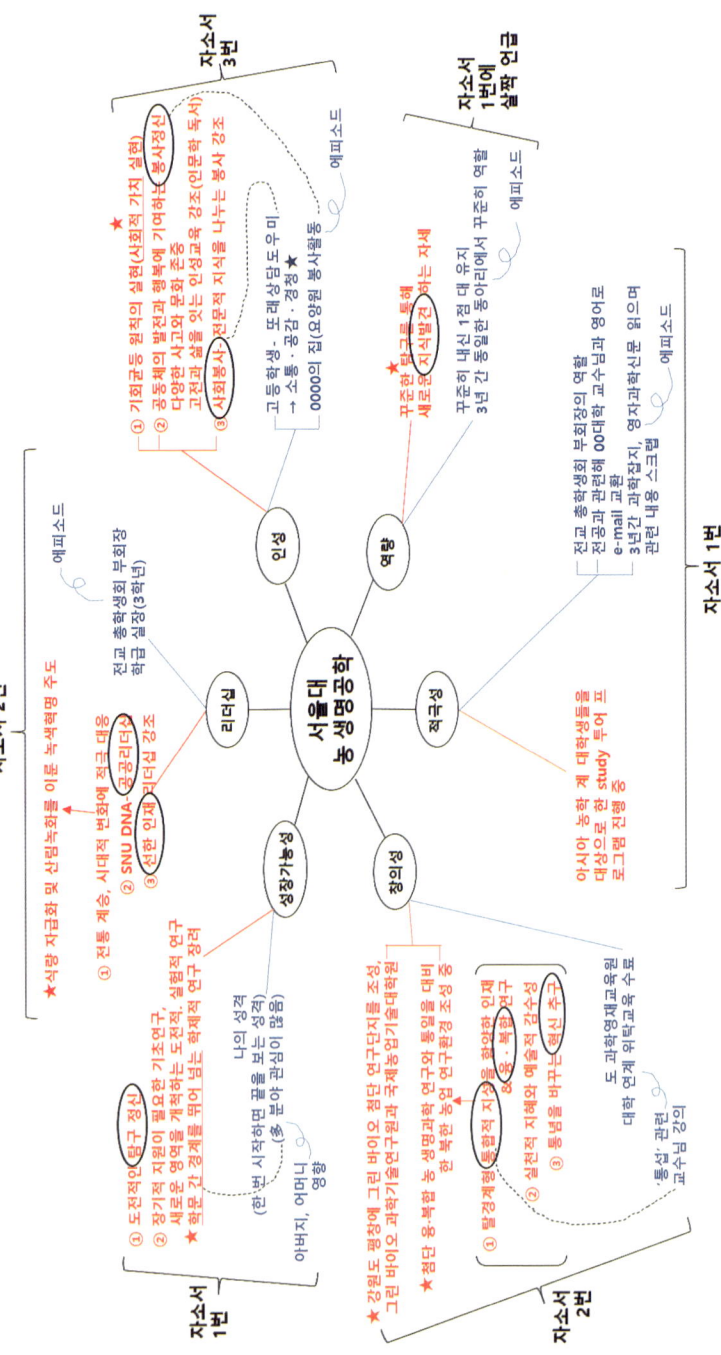

문항별
실제 작성 가이드

이번 챕터에서는 실제 자소서 문항을 가지고 적용하는 방법을 알아보자.

입시생은 1~3번 항목이 공통 문항으로 정해져 있다. 따라서 공통 문항을 중심으로 알아보고 그다음으로 각 개별 문항들의 작성법을 꼼꼼히 알아볼 것이다.

취준생의 경우는 공통 문항이 없고 기업별로 제시하는 문항이 다르기 때문에 일반적으로 많이 묻는 질문을 예시로 알아보고 각자 적용해 보도록 하자.

자소서 공통 문항 쓰는 방법 알아보기

:: 입시생 편 ::

입시생의 경우, 자소서 1번 항목은 '학업 노력(교과 영역)'을 평가하기 위한 문항이고 자소서 2번 항목은 '교내외 활동(비교과 영역)'에 대한 문항이라고 보면 된다. 자소서 3번 항목은 '인성' 부분을 평가하기 위한 항목이다. 문항이 매년 조금씩 바뀌어 오기도 했지만 앞으로도 대체로 이렇게 진행될 가능성이 크다. '교과 + 비교과 + 인성 + (자체 문항)'의 비율이 상당히 아름답기 때문이다.

위에서 살펴본 6요소 기반 작성법대로 작성했다면, 이제 그것을 어떤 항목에 넣을지가 핵심이다. 그것까지 완성하면 빠른 시간 내에, 빼먹는 것 없이, 합격률이 높아지는 자소서를 완성할 수 있다.

170쪽의 라이팅스토밍 과정이 끝나면, 이제 1–3번 항목 작성을 시작하면 된다. 아래 ①–⑤ 순서를 따라 적는다면 조금 더 쉽고 빠르게 자소서를 써 내려갈 수 있을 것이다.

1. 고등학교 재학 기간 중 학업에 기울인 노력과 학습 경험에 대해 배우고 느낀 점을 중심으로 기술해 주시기 바랍니다. (띄어쓰기 포함, 1000자 이내)

① 고등학교 재학 기간 중 학업에 기울인 노력 기록

② 이 노력에서 얻게 된 학습 경험 기록

③ ①-②의 과정에서 배우고 느낀 점 기록

④ ③의 배우고 느낀 점이 본 대학 진학 후 어떤 사람(직업)이 되는 데에 미칠 영향을 킥으로 날림

⑤ 이 모든 것을 아우를 수 있는 대표적 제목 추출하여 맨 앞에 큰따옴표로 제목 기록

①번의 '학업에 기울인 노력'이란?

▶ 지적 호기심을 가지고 탐구한 활동 or 학업 능력을 향상시키기 위한 자신만의 노력 · 경험

②번의 '학습 경험'이란?

▶ 학업에 기울인 노력을 통해 얻게 된 결과(성과, 변화, 좌절, 난관)

③번의 '배우고 느낀 점'이란?

▶ 얻은 교훈, 변화된 가치관, 갖게 된 인생관 등

※ 평가 요소: 자기 주도성, 문제 해결력, 전공 적합성, 성장 가능성

2. 고등학교 재학 기간 중 본인이 의미를 두고 노력했던 교내 활동을 배우고 느낀 점을 중심으로 3개 이내로 기술해 주시기 바랍니다. 단, 교외 활동 중 학교장의 허락을 받고 참여한 활동은 포함됩니다. (띄어쓰기 포함 1,500자 이내)

① 고등학교 재학 기간 중 본인이 의미를 두고 노력했던 교내 활동의 에피소드 기록

② 이 에피소드를 통해 배우고 느낀 점, 얻은 점 기록

③ ①-②를 최대 3개까지 기록 (3문단으로 나눠서)

④ 마지막 4번째 문단에 위의 교내 활동들을 통해 얻은 a, b, c의 자질들이 본 대학에 진학하여 어떤 일을 해나가는 데 큰 도움이 될 것인지 킥으로 날림

⑤ 이 모든 것을 아우를 수 있는 대표적 제목 추출하여 맨 앞에 큰따옴표로 제목 기록

①번의 '교내 활동'이란?

▶ 학교생활 중 의미 있었던 동아리 활동 · 교내외 자율 · 봉사 · 진로 활동 모두 가능(단, 교외 활동은 넌지시 언급)

▶ 교 · 내외 활동은 지원 동기, 지원 학과와 관련되는 것으로 선정 or 관련성 부족할 경우 '엮어 가기' 기법 적극 활용

②번의 '배우고 느낀 점, 얻은 점'이란?

▶ 활동을 통해 개인의 능력을 발휘하여 얻은 발전적인 성과나 특별한 경험 및 얻게 된 자질 등

※ 평가 요소: 지속성, 적극성, 전공 적합성, 성장 가능성, 지원 동기

3. 학교생활 중 배려, 나눔, 협력, 갈등 관리 등을 실천한 사례를 들고 그 과정을 통해 배우고 느낀 점을 기술해 주시기 바랍니다. (띄어쓰기 포함 1,000자 이내)

① 학교생활 중 배려, 나눔, 협력, 갈등 관리 등을 실천한 사례 구체적으로 서술(가급적 1가지 사례 선정)

② ①의 과정에서 배우고 느낀 점을 기록

③ ②의 배우고 느낀 점 중 지원 학과에 진학하여 도움이 될 만한 것(어떻게 도움이 될지)을 언급하며 마무리

④ 이 모든 것을 아우를 수 있는 대표적 제목 추출하여 맨 앞에 큰따옴표로 제목 기록

①번의 '배려, 나눔, 협력, 갈등 관리 등을 실천한 사례'란?

▶ 집단 활동을 하다 보면 생기는 상황에서 배려, 나눔, 협력, 갈등 해결력이 필요한 사례(리더십 스타일이 중요)

▶ 여러 관점 이해하는 능력, 타인 배려 · 공감 자세 중요

②번의 '지원 학과에 진학하여 도움이 될 만한 것'이란?

▶ 지속성과 유의미성을 가지고 본인이 대학 생활을 해나갈 때 도움이 될 삶의 가치관 변화나 인생관

※ 평가 요소: 인성, 리더십, 배려, 창의성, 사회성, 성장 가능성

위의 순서에 따라 항목별로 자소서를 작성하자. 그 후에 만족할 때까지 계속 읽으며 자체 수정을 하도록 한다. 많이 읽고 여러 번 다듬어 갈수록 합격에 가까워지는 자소서를 만들어 낼 수 있을 것이다.

대학 자체 개별 문항, 각별히 신경 쓰자

위에서 살펴본 공통 문항은 보통 3개로, 이를 위주로 라이팅스토밍을 구조화시킨 것이다. 학교별로 4번 문항에 대학 자체 문항을 넣기도 하는데, 이 경우에는 라이팅스토밍 구조화한 것에다 추가적으로 선을 그어 적으면 된다.

개인적으로는 4번 문항에 대한 중요도가 점점 커질 것이라 예상하는데, 그 이유는 4번 문항을 추가하였다는 것 자체가 대학이 중요시하고 궁금해하는 부분이 무엇인지를 반영하기 때문이다. 또한 여러 학생들의 자소서를 첨삭하다 보면 1–3번은 사실 큰 에피소드가 없는 한, 드라마틱한 차이가 없기 때문이다. 따라서 대학별로 다른 4번 문항에 각별히 신경을 쓸 필요가 있다. 조금씩 다르지만 대체로 아래의 큰 범주 중 하나에 포함되니 이 부분에 대해서 미리 생각하며 활동들을 준비해 두면 좋다.

대학 자체 개별 문항 준비하기_ 성장 과정

> −자신의 성장 과정과 환경이 자신의 삶에 미친 영향에
> 대해 기술하시오.
> −지원자의 개인적 환경(가정, 학교, 지역, 국가 등)에 대해 설
> 명하고, 그 환경적 특성이 지원자 자신의 삶에 미친 영향
> 을 경험적 사례를 들어 구체적으로 기술하여 주십시오.

성장 과정은 가장 쉬우면서도 자칫하면 평범한 내용이 될 수 있기 때문에 자소서 쓰기가 까다로운 편이다. 따라서 성장 과정에서는 '선택과 집중', '참신하고 개성적인 표현' 이 두 가지 전략을 선택하기를 추천한다.

전략 1

선택과 집중, 한 가지 주제를 선택해서 구체적으로!
과정에 따른 인과성을 명확하게 보여 줄 수 있도록 하라

'성장 과정을 쓰라.'라는 질문을 받으면 대부분의 학생들의 머릿속에 이런 생각이 들 것이다. '평범한 가정에서 특별한 힘듦 없이 살아왔는데……. 평범하게 썼다간 임팩트가 적을 것 같은데 뭔가 특별한 걸 적어야 하지 않을까?'

일단, 정답은 YES or No다. 'YES'인 이유는, 역경을 이겨 냈을 경우에 메리트가 있는 것은 사실이기 때문이다. 남들이 가지지 않은, 환영하기는 어려운 경험이지만 남들보다 힘든 환경에서도 잘 이겨 낸 모습은 평가자들의 마음을 끌어내기가 좀 더 수월할 수 있다. 그러나 대부분의 학생들은 이렇게 역경과 고난을 가지고 성장한 경우가 많지 않을 것이다. 그런 의미에서 'NO'이기도 하다. 특별하지 않은데 그것을 특별하게 적으려 하다 보면 억지스러운 느낌이 나기 마련이다.

많은 자소서를 살펴본 결과, 성장 과정이 특별하지 않아도 합격한 사례는 많았다. 물론, 특별하지 않아서 합격한 것은 아니다. 그들의 성장 과정에는 한 가지 공통점이 있었다. 바로, 성장 과정 속의 환경이 본인의 성격 형성과 삶에 대한 태도를 어떻게 바꾸었는지를 구체적으로 서술했다는 점이다. 그들은 주로 주변 환경이 어떠했건 간에 환경이 좋으면 좋은 대로 안 좋으면 안 좋은 대로 솔직하게 기술하되, 그것을 토대로 본인의 장점을 부각시키는 방향으로 기술하였다. 즉, 주어진 환경을 본인이 잘 활용하여 궁극적으로 좋은 영향으로 이끌었음을 보여 주는 것이다.

성장 과정을 물어보는 이유를 생각하면 답이 나온다

어린 시절, 즉 성장 과정을 왜 물어보는 것일까? 그 이유를 생각해 보면 자소서를 쓰기가 더욱 수월해진다.

사람은 어릴 때의 환경에 많은 영향을 받는다. 성장하면서 어떤 경험을 했는가에 따라 그 사람의 인성, 성격, 삶에 대한 태도 등이 결정된다. 현재 주위를 둘러보자. 보통 삶에 있어 늘 긍정적인 사람은 어린 시절부터 성공 경험이 많은 경향이 있다. '실패하더라도 언젠가 해낼 수 있으며, 노력한 만큼 보상을 받는다.'라는 것을 스스로 느꼈기 때문에 '하면 된다!'라는 삶에 대한 긍정적인 태도가 형성된 것이다.

반대로, 평소 부정적이고 어두운 사람은 성장 과정에서 성공 경험보다는 실패 경험이 많고 주변으로부터 큰 칭찬을 받지 못했을 가능성이 크다. 이처럼 성장 과정은 곧 그 사람을 만드는 기초가 된다. 따라서 대학교 측은 자소서에 이 문항을 넣음으로써 성장한 환경과 그것에서 받은 영향을 파악하여 '그 사람' 자체를 어느 정도 짐작하고자 할 것이다.

이렇게 성장 과정을 물어보는 이유를 알고 나면, 하나 떠오르는 생각이 있지 않은가? 그렇다. '자소서에서 성장 과정을 쓸 때, 단순히 힘들고 어려웠던 시절을 쓰는 게 능사가 아니구나!'이다.

힘들고 어려웠던 시절을 잘 이겨 낸 사람은 앞으로의 삶에서 어떤 힘든 일이 있어도 잘 견뎌 내는 힘을 가졌다고 보기 때문에 평가자들에게 좋은 평가를 받는 것일 뿐, 성장 과정이 험난했다는 것에 좋은 평가를 주는 것은 아니다. 그러므로 성장 과정을 쓸 때 평범하다고 해서 걱정할 필요는 없다. 아래를 읽고 잘 생각해 보면 어떤 소재를 어떻게 써야 할지 감이 올 것이다.

성장 과정 소재를 찾는 가장 쉬운 방법

본인만의 성장 과정 소재로 무엇을 써야 할지 고민인 학생이라면 아래 메커니즘대로 생각해 보자. 본인 성장 과정에 어떤 소재를 쓸지 쉽게 추출해 낼 수 있을 것이다.

[성장 과정 소재를 생각해 내는 메커니즘]

위 메커니즘을 따라 성장 과정 부분에 쓸 소재를 생각해 내었다면, 실전에 쓸 때는 순서를 조금 변경하여 써야 한다. 즉, 소재를 생각해 낼 때는 '현재'를 기준으로 어떤 점이 좋은지를 먼저 생각하고 그 원인을 찾아낸 순서였다면(a→b→c), 이를 자소서에 쓸 때는 성장 과정(원인)을 먼저 기술하고 이를 통해 일어난 결과를 적는 것이다(c→a→b).

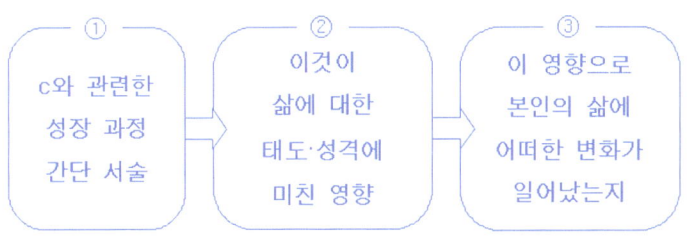

[성장 과정 소재를 자소서에 구현하는 메커니즘]

이렇게 적음으로써 '인과성'과 '타당성'이 느껴지는 자소서를 쓸 수 있다. 실제 예시를 통해 성장 과정 소재를 생각해 내고 이를 실전 자소서에 구현하는 방법을 알아보자.

1) 성장 과정 소재 생각하기

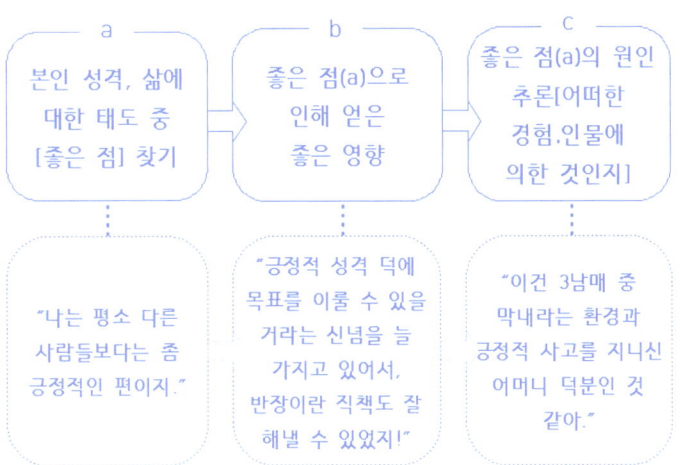

2) 성장 과정 소재 자소서에 구현하기(① → ② → ③)

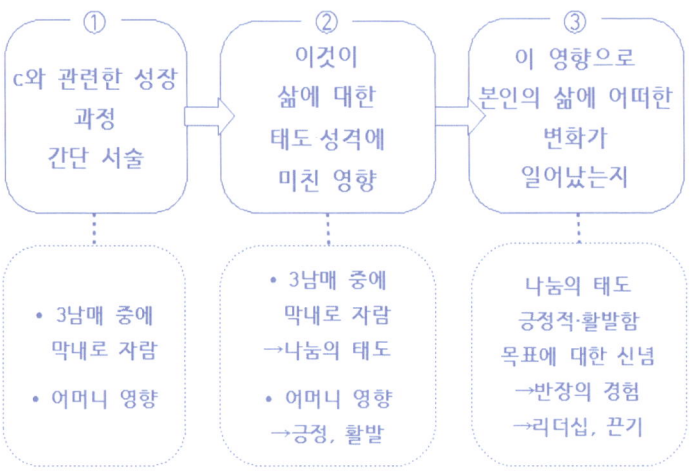

3) 자소서 쓰기

"지금의 나를 만든 가족, 그리고 하나의 경험"

① 저는 부모님과 2명의 누나들과 함께 화목한 가정에서 자랐습니다. ② 3남매라는 환경은 어렸을 적부터 내가 아닌 다른 사람과 함께하는 것을 배우게 해 주었으며, 작은 것이라도 함께 나누는 것에 대한 기쁨을 알게 해 주었습니다. 또한 어린 시절부터 많은 시간을 함께 생활한 어머니의 영향으로 저는 매우 긍정적이고 활발한 성격으로 성

장할 수 있었습니다. ③ 긍정적인 성격과 함께, 목표를 이루고자 하는 강한 신념을 가지고 학창시절을 보낸 저는, 중학교 2·3학년 때 담임 선생님의 추천으로 학급을 이끌어 가는 반장이 되었습니다. 사실, 반장이라는 직책이 흔하다고 생각하실 수 있을 것 같습니다. 그러나 하늘의 별이 모든 사람에게 같은 의미의 별이 아니듯, 저에게 반장이란 별과 같은 경험이었습니다. 몸이 많이 불편한 학급 친구를 보살펴 주는 일에 힘쓰고 그 친구가 무사히 졸업할 수 있도록 적극 도와주면서, 섬기는 리더십과 실패해도 다시 일어설 수 있는 끈기를 기를 수 있었습니다.

_〈자소서 1〉

위 자소서 예시를 읽어 보면, 평범한 가정에서 자란 학생이라는 것을 알 수 있다. 그 어떤 고난이나 불행의 성장 과정도 그려져 있지 않다. 그럼에도 불구하고 지원한 곳에 서류 합격하였다. 위 자소서는 [성장 과정 소재를 자소서에 구현하는 메커니즘]을 잘 적용한 예시이다.

성장 과정에서의 가족 소개, 어디까지 해야 할까

'성장 과정'이라고 하면 보통 가족이 가장 먼저 떠오르기 마련이다. 그렇다 보니 가족을 소개해야 할지 말지 고민하는 학생들이 많다. '저는 친절하신 어머니와 유쾌한 아버지 슬하에서 1남 2녀 중 첫째로 태어나~' 등과 같은 단순한 가족 소개는 피하는 것이 좋다.

하지만 〈자소서 1〉의 경우, 가족 소개의 개념보다는 '3남매'라는 환경 속에서 본인이 가지게 된 삶에 대한 태도를 소개하고자 아주 간단히 한 줄 정도의 가족 소개를 넣은 것이기 때문에 무방하다고 할 수 있다. 따라서 합격 사례에서 알 수 있듯이 단순한 가족 소개(나열)가 아닌 '목표가 있는 아주 간단한 가족 소개'는 필요하다면 사용해도 괜찮다.

또 다른 자소서 예시를 살펴보며 [성장 과정 소재를 자소서에 구현하는 메커니즘]을 본인의 것으로 만들어 보자.

성장 과정 소재 자소서에 구현하기(①→②→③)

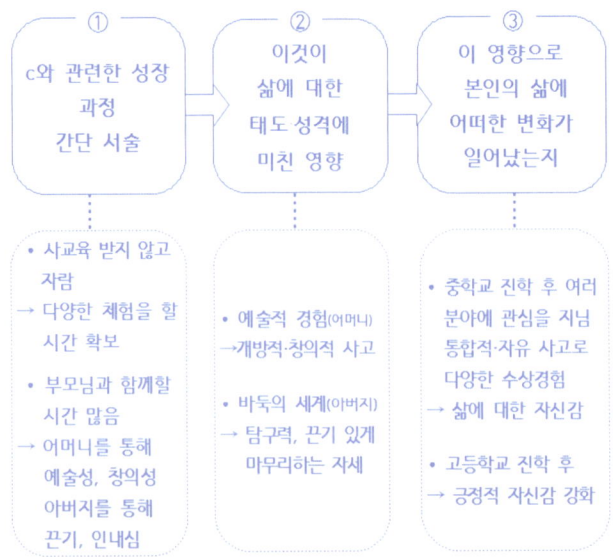

① 어릴 때부터 사교육을 받지 않고 자랐던 저는 비교적 다양한 체험 활동을 할 수 있었습니다. 예술을 전공하신 어머니와 함께 많은 시간을 보내며 미술, 음악 감상, 피아노 등을 일찍부터 접하였고 예술적 감각과 창의성을 키울 수 있었습니다. TV에 출연할 정도로 바둑에 대해 열정적이신 아버지 덕분에 어깨 너머로 바둑의 세계를 맛보며, 끈기와 인내심을 기를 수도 있었습니다.

② 이러한 성장 과정에서의 예술적 경험은 저에게 개방적이고 창의적인 사고를 하게 해 주었습니다. 특히 바둑을 한 수 한 수 두었던 경험은 한 분야에 오랜 시간 깊게 파고드는 탐구력과 한 번 시작한 일은 끝까지 해내는, 끈기 있는 자세를 가지게 해 주었습니다.

③ 이러한 자세를 지니고 중학교로 진학한 저는 미술·음악 등 예술 분야부터 체육 등 신체적인 분야 그리고 과학·기술·문학 등 지식적 분야까지, 모든 분야에 관심이 많았습니다. 그 덕분에 저는 폭넓은 지식들을 통합시키며 자유로운 사고를 할 수 있었습니다. 수필 쓰기, 상상화, 포스터, 시 창작, 체육대회, 교내과학창의력대회 등 창의력이 필요한 대회들에서 많은 수상을 거둘 수 있었고 '끝까지 하면 뭐든지 할 수 있다!'라는 삶에 대한 긍정적 자신감을 얻게 되었습니다. 이렇게 쌓은 자신감을 바탕으로 고등학교에서는 동아리장, 학급실장 더 나아가

전교 총학생회 부회장에 적극 도전하게 되었습니다. 이러한 도전이 언제나 성공으로 끝나지는 않았지만 실패하더라도 다시 일어날 수 있다는 긍정적 자신감을 더욱 강화시킬 수 있었습니다.

어릴 때부터의 경험은 그 사람의 많은 부분을 바꾼다고 합니다. 저의 다양한 경험으로부터 얻은 자유롭고 창의적인 사고와 도전에 대한 긍정적 자신감은 훗날 제 꿈을 이뤄 가는 데 역할을 톡톡히 해낼 것입니다.

_〈자소서 2〉

전략 2

참신하고 개성적인 표현을 사용하여
평범한 성장 과정을 특별하게 만들어라

"할머니 밭에 남기고 온 꿈의 씨앗을 피우겠습니다."

팔공산에서 손수 농사를 지으시는 저희 외할머니. 어릴 적부터 외할머니 댁을 자주 방문했던 저는, 할머니를 따라 밭에 가면서 늘 들었던 말이 있습니다. **"저 봐라. 저래 농약 안 치고 재배할라 카믄 벌레가 다 먹어쌌지. 농약 치면 또 건강이 문제라카이."** 농약 없이도 재배할 수 있는 기술이 개발되었다고 들은 적은 있었지만 '과연 할머니 농사에도 그 기술이 사용될 수 있을까?'라는 생각을 자연스럽게 해 보게 되었습니다.

어느 날, 교내 토론 논술 동아리에서 한때 세계를 달구었던 주제인 '농업 생산력을 높이기 위해 GMO기술을 이용하여도 되는가?'에 대해 다루었습니다. 토론을 할 때, 외할머니 댁에서 직접 보고 들었던 경험이 상당한 도움이 되었고 저의 주장에 대한 논리성과 객관성을 확보할 수 있었습니다. 이 경험을 계기로 저는 어떤 경험이라도 필요 없는 경험은 없으며, 실전 경험이 매우 중요함을 알게 되었습니다. 그 과정에서 저는 '어떤 분야든 많이 접해 보고 적극적으로 도전해 보자!'는 신념을 가지게 되었습니다.

앞으로 농생명공학은 IT·NT·BT와 같은 첨단산업과 융합한다면 정말 파급효과가 클 것입니다. 이러한 농생명공학의 미래에, 제가 성장 과정에서 자연스럽게 체득한 '다양한 분야에 대한 관심과 적극적인 도전'의 신념이 큰 도움이 되리라 확신합니다. 제가 전공할 농생명공학 분야뿐 아니라 그 분야와 연결될 수 있는 여러 분야에도 폭넓은 지식을 갖추어, 그것들을 창의적으로 융합할 수 있는 인재가 되겠습니다.

_ 〈자소서 3〉

〈자소서3〉은 서울대학교 농생명공학 서류 전형에 합격했던 필자의 자소서 예시다. 위에서도 언급했듯이 성장 과정은 보통 다 평범하기 때문에 구체적으로 적을 필요가 있다. 그러나 구체적인 에피소드만으로 부족할 때가 있다. 그럴 때 성장 과정을 보다 돋보이게 만들어 주는 방법이 있는데, 바로 '참신하고 개성적인 표현 사용하기'가 그것이다.

참신하고 개성적인 표현을 만드는 데에는 여러 가지 방법이 있지만 필자가 개인적으로 애용하는 방법들을 소개한다.

① 제목에 여운 남기기

제목을 추상적으로 적음으로써 감성을 자극하는 방법이다. 보통, 제목들은 직설적으로 적는 것이 좋지만 성장 과정 정도는 호기심을 유발하는 추상적 제목도 괜찮다. 추상적인 제목의 사용은 너무 뻔하게 느껴질 수 있는 성장 과정의 이야기를, 심사위원들로 하여금 읽어 보고 싶은 마음이 들도록 만들 수 있다.

위의 예시 "할머니 밭에 남기고 온 꿈의 씨앗을 피우겠습니다."는 할머니 밭에서 있었던 경험이 씨앗이 되어 꿈이 꽃처럼 피어날 것임을 암시하는 것이다.

② 지리적 특성 이용하기

성장 과정에는 보통 가족 이야기가 들어가기 마련이지만, 본인이 사는 곳이 지방이나 시골이라면 지리적 특성도 이용해 볼 수 있는 좋은 소재이다. 제목에 이용해도 되고 본문에 사용해도 된다.

예를 들어, 철이 유명한 포항에 사는 학생을 가정해 보자. "쇳물처럼 끓어오르는 ○○에 대한 열정으로"라는 제목을 쓸 수 있다. 내용에 쓰는 경우, 포항의 지리적 특성을 이용해 포스코(포항 제철), 포스텍(포항 공대) 등에서 방사선 가속기 등을 보며 과학적 관심을 키웠다는 식으로 그 타당성과 개별성을 높일 수 있다. 본인이 사는 곳의 지리적 특성이나 주변 시설들 중에 본인이 전공하고자 하는 것과 관련된 것이 있는지 잘 찾아보고 적용해 보자.

③ 지역적 특색 이용하기

위 〈자소서 3〉을 보면 "저 봐라. 저래 농약 안 치고 재배할라카믄 벌레가 다 먹어 쌌지. 농약 치면 또 건강이 문제라카이."라는 사투리(방언)가 나온다. 사투리가 있는 지역에 사는 학생이라면, 성장 과정에 사투리를 한 문장 정도 넣음으로써 평범한 성장 과정 스토리에 생기를 불어넣을 수 있다.

수도권의 학생들도 물론 사용 가능한데, 〈자소서 3〉과 같이 할머니·할아버지 등 지방에 사는 사촌이나 친구 등 지인이 있을 경우에 사용하면 아주 유용할 수 있다.

대학 자체 개별 문항 준비하기_ 지원 동기와 학업 계획

지원 동기와 학업 계획 (★★★)

-대학 입학 후 학업 계획과 향후 진로 계획에 대해 기술하시오.

-고등학교 재학 중(검정고시 합격자는 합격일로부터 과거 3년 이내) 진로 선택을 위해 노력한 과정을 바탕으로 지원 학과 선택의 계기를 설명하고, ○○대학교 입학 후 자신의 진로를 발전시키기 위한 계획을 기술하여 주십시오.

-지원 동기와 진로 계획을 중심으로 ○○대학교가 지원자를 선발해야 하는 이유를 구체적으로 기술하여 주십시오.

지원 동기와 학업 계획은 대학 자체 개별 문항 중에서도 매우 중요한 항목이다. 특히 이 항목은 만약 지원 학교와 지원 학과가 다르다면 거의 새로 쓰다시피 하는 게 좋을 만큼 꼼꼼하게 다루어야 한다. 위 표의 세 번째 질문에서도 볼 수 있듯이 지원자를 선발해야 하는 이유를 강하게 어필해야 하는 항목이기 때문이다. 만약 필자가 심사위원이라면 '지원 동기와 학업 계획' 항목 내용을 주의 깊게 볼 것이다.

지원 동기와 학업 계획,

당신이 선발되어야 하는 이유이자

당신을 선발해야 하는 이유

지원 동기와 학업 계획을 쓸 때 꼭 가져야 할 마음가짐이 있다. 바로, '이 항목을 통해 내가 선발되어야만 하는 이유 즉, 심사위원들이 나를 선발해야만 하는 이유를 설명하자.'라는 것. 따라서 〈지원 동기, 학업 계획〉 항목은 자소서의 설득적 성격을 가장 잘 반영하는 자소서 항목이다. 설득적 성격이 강한 항목답게 '타당성', 쉽게 말해 심사위원이 글을 읽으며 고개를 끄덕일 수 있는 내용을 쓸 수 있어야 한다.

[지원 동기]
학교 지원 동기인지, 학과 지원 동기인지를 구분하자

지원 동기란 'A라는 학과 혹은 학교에 가고자 생각하게 된 동기'를 뜻한다. 지원 동기를 적을 수 있으려면 일단 A라는 학과, 학교에 관심을 가지게 된 동기부터 시작해야 한다. 특정한 것에 관심을 가지게 된 계기가 명확한 사람이 있는 반면, 관심을 가지게 된 동기가 여러 가지인 사람도 있을 것이다.

딱히 지원 동기나 관심을 가지게 된 계기가 없다고 이야기하는 학생들도 있다. 그러나 '아니 땐 굴뚝에 연기 나랴.'는 말처럼 1%의 이유도 없는 꿈이란 존재할 수 없다. 단지 그 이유가 원치 않은 이유이거나 깊게 생각해 보지 않은 것일 뿐이다. 이렇듯,

지원 동기는 구체적으로 '왜' 이 학과, 학교를 선택하게 되었는 지를 적어 주어야한다는 점에서 '구체성'과 '인과성'을 핵심으로 한다고 볼 수 있다.

자소서에서의 지원 동기는 '학과에의 지원 동기'가 주를 이루 지만 일부 학교에 따라 '학교에의 지원 동기'를 물어보는 경우가 있다. 그리고 애매모호하게 '지원 동기'라고만 물어보는 경우도 있다. 아래 예시를 보자.

> [2013학년도 포항공과대학교]
> POSTECH을 선택한 이유 및 앞으로 4년간 POSTECH 에서 하고 싶은 것이 무엇인지 작성하시오.

> [2012학년도 카이스트]
> KAIST 지원 동기와 향후 학업 및 진로 계획에 대하여 기술하십시오.

위처럼, 확실하게 '학교 지원 동기'를 물어보는 경우에는 '왜 이 학교를 지원하였는지'를 메인으로 하여 '학과 지원 동기'를 함께 적는 것이 좋다. 주로 학교 지원 동기를 물어보는 학교는 특성화 학교인 경우가 많았다. 포항공과대학교는 '연구 중심 대학'이라는 특징이 있는 만큼 학교의 특징을 잘 알고 학교 지원 동기를 기술 하는 등, 그 학교의 특징을 잘 살려 지원 동기를 기술하도록 하자.

지원 동기와 진로 계획을 중심으로 ○○대학교가 지원자를 선발해야 하는 이유를 구체적으로 기술하여 주십시오.

다음으로, 위와 같이 구체적인 지침 없이 '지원 동기'를 묻는 경우에는 학교에의 지원 동기와 학과에의 지원 동기를 둘 다 언급하되 후자(학과 지원 동기)에 초점을 두고 기술하는 게 좋다.

지원 동기는 반드시 나만의 에피소드로!
지원 동기 제대로 추출하는 법

특정 학과를 지원하고자 한다면 '그 학과와 관련된 나만의 에피소드'를 가지고 있는 것이 좋다. 합격 자소서를 살펴보면, 대부분이 '지원 동기' 부분에서 지원하는 학과와 관련된 에피소드를 사용하였다.

또 하나 주목할 만한, 합격 자소서들의 공통점이 있다. 바로, '지원 동기에 고개가 끄덕여진다.'는 점이다. 그만큼 지원 동기에 있어 진실성이 느껴진다는 것이 합격 자소서의 특징이었다. 지금부터 본인만의 에피소드를 '잘' 추출해 내는 방법을 알아보자.

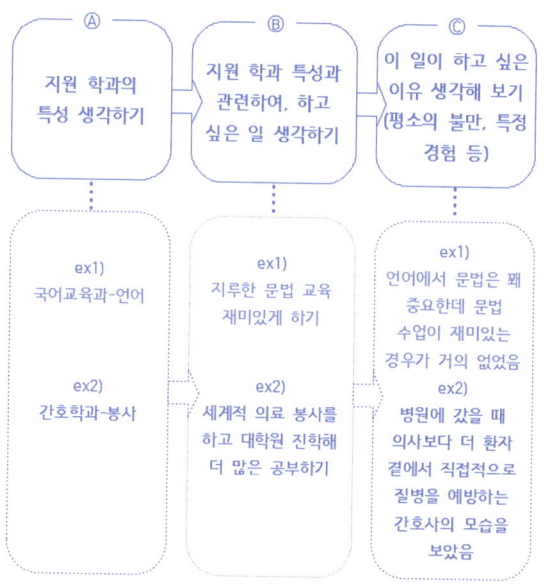

[지원 동기-학업 · 진로 계획 추출 메커니즘]

[지원 동기-학업 · 진로 계획 추출 메커니즘]의 Ⓐ→Ⓑ→Ⓒ 순을 따르고 나면, 지원 동기에 관한 에피소드를 추출할 수 있을 것이다. 한편, 이렇게 추출해 낸 지원 동기를 실제 자소서에 쓸 때에는 반대 순서로 쓰면 된다. 즉, Ⓒ→Ⓑ→Ⓐ 순서로 이야기를 풀어내도록 하자.

지원 동기는 "에피소드 구체화하기 전략"으로

Ⓒ는 지원 학과에 관심을 가지게 된 계기, 즉 동기의 첫 단계다. Ⓒ를 더욱 구체화시키면 본인만의 특별한 에피소드가 탄생

한다. '이 에피소드를 겪는 과정에서 지원 학과에 진학하고 싶어 졌다'는 이야기를 엮어 가다 보면, 이것이 곧 본인만의 진정한 '지원 동기'가 되는 것이다.

하지만 ⓒ만으로 자소서를 쓸 수는 없는 법. 간단히 기록한 에 피소드를 구체화하는 방법을 알아본 후, 이것을 자소서에 쓴 예 시를 통해 지원 동기를 제대로 써 보자.

▶ ⓒ(에피소드) 구체화하기 예시

언어에서 문법은 꽤 중요한데 문법 수업이 재 미있는 경우가 거의 없었음.
이렇게 생각하게 된 계기를 적는 게 핵심!

→ 언어에서 문법이 중요하다 생각하는 이유 혹은 그렇게 생각하게 된 계기를 꼭 기술하자.

언어에서 문법은 꽤 중요한데 <u>문법 수업이</u>
<u>재미있는 경우가 거의 없었음.</u>

이렇게 생각하게 된 계기를 적는 게 핵심!
→ 문법 수업이 재미있는 경우가 거의 없다고 느끼게 된 계기 혹은 문법 수업이 재미없는 이 유를 자소서에 꼭 기술하자.

위의 과정을 통해 쓴 자소서 예시를 살펴보자.

★①중학생 때부터 국어, 영어를 특히 좋아했던 저의 경향은 고등학생이 되면서 바뀌기 시작하였습니다. 저에게 영어는 여전히 재미있는 과목이었지만 갑자기 국어가 어려워지기 시작한 것입니다. '언어'라는 같은 특성을 가짐에도 불구하고 왜 다르게 느껴질까 의문이 들기 시작하였습니다. 의문점이 생기면 끝까지 찾아내는 경향이 있는 저는 결국 현 학교 수업에서 그 해답을 찾아내었습니다. 바로 '문법'이 그것이었습니다. ★②언어에서의 문법은 기본적인 법칙이라는 점에서 언어를 이해하고 구사하는 데 큰 역할을 합니다. 영어 수업에서는 '영문법'이라 하여 학교에서도 중요시 다루고 스토리 중심으로 재미있게 수업을 합니다. 그러나 국어 수업은 시험을 위한 문법으로 접근을 하게 되고 그 결과 흥미도도 급격히 떨어진다는 것을 느꼈습니다.

★①, ★② 부분은 ⓒ(에피소드)를 구체화하기 위한 전략이다. 언어에서 문법이 중요하다고 생각하게 된 이유와 문법 수업이 재미있는 경우가 거의 없다고 생각하게 된 계기를 적은 것이다. 이렇게 '이유, 계기'를 적을 때 본인만의 '뚜렷한 인과성'이 생겨난다.

그리고 문제를 찾아가는 과정에서 본인의 강점, '의문점이 생기면 끝까지 찾아내는 경향(즉, 탐구력)'도 강조한 좋은 예시이다.

[학업 계획, 진로 계획]

진로 계획을 위한 디딤돌, 학업 계획

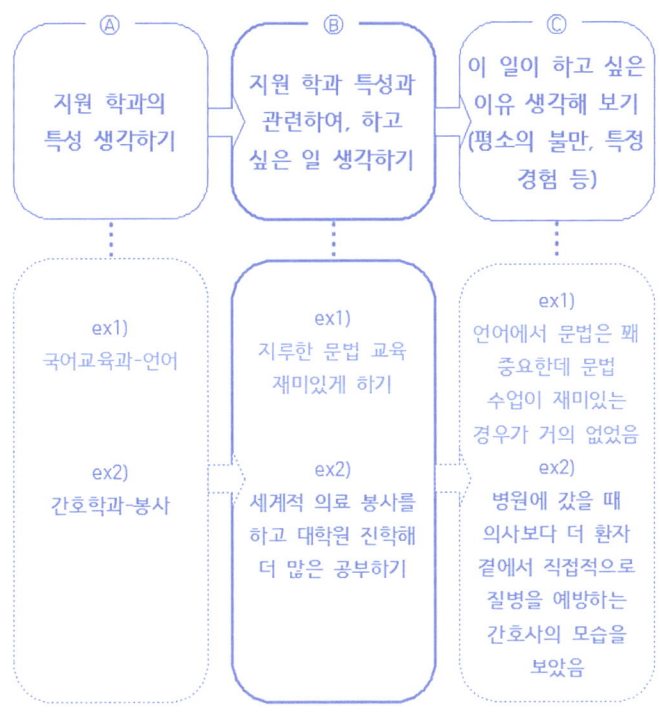

다음으로는 ⑧를 살펴보자. ⑧는 지원 학과의 특성과 관련하여 하고 싶은 일을 생각하는 과정이다. 이것은 곧 '진로 계획'에 해당된다. 사실, 입시를 준비하느라 바쁜 고등학생이 진로 계획을 구체적으로 가지고 있기란 쉽지 않다. 그러나 자소서를 쓰면서 한 번쯤 생각해 보는 계기를 마련할 수 있다는 점에서 자소서를 쓰는 의미가 상당하다.

학업 계획 VS 진로 계획
반드시 구별하여 쓰자

[학업 · 진로 계획 개념 이미지]

학업 계획과 진로 계획 사이에서 고민하며 질문하는 학생들을 많이 접하곤 한다. 상위권 대학의 자소서 문항 [대학 입학 후 학업 계획과 향후 진로 계획에 대해 기술하세요]에서 볼 수 있듯이 학업 계획과 진로 계획을 뚜렷이 구별하여 질문하고 있다. 따라서 반드시 구별하여 기술할 필요가 있다. 이 둘은 엄연히 다른 개념이고 이를 통해 학교 측에서 확인하고자 하는 것도 다르기 때문이다.

개인적으로 필자는 학업 계획, 진로 계획과 관련하여 [학업·진로 계획 개념 이미지]와 같은 개념을 가지고 있다. 학업 계획·진로 계획을 디딤돌로 하여 꿈(목표)을 향해 나아가는 것!

이것이 정답은 아니지만, 이렇게 생각하면 자소서를 쓸 때 학업 계획과 진로 계획을 구별하면서도 부드럽게 연결 지어 구상하는 데 도움이 될 것이다.

학업 계획 : '대학 입학 후, 전공과 관련해서 어떤 공부·연구·활동·경험을 하겠다.'라는 계획을 어필하면 된다.

진로 계획 : '장기적인 꿈·비전이 무엇이며 훗날 어떤 인재가 되어 사회에 기여하고 싶은지'를 설명하면 된다.

학업 계획 쓰는 노하우
학업 계획은 구체성에 간절함을 투영하는 게 포인트!

학업 계획에서의 핵심은 '전공'이다. 예를 들어, ○○대학교 국어교육학과를 지원하기로 했다면 국어교육학과에 관련된 것을 '잘' 활용하면 좋다. 전공 관련 정보를 얻기 위해서는 대학 홈페이지를 들어가서 지원 학과에 대해 꼼꼼히 살펴보도록 한다. 필자의 방법을 소개한다.

1) 대학 홈페이지에 들어가 운영하는 프로그램, 교육 확인

대학 홈페이지에 따라 다 다르지만, 일단 국립대인 서울대를 예시로 들어 보자. 서울대 홈페이지의 경우 [교육] 메뉴에 들어가면 학과별 설명을 보여 준다.

[학과별 홈페이지]도 따로 있는 경우가 많은데, 들어가 보면 자소서에 사용할 수 있는 것들이 많이 있다.

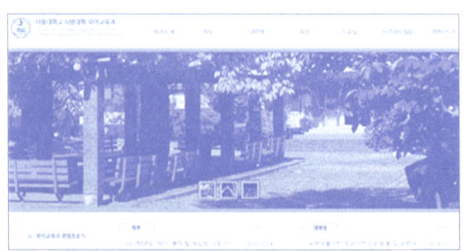

2) 지원 학과와 관련시킬 수 있는 프로그램 선정. 그 프로그램에 대하여 간략히 알아두기(어떤 프로그램인지 정도)

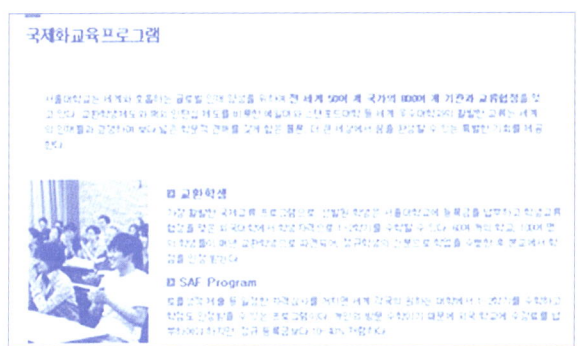

지원 학과와 관련시킬 수 있는 프로그램은 찾으면 찾을수록 다양하다. 크게는 대학 공식 홈페이지, 세부적으로는 대학 학과별 홈페이지에 들어가면 더 관련성 있는 활동들을 찾아낼 수 있다.

3) 찾은 활동 중에서 대학 4년간 전공과 관련해 하고 싶은 활동·공부 나열

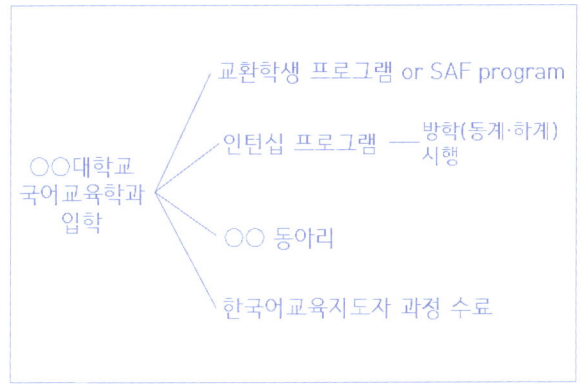

앞의 1)-2)의 과정에서 알게 된 것들 중, 본 대학에 입학한다면 해 보고 싶은 활동들을 나열해 본다.

4) 그 활동을 위해 어떤 것을 준비하고 그 활동을 통해 어떤 것을 배우고 싶은지 기록하기

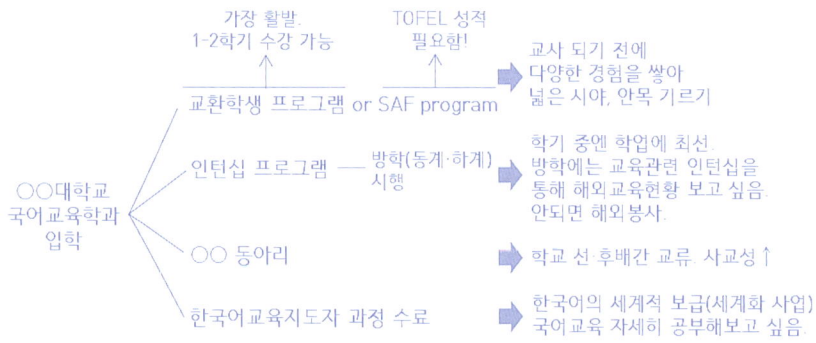

그 활동들이 대략적으로 어떤 활동인지 적어 보고 그것을 하기 위해서 고등학생 때 준비해 두면 좋은 것은 없는지 생각해 본다. 그리고 해당 활동들을 통해 어떤 것을 배우고 느끼고 경험하고 싶은지, 특히 본인의 장기적인 꿈(진로 계획)에 어떤 도움이 될지 생각해 보고 기록해 둔다.

위 1)~4) 과정을 통해 '지원 동기 및 학업 계획' 부분을 쓴 자소서 예시를 보고 더 자세히 이해해 보자.

「중학생 때부터 국어, 영어를 특히 좋아했던 경향이 고등학생 때부터 바뀌기 시작하였습니다. 영어와 달리, 국어에 흥미가 떨어진 것입니다. '언어'라는 같은 특성을 가짐에도 다르게 느껴지는 것에 의문이 들기 시작했습니다. 의문점이 생기면 끝까지 찾아내는 경향이 있는 저는, 결국 현 학교 수업에서 그 해답을 찾아내었습니다. 바로 '문법'이 그것이었습니다. 영문법과 달리, 국어문법은 시험을 위한 문법으로만 접근하고 있었습니다. 언어에서 문법은 언어를 이해하고 구사하는 데 그 의미가 있음에도, 너무 시험화된 현실이 국어교육을 공부해 보고 싶은 계기로 작용하였습니다.」**학과 지원 동기**

「사회 트렌드와 국어를 융합하여 세계화할 수 있는 사람. 저는 그런 사람이 되고 싶습니다.」**최종 꿈** 「이 꿈을 위해 연구를 장려하는 서울대 국어교육과에 진학하여,」**학교지원 동기 살짝 언급** 「대학 1학년 때는 현재 제가 운영하는 블로그를 통한 소통과 트렌드 인식을 지속해 나가고 2학년 때는 서울대 교환학생, SAF에 지원하고자 합니다. 방학 때는 서울대 경력개발센터의 인턴십, 해외봉사, 해외교생실습에 도전할 계획입니다. 이를 통해 재외학교 국어교육 현장을 직접 보고 배우고 싶습니다. 한국어에 대한 열정을 바탕으로 3학년 때는 한국어교육지도자과정을 수료하고자 합니다. 국어교육 자체에도 관심이 있지만 저에게는 '한국어의 세계화'라는 목표가 있기에, 이 과정을 통해 전문적으로 한국어교육에 대해 탐구해 보고자 합니다.」**학업 계획**

지원 동기 분석 〉〉

지원 동기는 특별한 언급이 없다면 '학과 지원 동기'가 우선되는 것이 좋다. [예시]에서도 학과 지원 동기로 접근하였다. [예시]에서는 지원 동기를 현 학교 수업에서 찾았는데, 이처럼 그 학과에 지원하게 된 계기를 일상생활에서 찾아도 되고 독서나 특정 경험 등 특별한 계기로 기술해도 된다.

중요한 것은, 진술하고 인과성이 있게 적음으로써 평가자들로 하여금 수긍을 이끌어 낼 수 있는 지원 동기를 기술하는 것이다.

학업 계획 분석 〉〉

[예시]에서는 구체적 학업 계획 기술 전, 먼저 '어떤 사람이 되겠다.'는 최종 꿈을 한 줄 정도 언급하며 시작한다. 그다음, '이 꿈을 이루기 위해 대학에 입학하여 ○○를 하겠다.'는 학업 계획을 풀어내고 있다. 이런 순서로 학업 계획을 쓰면 읽는 이도, 쓰는 이도 편하고 자연스럽게 느껴진다.

'**대학 1학년 때는 현재 제가 운영하는 블로그를 통한 소통과 트렌드 인식을 지속해 나가고**' 부분을 보면 현재 본인이 운영하는 현대 매체를 통해 얼리어답터(early adopter: 신속하게 사회 흐름에 적응하는 사람)

다운 면모를 보여 주고 있다.

★ '제2장'에서도 언급한 107~110쪽의 〈타이틀 스키밍〉을 활용하여 사회 흐름을 읽고 본인의 자소서에 적용해 보자. 이 방법을 사용하면 좀 더 사실적이면서도 미래에 대한 통찰력이 있는 학생으로 기억될 수 있을 것이다.

진로 계획 쓰는 노하우

진로 계획은 '사회에 기여하는 인재가 되는 것'이 포인트!

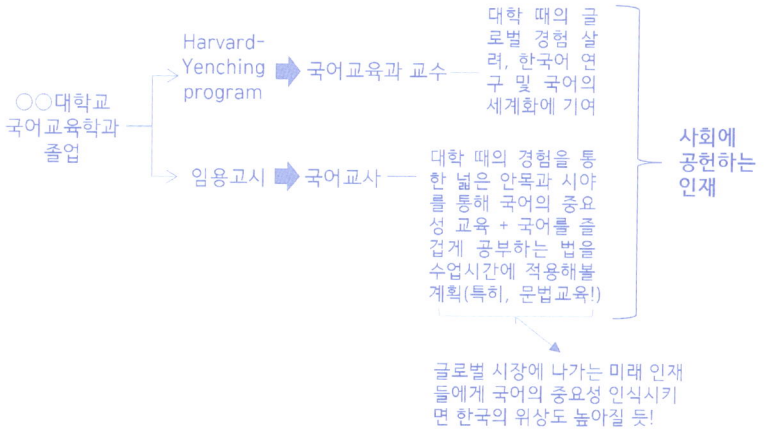

진로 계획은 '나의 **장기적인 꿈·비전** 및 **훗날 어떤 인재**가 되어 **사회에 기여하고 싶은지**'를 설명하는 것이다. 학업 계획을 토대로 대학 4년을 보낸 후에 그 이후의 삶에 대해 생각하며 자소서를 쓰면 된다. 아래 예시를 통해 진로 계획 작성에 대한 이해를 높여 보자.

「졸업 후, 저는 두 가지 진로를 생각 중에 있습니다. 국
어교사 혹은 국어연구자입니다.」**두괄식** 「국어교사가 된
다면 국어 문법을 재미있게 가르치는 법을 연구하고 이를
교육 현장에 직접 적용해 볼 것입니다. 국어연구자로서
의 기회가 온다면, 석·박사 과정을 밟은 후 HAVARD-
Yenching 프로그램에 지원, 그동안 지속해 온 블로그 등
의 글로벌 소통매체를 적극 활용하여 한국어 세계 전파에
기여하는 글로벌 인재가 될 것입니다.」**구체적 진로 계획**
「국어연구자로서는 직접 미래를 밝히고, 국어교사로서는
제가 가르친 그 학생들이 미래 인재가 되어 한국의 위상
을 드높일 것이기에, 저의 꿈은 계속 빛날 것입니다.」**그**
진로 계획이 본인의 꿈에 미치는 영향-여운 남기기

진로 계획 분석 〉〉

진로 계획은 위 [예시]처럼 문두에 어떤 진로 계획을 가지고
있는지를 먼저 적어 주는 '두괄식'이 좋다. 다음으로는 진로 계
획에 대하여 어떤 것을 할 계획인지, 그 계획은 어떤 과정으로
이루어 갈 것인지를 이전에 찾아 둔 해당 학교의 지원 학과 관련
정보를 활용하여 구체적으로 언급하도록 한다. 마지막으로 그
것이 본인의 궁극적인 꿈에 어떤 영향을 미칠 것인지(끽) 언급하

며 마무리한다.

지원 동기-학업 계획-진로 계획
부드럽게 경계 지어 쓰자

지금까지 각각 알아본 '지원 동기-학업 계획-진로 계획'은 사실 떼려야 뗄 수 없는 관계다. 하지만 어느 정도의 경계선은 있어야 한다. 따라서 필자가 추천하는 방법은 이를 '부드럽게 경계 지어' 쓰는 것이다. 위에서 한 것을 모두 모아 자소서의 한 항목을 써 보자.

▶ 지원 동기와 진로 계획을 중심으로 ○○대학교가 지원자를 선발해야 하는 이유를 구체적으로 기술하여 주십시오.

「중학생 때부터 국어, 영어를 특히 좋아했던 경향이 고등학생 때부터 바뀌기 시작하였습니다. 영어와 달리, 국어에 흥미가 떨어진 것입니다. '언어'라는 같은 특성을 가짐에도 다르게 느껴지는 것에 의문이 들기 시작했습니다. 의문점이 생기면 끝까지 찾아내는 경향이 있는 저는, 결국 현 학교 수업에서 그 해답을 찾아내었습니다. 바로 '문법'이 그것이었습니다. 영문법과 달리, 국어문법은 시험을 위한 문법으로만 접근하고 있었습니다. 언어에서 문법은 언어를 이해하고 구사하는 데 그 의미가 있음에도, 너무 시험화된 현실이 국어교육을 공부해 보고 싶은 계기로 작용하였습니다.」**학과 지원 동기**

「사회 트렌드와 국어를 융합하여 세계화할 수 있는 사람. 저는 그런 사람이 되고 싶습니다.」**최종 꿈**「이 꿈을 위해 연구를 장려하는 서울대 국어교육과에 진학하여,」**학교 지원 동기 살짝 언급**「1학년 때는 현재 제가 운영하는 블로그를 통한 소통과 트렌드 인식을 지속하고 2학년 때는 서울대 교환학생, SAF에 지원하고자 합니다. 방학 때는 서울대 경력개발센터의 인턴십, 해외봉사, 해외교생실습에 도전할 계획입니다. 이를 통해 재외학교 국어교육 현장을 직접 보고 배우고 싶습니다.

한국어에 대한 열정을 바탕으로 3학년 때는 한국어교육지도자과정을 수료하고자 합니다. 국어교육 자체에도 관심이 있지만 저에게는 '한국어의 세계화'라는 목표가 있기에, 이 과정을 통해 전문적으로 한국어교육에 대해 탐구해 보고자 합니다.」**학업 계획**

「졸업 후, 저는 두 가지 진로를 생각 중에 있습니다. 국어교사 혹은 국어연구자입니다. 국어교사가 된다면 재미있게 국어 문법 가르치는 법을 교육 현장에서 적용, 연구해 볼 것입니다. 국어연구자로서의 기회가 온다면, 석·박사 과정을 밟은 후 HAVARD-Yenching프로그램에 지원, 그동안 지속해 온 블로그 등 소통매체를 적극 활용하여 한국어 세계 전파에 기여하는 글로벌 인재가 될 것입니다.」**진로 계획**

「국어연구자로서는 직접 미래를 밝히고, 국어교사로서는 제가 가르친 그 학생들이 미래 인재가 되어 한국의 위상을 드높일 것이기에, 저의 꿈은 계속 빛날 것입니다.」**여운 남기기(킥)**

자소서에 법칙은 없다. 다만, 글 구조화를 잘 못하는 학생들의 경우에는 '지원 동기-학업 계획-진로 계획' 항목에서 아래 구조대로 일단 자소서를 써 보도록 하자.

1. 학과 지원 동기

[지원 동기-학업·진로 계획 추출 메커니즘]을 사용해 동기를 제대로 추출하고, [에피소드 구체화하기] 전략을 통해 구체적인 에피소드가 있는 지원 동기를 작성한다.

2. 학업 계획

학업 계획을 쓸 때, 문두에 '자신의 꿈'을 쓰고 그 꿈을 이루기 위해 이 학교에 지원하였다는 내용의 '학교 지원 동기'를 살짝 언급(학교 지원 동기라면 더 길게 써야 함). 그 후에 학업 계획을 학년별로 작성한다.

3. 진로 계획

문두에, 졸업 후 본인의 진로 계획을 한 문장으로 명확히 서술한다. 다음으로, 그 계획을 어떤 과정으로 이루어 갈 것인지를 이전에 찾아 둔 해당 학교의 지원 학과 관련 정보를 활용하여 구체적으로 언급한다.

4. 제목 쓰기 or 킥 날리기

이전에서도 언급했듯이, 기억에 남는 자소서를 쓰기 위해서는 킥을 날리는 것이 좋다(286쪽 참조). 글자 수가 된다면 제목을 붙이고 안 된다면 킥과 제목 중에 하나를 선택하여 사용하도록 하자.

※ 학업 계획 · 진로 계획 부드럽게 경계 짓는 방법

[2. 학업 계획] 다음에 [3. 진로 계획]을 쓸 때는 '졸업 후' 혹은 '대학 4년 후' 등의 문구를 사용하여, 학업 계획 다음에 나오는 진로 계획을 어느 정도 구분 지어 주면 가독성을 조금 더 높일 수 있다.

대학 자체 개별 문항 준비하기_ 역경과 좌절 극복 사례

역경과 좌절 극복 사례

> -고등학교 시절 겪었던 어려움과 그것을 극복하기 위한
> 노력을 기술하여 주십시오.
> -지원자의 삶에서 경험했던 가장 큰 위기와 좌절 상황이
> 무엇이었는지 설명하고, 그것을 극복하는 과정에서 새롭
> 게 발견한 자신의 가치에 대해 경험적 사례를 들어 구체
> 적으로 기술하여 주십시오.
> -자신이 겪었던 가장 큰 어려움은 무엇이며 그것을 극복
> 하는 과정을 통해 자신의 어떤 부분이 성장했었는지 기술
> 하세요.

가장 어려운 항목 중 하나다. 그나마 성장 과정은 솔직하게 기술하면 되지만, 역경과 좌절 극복 사례의 경우 필자도 가장 쓰기가 곤란했던 항목이었다.

만약 이 부분이 자소서 항목으로 나온다면, 사실 엄청난 고난을 가진 학생들은 많이 없으므로 고등학생들의 일반적 수준에서 생각하여도 된다.

역경과 좌절은

고등학생이 생각할 수 있는 수준이면 OK

누구나 인정할 수 있는 큰 역경과 좌절이 있었던 학생들은 그 고난을 강조하여도 된다. 단, 고난이 컸던 만큼 그것을 해결해 나가는 과정을 잘 그려 내면, 본인에게 매우 유리하게 작용할 수 있다. 그러나 역경과 좌절이 다이내믹하지 않은 대부분의 학생들은 고난은 살짝만 언급하고 그것을 극복해 나가는 과정과 이를 통해 배우고 느낀 점 위주로 작성하는 것이 유리하다.

합격한 자소서들의 항목 예시들을 살펴보고, 고등학생 수준의 역경과 좌절로 쓸 수 있는 것들을 스스로 생각해 보도록 하자.

ex1) 성격이 너무 내성적이어서 사람들 앞에서 말을 잘 못함

ex2) 주변 친구가 열심히 해오고 있는 모습을 보고 충격을 받아 열심히 하였지만 지금껏 쌓아 온 것들 때문에 성적 향상이 쉽지 않았던 경험

ex3) 좋아하는 과목만 공부하다 보니 싫어하는 과목 성적이 너무 떨어져 뒤늦게 올리려니 힘들었고, 포기할 생각까지 들었던 순간

ex4) 자신 있던 과목을 소홀히 했더니 성적이 하락해 결과가 좋지 않아 자신감을 잃었던 경험

ex5) 선택 과목들 중 배우고자 했던 과목이 있었으나 해당 고등학교의 교과 과정 변경으로 인해 좌절스러웠던 경험

ex6) 선택한 꿈이 진정 자신이 원하는 꿈인지 헷갈렸던 순간

ex7) 빈번한 전근·이사 때문에 교우 관계가 흔들렸던 때

ex8) 재수에 실패했을 때 즐거운 대학 생활을 하고 있는 친구
　　들을 보면서 느꼈던 상대적 박탈감

　위와 같은 상황만 해도 고등학생 수준의 역경, 좌절로 쓸 수
있고 충분히 잘 쓴다면 합격할 수 있는 사례들이다. 다만, 중요
한 것은 사례들을 잘 추출해 낸 후 이것을 어떤 식으로 극복하였
는지를 잘 풀어내는 게 핵심이다.

〈역경과 좌절 항목〉을 돋보이게 하는 노하우

　필자가 추천하는 〈역경과 좌절 극복〉 항목 쓰는 방법이 있다.
동일한 역경과 좌절일지라도 읽는 이로 하여금 더욱 잘 극복한
것처럼 느껴지도록 만드는 방법이다. 이 구조를 만드는 노하우
를 소개한다.

　　① 고난과 역경을 2가지 선택
　　② 첫 번째 고난에 대하여 1-3줄 내외로 작성
　　- 첫 번째 고난은 약한 느낌으로 표현
　　③ 극복 과정 자세하게 기술
　　④ 이렇게 극복했으나 고난이 끝이 아니었음을 밝히며,
　　두 번째 고난을 압축하여 2-3줄 내외로 작성
　　- 두 번째 고난은 강한 느낌으로 표현

⑤ 극복 과정 자세하게 기술

⑥ 그 결과는 어떠하였으며, 이를 통해 배우고 깨달은 점이 무엇인지, 미래에 어떤 도움이 될지 기술

이 방법을 자소서에 적용한 예시를 살펴보며 자신의 것으로 만들어 보자.

「어릴 때부터 자기주도학습을 강조하신 부모님 영향으로 저는 학교 공부에 최선을 다했습니다. 그러던 어느 날, 오랜만에 만난 친구가 소프트웨어 개발에 대한 꿈을 이루기 위해 전문대 진학 및 자격증 취득 등 꿈을 향한 엄청난 노력을 하고 있다는 사실을 알게 되었습니다. 공부는 열심히 했으나 특별한 목표 없이 앞만 보고 달리던 저에게, 약간의 좌절과 허탈감이 찾아왔습니다.」「그러나

첫 번째 고난과 역경에 대하여, 1-3줄 내외로 작성
(첫 번째 고난은 약한 느낌으로 표현 → "약간의 좌절과 허탈감")

평소 주어진 것에 최선을 다했던 저의 습관은 저를 다시 일으켜 세웠고, 시립도서관에서 수많은 진로 관련 서적을 보며 '국제기구진출'이라는, 어릴 적 어렴풋이 꾸었던 마음 속 꿈을 끄집어내기 시작하였습니다.」

극복 과정 자세하게 기술
자세하다는 것이 꼭 길어야 된다는 것을 의미하지는 않는다. 구체적인 서술도 자세하게 적는 것이 될 수 있다.

「그것도 잠시, 두 번째 좌절이 찾아왔습니다. 외교부 활동 등 '국제기구진출'이라는 꿈에 대한 열정으로 꿈만을 좇다 보니 좋았던 성적이 떨어져, 고등학교 통틀어 가장 낮은 성적을 받게 된 것입

고난이 끝이 아니었음을 밝히며, 두 번째 고난 기술
(첫 번째 고난은 약한 느낌으로 표현 → "약간의 좌절과 허탈감")

니다.」「정말 좌절스럽고 제 자신이 원망스럽기도 했지만, 꿈과 공부의 균형이 얼마나 중요한지를 깨닫게 해 주는 따끔한 경험으로 삼았습니다. 이후로 저는 '공부는 꿈을 이루기 위한 수단이다!'라는 신념을 지니고 꿈과 공부의 균형을 잘 맞추어 나갔습니다.」

극복 과정 자세하게 기술
극복 과정이 꼭 '특정 활동'일 필요는 없다. '마인드 세팅(마음을 고쳐먹는 것)', '태도의 변화'도 충분히 좋은 극복 과정이 될 수 있다.

「그 결과, 성적은 다시 상위권을 되찾았고 더불어 외교부 서포터즈 활동도 하게 되는 등 제 꿈도 함께 피어났습니다.」

그 결과는 어떠하였는지 기술
(가급적 긍정적인 결과를 가지고 온 것으로 쓰는 게 좋다.)

「저에게 찾아온 좌절. 그것은 오히려 제 꿈을 찾고 공부도 더 열심히 할 수 있는 동기를 주었으며 '어떤 상황이든 생각하고 노력하기 나름'이라는 삶의 신념을 가지게 해 주었습니다. 이러한 신념은 대학 진학 이후, 어떤 어려운 상황이 오더라도 이를 오히려 전화위복의 계기로 삼을 수 있는, 긍정적인 인재로 성장하는 데 도움이 될 것입니다.」

배우고 깨달은 점, 미래에 어떤 도움이 될지 기술
(경험을 통해 바뀐 삶의 태도 · 자신만의 신념 · 가치를 적어 주면 좋다.)

대학 자체 개별 문항 준비하기_ 감명 깊게 읽은 책

감명 깊게 읽은 책

-고등학교 재학 기간 또는 최근 3년간(단, 초등학교, 중학교 재학 기간 제외) 읽었던 책 중 자신에게 가장 큰 영향을 준 책을 세 권 이내로 선정하고 그 이유를 기술하여 주십시오.
-자신이 읽은 책 가운데 자신의 삶에 가장 영향을 준 책 세 권을 적고 그중 한 권을 선정하여 그 선택 이유와 느낀 점에 대해 구체적으로 기술하시오.

감명 깊게 읽은 책은 일부 학교에서 출제되고 있지만, 특히 서울대학교에서는 이 문항을 계속해서 출제하고 있다.

책을 고르는 것에는 법칙이 없으나 자소서의 〈감명 깊게 읽은 책〉 형목에서는 '3가지 종류'의 책 고르기를 추천한다. 다음은 필자가 주로 사용하는, 책 고르는 카테고리이다. 다양한 책을 읽으면 좋겠지만 시간이 부족하다면 가급적 1학년 때부터 이 기준에 맞춰 가며 책을 읽는 것도 시간을 효율적으로 사용할 수 있는 방법이 되지 않을까 한다.

알찬 독서 목록, 책 고르는 노하우

1. 지원 학과와 관련 있는, 깊이 있는 책

2. 본인 삶에 변화를 준 책

3. 자신의 강점을 부각시킬 수 있는 책

이와 함께 전제로 기억할 것은 '자신에게 미친 영향'이란 단순한 내용 요약이나 감상이 아니라 처음 접한 시기, 읽게 된 계기, 선정 이유, 책에 대한 긍정적·부정적 평가, 책이 자신에게 미친 영향(변화)을 중심으로 기술해야 한다는 것이다. 이것은 서울대에서 공시했었던 내용이다.

서울대 농생명공학과에 합격했던 필자의 경우에도 자소서 독서 목록 항목에서, 3가지 종류의 책을 골고루 선정하였었다. 아래 필자의 독서 항목 예시를 살펴보자.

1. 지원 학과와 관련 있는, 깊이 있는 책

이기적 유전자 리처드 도킨슨 지음	평소 유전자에도 관심이 많았던 저는 '이기적 유전자'라는 제목을 보고 이 책을 뽑았습니다. 유전자가 이기적이라니? 궁금해서 읽기 시작하였습니다. 저자는 '사람은 이기적으로 태어났고, 유전자는 우리에게 이기적으로 행동하라 지시하며, 우리 몸은 유전자의 존재와 방어를 위한 생존기계다.'고 말합니다. 더욱 놀라운 것은 저자가 언급한 '모성애' 등 겉으로 보기에 이타적인 행동조차도 유전자의 생존 본능에 의해 이루어진다는 것입니다.

	그러나 이 부분에서 저는 저자와 다른 생각을 하였습니다. 모성애의 경우는 혈육을 지키기 위해 그렇다 하더라도, '헬렌 켈러처럼 자발적으로 남을 위해 목숨까지 내어놓는 사람들은 어떻게 설명할 것인가?' 하는 의문이 들었습니다. 다소 의문이 드는 부분이 있긴 하나, 이기심과 이타심의 근원적인 부분을 논리적으로 설명했다는 점에서 상당히 흥미로운 책이었습니다.

2. 본인 삶에 변화를 준 책

세계를 가슴에 품어라 주인공 반기문 저자 김의식	"대한민국이 바라는 미래의 인재는 국경을 초월한 글로벌 인재입니다" 2006년 10월, TV에서 유엔 사무총장에 선출된 사람이 한국인이라는 것을 알게 되었습니다. 한국인으로서 정말 뿌듯했고 자랑스러웠습니다. 한국인 최초 유엔사무총장이 되신 분의 발자취를 따라가 보고자 이 책을 읽게 되었습니다. 반기문 총장님이 유엔사무총장이라는 막중에 자리에 오르기까지 그 꿈을 향한 열정과 과정을 보여 주는 책이었습니다. '될성부른 나무는 떡잎부터 알아본다.'는 말처럼, 여느 또래와는 사고의 폭이 다른 듯 보였습니다. 반기문 총장님을 보면서 제 인생의 롤모델로 삼기로 마음먹었습니다. 제가 전공하고자 하는 분야는 물론 다르지만, 반기문 총장님의 '글로벌 정신, 꿈을 향한 열정, 노력'은 어느 분야를 막론하고 본받아야 한다고 생각합니다.

	농생명공학분야 또한 전 세계적으로 중요한 분야인 만큼 반기문 총장님의 넓은 사고와 안목을 본받아 글로벌 인재로 성장하겠다고 다짐하였습니다.

이 책을 선정함으로써 특정 인물을 통해 자신이 어떤 인재가 되고자 하는지를 피력하였다. 개인적으로 필자가 추천을 하자면 요즘은 '인문학'에 대한 중요성이 커지고 있으므로 딱히 롤모델로 생각하는 인물이 없다면 철학, 문학, 예술, 종교 등 인문학과 관련한 책을 읽고 이 부분을 써 보는 방법도 추천한다.

3. 자신의 강점을 부각시킬 수 있는 책

먹지 마세요 GMO 마틴 리틀, 킴벌리 윌슨 지음	토론 논술 동아리에서의 주제로 'GMO'가 선정되어 미리 많은 정보를 알아보기 위해 GMO와 관련된 책을 찾다가 이 책을 읽게 되었습니다. 저자는 'GMO는 안전테스트를 거치지 않은 채 이륙하는 비행기와 같다.'고 말하며 GMO에 대한 부정적인 견해를 펴고 있습니다. 저자는 유전자 조작 식품을 만드는 방법은 '유전자 총 쏘기'로, 이는 전혀 상관없는 동식물 유전자를 마구 섞는 것이며, GMO가 기존 제품보다 더 영양가가 높지도, 맛이 있지도 않다고 역설하며 찬성론자들의 주장을 비판합니다.

물론 과학기술이라는 것이 밝은 면이 있으면 어두운 면도 있기 마련입니다. 따라서 저자의 말처럼 GMO의 안전성 문제에 있어서는 좀 더 신중해질 필요가 있다 생각합니다. 하지만 저자와 같이 GMO를 통해 얻을 수 있는 장점들은 소홀히 하며 무조건적으로 비판하기보다는 문제점들을 개선하여 세기에 사용될 수 있는 좋은 기술로 발전시키는 방향이 더 바람직하다 생각합니다.

위를 읽어 보면, 과학기술에 대한 본인의 생각과 농생명공학도의 길을 걸어야 하는 사람으로서 GMO와 관련한 비판이 주어졌을 때 어떤 식으로 대처할 수 있는지, 즉 지원자의 적당한 수용력, 비판적 사고 능력 및 대처 능력을 간접적으로 보여 주고 있다. 아마도 이런 부분을 높게 사서, 지원자를 서류 합격시켰으리라 생각한다.

대학 자체 개별 문항 준비하기_ 장점, 단점, 강점, 약점

장단점

> − 자신의 강점과 약점은 무엇이며, 강점이 잘 드러났던 사례를 기술하세요.
>
> − 자신에게 가장 중요하다고 생각되는 개인적 자질(성격 또는 재능)을 말하고, 그것 때문에 자신이 가장 자랑스러웠던 경험에 대해 기술하시오.
>
> − 스스로 뛰어나다고 생각하는 자질 또는 성취에 대한 내용을 구체적으로 기술하시오.
>
> − 지원자의 개인적 자질 중 가장 뛰어나다고 생각하는 자질(학업 능력 제외)에 대해 설명하고, 고등학교 재학 중(검정고시 합격자는 합격일로부터 과거 3년 이내) 그 자질을 계발하기 위해 노력한 경험을 구체적으로 기술하여 주십시오.

누구나 완벽할 수는 없다. 강한 면이 있는가 하면 약한 면도 있기 마련이다. 지금 여러분이 생각하는 강한 면이 훗날에는 약점이 될 수도 있고 지금의 약한 면이 강점이 되어 여러분을 빛나게 해줄 수도 있다.

그런 의미에서 약점과 강점은 한끝 차이이고 장점과 단점도 마찬가지이다. 따라서 '그 한끝 차이를 어떻게 표현하느냐'가 대학 입시 자소서의 한 방으로 작용할 수 있다.

만약 여러분이 지원하고자 하는 대학에서 개별 문항으로 이 문항을 물어본다면 두 가지만 기억하면 된다.

첫째, 장점이나 강점을 부각하고 자세히 기술하되 자랑이 아닌 근거 있는 말로써 평가자를 설득해야 한다.

둘째, 단점이나 약점을 적더라도 그것 자체에 대해서는 간단히만 언급하며 이를 극복하기 위해 어떻게 노력했고 앞으로 단점·약점을 어떤 식으로 좋게 활용해나갈 것인지를 적는다.

이 항목에서는 이 두 가지가 핵심이 될 것이다. 이를 마음에 새기고 지금부터 조금 더 자세하게 자소서에 적는 법을 알아보자.

장점·단점·강점·약점, 그 차이를 알고 적자

장점 —— 좋은 점, 잘하는 점, 긍정적인 점

단점 —— 좋지 않거나 부족한 점

강점 —— 남과 비교하여 우월하거나 뛰어난 점

약점 —— 남과 비교하여 취약한 점

장점·강점은 사례로 부각하되,
자랑하는 느낌이 들지 않도록!

어릴 때부터 저는 '말 속에 사람을 설득하는 힘이 있는 것 같다'는 소리를 많이 들었습

자신의 장점 두괄식으로 서술

니다. 설득력이 저의 강점이라는 것을 캐치한 저는, 이를 강화하면서도 좋은 일에 쓸 수는 없을까 생각하던 중, 총학생회에서 추진하는 〈아프리카 모기장 기부금 마련 프로젝트〉가 기부금 부족으로 어려움을 겪고 있다는 소

본인의 장점·강점을 드러내기 위해 〈아프리카 모기장 기부금 마련 프로젝트〉라는 구체적 사례를 가져옴

식을 들었습니다. 이에 저는 아프리카 모기장 기부금 마련 PPT를 제작하여 시각적 홍보를 위한 프레젠테이션 발표를 제안·시행하였습니다. 이 발표에 감명을 받은 친구들 및 선생님들께서 추가적으로 기부를 하셨고, 꽤 많은 기부금을 모을 수 있었습니다. 그러나 문제는 이게 끝이 아니었습니다. …(중략)… 이

〈아프리카 모기장 기부금 마련 프로젝트〉에서 좋은 결과를 이끌어 낸 사례를 통해 단순한 자랑이 아닌, 근거 있는 장점·강점을 자연스럽게 언급

에 저는 설득력도 중요하지만 일방적 전달에 의한 설득보다는 소통을 통한 설득력이 더 중요함을 깨달았고, 저의 설득하는 힘을 더욱 업그레이드시킬 수 있었습니다.

하지만 문제는 또다시 찾아왔고, 이를 통해 본인이 가진 장·강점을 더욱 강화시킬 수 있었다는 것을 통해 **배움의 자세를 보여 주**며, 너무 자랑하는 느낌이 들지 않도록 함

단점 · 약점은 극복 가능하되,

고치기 힘든 치명적 단점은 쓰지 않도록!

고등학교 1학년 때까지, 저는 자신감이 다소 부족한 경향이 있었습니다. 어떤 상황에서 먼저 앞서서 나서기를 두려워했던 것입니다. 하

> 자신의 단점 · 약점 두괄식 서술

지만 고등학교 2학년, 이러한 제 모습이 180도 바뀌는 터닝 포인트가 있었습니다. 그것은 바로 ○○이었습니다. 이 과정에서 저는 조금씩 '나도 할 수 있다'라는 자신감을 얻기 시작하였습니다. 자신감이 있어야만 나 스스로에게도 기회가 찾아온다는 것을 가슴 깊이 느끼게 된 저는, 그때부터 자신감을 키우기 위한 다양한 시도를 하였습니다. 아이컨택 대신에 인중 사이를 보는 스킬, 손이 떨리면 두 손을 모아 산 모양을 만드는 전략 등을 실전에 적

> 자신의 단점 · 약점을 극복하는 자세한 과정 서술

용해 보았습니다. 그 과정에서 서서히 저는 앞에 나서서 의견을 얘기하는 용기와 도전의식이 상당히 강해졌고, 이 덕분에 고3 때는 자발적으로 실장 선거에 나가여 당당히 선출되기도 하였습니다.

> '자신의 단점 · 약점을 극복하는 과정을 통해 얻은 긍정적 결과'와 '단점 · 약점을 극복하는 과정에서 오히려 이것이 장점 · 강점으로 변환되는 모습을 어필함

'자신감 부족'은 학생들이 자소서에 많이 쓰는 단점·약점 중 하나이다. 이처럼, 극복이 가능한 단점이나 약점을 써야 한다. 만약 어떤 것을 써야 할지 모르겠다면 극복 가능한 단점, 약점의 예시를 살펴보고 본인은 어디에 해당되는지 생각해 보자.

ex1) 마음먹은 것은 끝을 봐야 직성이 풀리는 성격

ex2) 우유부단하고 남의 말을 너무 잘 믿는 성격

ex3) 다혈질, 감정적인 성격

ex4) 낯을 많이 가리고 소극적인 성격

ex5) 하고 싶은 것을 못하면 다른 일을 못하는 성격

ex6) 남의 말보다는 나의 말을 먼저 하는 성격

사실, 장점·강점과 단점·약점은 종이 한 장 차이이다. '코에 걸면 코걸이, 귀에 걸면 귀걸이'리는 말이 있듯이 어떤 방향으로 바라보느냐에 따라 좋은 점이 될 수도, 안 좋은 점이 될 수도 있다. 그렇지만 오히려 그런 점 때문에 필자는 자소서에 이를 적용하는 것이 편하다고 생각한다.

자소서 공통 문항 쓰는 방법 알아보기
:: 취준생 편 ::

취준생 자소서는 입시생처럼 공통 항목이 정형화되어 있지는 않다. 이 때문에 더욱 어렵게 느껴질 수 있지만 '질문의 의도'만 잘 파악하면 금방 쓸 수 있다.

앞에서 이야기했던 [라이팅스토밍 구조화]를 활용해서 쓰도록 한다. 다만, 입시생과는 달리 취준생은 가급적 지원하려는 기업 별로 이 라이팅스토밍 구조화를 하고 이에 기반 하여 쓰는 것이 좋다. 지원하고자 하는 기업의 특징이 뚜렷한 경우에는 더더욱 그러하다.

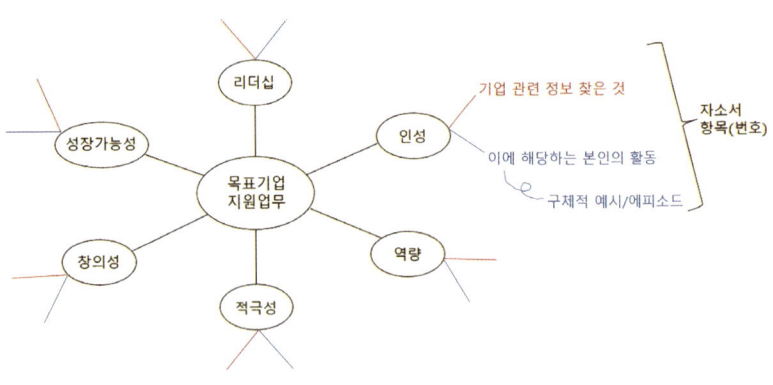

[라이팅스토밍 구조화]

라이팅스토밍의 예시를 직접적으로 보여 주고 그 이해를 현실 적으로 돕고자, 필자의 스펙을 담아 직접 라이팅스토밍을 해 보았다. 필자의 전공을 고려하여, [교원그룹]에 지원하는 자소서를 쓰는 절차를 차근차근 설명하려 한다.

기업은 각자 다를 수 있으니 〈교원그룹 자소서 항목〉 예시에서 아래의 체크리스트를 중심으로 확인하고 여러분의 자소서를 쓸 때에 적용하길 바란다.

취준생 자소서 체크리스트

∨ 회사에 대해서 철저하게 조사하였는가?

∨ 자소서에 전반적으로 6요소(리더십, 성장 가능성, 인성, 창의성, 적극성, 역량)가 잘 녹아 있는가?

∨ 자소서의 각 항목이 요구하는 바를 제대로 분석했는가?

∨ 평가자가 원하는 내용을 담아 기술했는가?

∨ 평가자가 읽기 쉬운 자소서를 썼는가?

∨ 라이팅스토밍한 것을 자소서에 잘 녹여냈는가?

아래는 교원그룹 자소서 항목이다. 여러분이 지원하려는 회사와 자소서 항목은 다를 수 있지만 각 항목을 어떻게 분석하고 이를 토대로 자소서를 어떻게 써 내려갈 수 있는지를 필자의 교원그룹 지원 자소서 예시를 통해 이해해 보자.

〈교원그룹 자소서 항목〉

> 1. 회사를 선택하는 기준과 교원그룹이 어떻게 그 기준에 부
> 합하는지, 입사 후 교원그룹을 어떤 회사로 만들어 가고 싶은
> 지를 작성하여 주십시오. (600자)

> 2. 해당 직무를 선택하게 된 계기와 그에 필요한 역량을 키우
> 기 위해 어떤 노력을 하였는지 구체적인 경험을 작성하여 주
> 십시오. (600자)

> 3. 교원그룹의 5가지 핵심 가치와 관련된 경험을 2가지 이
> 상의 핵심 가치를 선택하여 구체적으로 작성하여 주십시오.
> (1200자)

> 4. [근무경력기술서] 근무 회사별로 구체적인 경력 사항을 기
> 술하여 주십시오. (6000자)

4번 항목은 '근무경력기술서'이므로 제외하고 나머지 1~3번
항목 위주로 분석하기로 한다.

일단, 필자는 자소서를 쓰기 전 6요소를 기반으로 한 라이팅
스토밍 과정을 반드시 거친다. 그 예시는 다음과 같다.

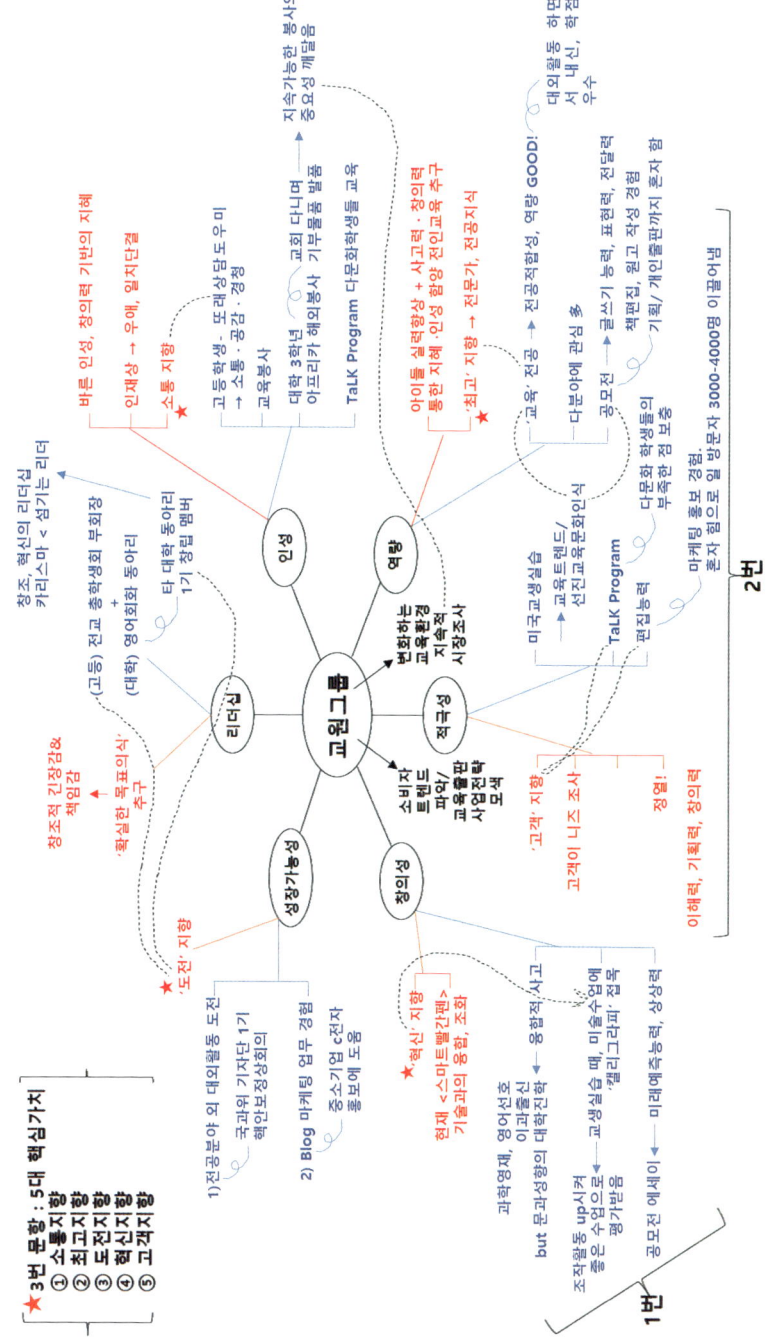

다음으로, 자소서에서 중시되는 ❶~❽평가 요소를 체크하며 자소서 예시를 읽어보도록 하자.

1. 회사를 선택하는 기준과 교원그룹이 어떻게 그 기준에 부합하는지, 입사 후 교원그룹을 어떤 회사로 만들어 가고 싶은지를 작성하여 주십시오. (600자)

"저의 강점과 교원그룹의 공통점 3가지. 그 교집합이 불꽃의 시작"

혁신 · 융합적 사고, 미래 안목, 도전. 세 가지는 저의 강점이자 회사 선택 기준입니다. 이과를 졸업하고 교대 영어교육과에 진학하며 이공계와 인문계를 '융합하는 사고'를, 10년 후 미래를 예측하고 방안을 제시하는 공모전에 수상하면서는 '미래 안목'을, 전공 외 blog 마케팅 · 홍보를 직접 기획 · 실행하는 과정에서 '도전 정신'을 지니게 된 제게, 교원은 저의 잠재력을 발휘하게 해 줄 것이란 확신을 주었습니다. 인성을 중시하면서도 사회 흐름에 맞는 혁신을 시도하고 파트너에의 지원을 통해 미래 인재들을 길러 내는 교육 브랜드이기 때문입니다.

"4차 산업 혁명 시대의 AI(Arumdaun Ideul: 아름다운 아이들)를 길러 내는 기업으로"

미래에세이 수상작에서 언급된 바와 같이, 10년 후 미래에는 인성 부재, 인재 부족이 교육의 핵심 키워드가 될 것이며, 인문학 교육

과 창의성 교육이 중요해질 것입니다. 이에 저는 교생실습 때 창
의적이라는 평가를 받은 캘리그라피 수업과 중소기업 마케팅 혁신
을 도왔던 경험을 통해 기른 혁신·융합적 사고를 활용하여 아름
다운 아이들을 길러 내는, 미래 지향적 교육 브랜드의 교원을 만
들어 가겠습니다.

Ⅴ 자소서
항목 분석

❶ 회사를 선택하는 기준과 교원그룹이 어떻게 그 기준에 부합
하는지, ❷ 입사 후 교원그룹을 어떤 회사로 만들어 가고 싶은
지를 작성하여 주십시오.

일단 자소서 항목을 '제대로' 분석해야한다. 그래야 평가자들
의 구미를 당기는 합격 자소서를 쓸 수 있다. 1번 자소서 항목을
분석한 결과, 요구하는 것이 ❶, ❷ 두 가지이므로 두 단락으로
나누어 평가자들이 파악하기 쉽게끔 기술하였다.

❶ 지원 동기 (많은 회사 중 이곳을 택한 이유가 무엇인가)
• 지원 동기는 유의미하게, 자신의 행보와 연결시켜라
'왜 이 회사를 선택했는가?'는 취준생들이 자소서에서뿐만 아
니라 면접에서도 많이 듣게 될 질문이다. 이는 곧 '회사에 지원
하게 된 동기'를 묻는 것이다. 평가자의 입장에서 이를 궁금해하
는 것은 당연할 것이다.
일단, 지원 동기는 본인의 행보를 따라서 적음으로써 유의미성

을 가질 수 있어야 한다. 쉽게 말해, 지금까지 여러분이 해왔던 활동들의 연장선상에 회사가 있는 느낌을 줄 수 있어야 한다. 이를 도식화하면 아래와 같다.

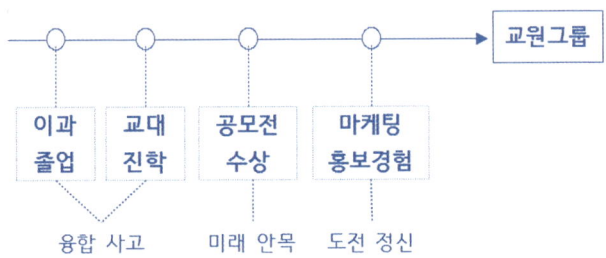

지원 동기를 적으면서도 물론 6요소가 자연스럽게 들어가 있어야 한다. 필자의 경우에는 융합적인 사고를 언급함으로써 '창의성'을, 공모전 수상경력으로 기른 미래 안목과 마케팅 홍보경험으로 체득한 도전 정신을 통해서는 '성장가능성'을 어필하였다.

• 두괄식과 키워드를 활용하여 평가자들의 시선을 끌어라

또 하나의 팁이 있다면, 회사를 지원하게 된 동기 혹은 회사 선택 기준 등을 '두괄식'으로 적어 주는 것이다. 일반적으로 사람들은 지원하게 된 동기와 관련된 이야기를 먼저 언급하고 마지막에 '이러이러한 이유로~ 본 회사에 지원하게 되었습니다.'라 서술하는 경향이 있다.

그러나 이보다는 '지원 이유 · 동기', '회사 선택 기준' 등이 무엇인지를 먼저 언급한 후 그에 대한 추가 설명을 덧붙이는 것이

평가자들의 시선을 더욱 끌어당길 수 있다. 회사 지원 이유·동기나 회사 선택 기준을 이야기할 때, 270쪽의 '키워드'를 이용하면 좋다. '혁신·융합적 사고, 미래 안목, 도전. 세 가지는 저의 강점이자 회사 선택 기준입니다.'의 예시에서처럼 키워드로 콕콕 집어 주면 평가자들의 눈에 더 잘 들어오는 자소서가 된다.

각 회사에서 중시하는 요소를 라이팅스토밍 과정에서 잘 정리해 두자. 평가자들의 시선을 끌 키워드가 무엇인지 파악하는 것은 그리 어렵지 않을 것이다.

참고로, 필자의 예시에서 필자는 교원그룹의 '5대 가치(라이팅스토밍 왼쪽 상단 위)'를 활용하여 '도전', '융합'의 키워드를 추출했고 '미래 안목'은 필자만의 강점이라 키워드로 넣었다.

❷ 잠재적 기여도 (잠재적으로 회사에 기여할 인재인가)

기업은 기본적으로 '이윤 추구'가 목적이다. 이를 통해 우리가 미리 추측할 수 있는 것이 있다. 바로, 인재를 뽑을 때 '회사에의 잠재 기여도'가 매우 중요할 것이라는 점이다.

따라서 기업체에 자소서를 써내야 하는 취준생들은 '본 회사에 기여할 수 있는 잠재적 인재입니다'를 꼭 어필하자. 이를 간접적으로 돌려 말하든 직접적으로 말하든 그 정도는 본인의 선택이다.

위 예시의 교원그룹 자소서의 '입사 후 교원그룹을 어떤 회사로 만들어 가고 싶은지' 항목을 보자. 이 항목은 결국, 여러분들

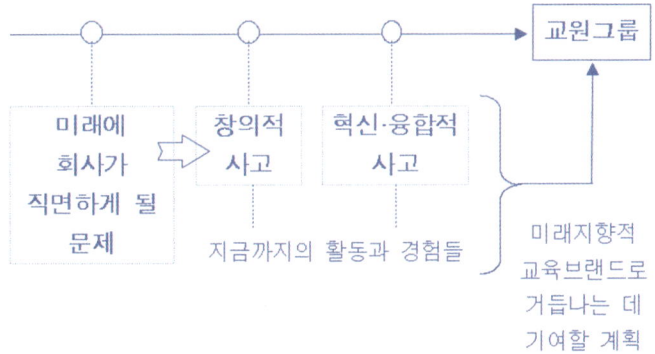

이 기업에 어떤 도움을 줄 수 있는가를 간접적으로 묻는 것이라 생각하면 될 것이다.

위에서 도식화 해둔 것처럼, 잠재적 기여도를 질문할 때에는 앞서 언급한 '본인의 자질들'과 '기업이 추구하는 성장 방향'을 잘 조화시켜 기술해 주는 것이 좋다.

필자는 미래에 회사가 직면하게 될 문제로 '인성 부재', '인재 부족'이 될 것이고 이에 인문학 교육과 창의성 교육이 중요해질 것이라 예측했다. 그리고 이러한 사회적 흐름에 본 회사가 더욱 발전할 수 있도록 하는 인재가 될 것임을 강조했다.

이렇듯 '잠재적 기여도' 관련 내용을 자소서에 기술할 때에는 아래의 과정을 따라 쓰면 간단하다.

⑴ 본 회사가 영향을 받을 분야의 미래 전망 예측(타이틀 스키밍 활용 권장. 107쪽 참고)

⑵ 회사가 미리 대비해야 하거나 미래에 직면할 문제 제시

⑶ 그 문제를 해결하기 위해서 필요한 것들을 살짝 언급

⑷ 지금까지 자신이 했던 활동과 경험들과 ❸을 연관시킴

⑸ 회사에 본인이 어떤 식으로 기여할 것인지를 기술

2. 해당 직무를 선택하게 된 계기와 그에 필요한 역량을 키우기 위해 어떤 노력을 하였는지 구체적인 경험을 작성하여 주십시오. (600자)

"지속 가능한 콘텐츠 개발 플랫폼'의 필요성과 이를 위한 2가지 노력"

교육 현장에서 콘텐츠가 아이들에게 미치는 영향을 보았습니다. 그러나 업무 많은 교사가 교육 콘텐츠를 개발하기란 쉽지 않아 보였습니다. 아프리카 봉사 때, 지속 가능한 기술을 전해 주는 공대 봉사단원들의 모습을 보며 '지속 가능한 콘텐츠 개발 플랫폼'에 확신을 가지게 되었습니다. 이에 교원의 교육 콘텐츠 개발 직무를 선택하게 된 것입니다.

이 직무를 잘 수행하기 위해서는 2가지가 중요합니다. 첫째, 현 시장을 정확히 파악하는 능력입니다. 정권 따라 변하는 교육 과정, 변하는 소비자 니즈, 새로워진 교육 트렌드 파악. 이것이 가능할 때 정확한 시장조사도 가능합니다. 이에 저는 변화 속도가 빠른 blog로, 일 3,000명 이상의 방문자를 이끌어 내며 정확한 시장 조사법을 익혔습니다. 둘째, 미래 예측 능력입니다. 유엔미래보고서 등 경제·사회 분야 독서, 신문 생활화를 통해 미래 보는

눈을 기른 저는, 미래전략연구소 주최 '10년 후 문제 · 해결 방안 제시' 공모전에서 '교육'을 주제로 수상하였고 교육 미래 예측 능력을 인정받았습니다. 저의 '시장 파악력', '미래 예측력'은 발 빠르게 대처해야 하는 해당 직무에 큰 도움이 되리라 확신합니다.

V 자소서
항목 분석

❸ 해당 직무를 선택하게 된 계기와 ❹ 그에 필요한 역량을 키우기 위해 어떤 노력을 하였는지 구체적인 경험을 작성하여 주십시오.

이 문항의 경우 또한 요구하는 것이 두 가지이므로 두 단락으로 나누어도 좋다. 다만, ❸-❹가 '직무'라는 공통적 연관성이 있기 때문에 필자는 자연스럽게 연결하여 기술하였다.

❸ 직무 지원 동기 · 계기
• 직무 관련 열정과 정확한 이해를 바탕으로 작성하라
기업자소서의 대부분이 '직무'와 관련된 항목을 물어보는 경향이 있다. 그만큼 직무에 대한 열정과 이해도는 매우 중요하다. 지원하려는 직무가 어떤 기술을 요구하고 무슨 일을 주로 해나가는지 등 그에 대한 관심과 열정 및 이해도를 잘 보여 주는 게 핵심이다.
이 항목에서 필자가 강조하고 싶은 것은 '적극성', '구체성' 그리고 '경험'이다. 즉, 적극적인 자세와 구체적인 경험으로 승부하라는 의미이다.

직무 지원 동기·계기에서는 얼마나 철저하게 그 직무를 이해했느냐가 꽤나 중요하다. 이는 취준생 자소서 체크리스트 첫 번째(∨회사에 대해서 철저하게 조사하였는가?)와 관련되는 부분이기도 하다.

필자의 경우를 예로 들면, '교육 콘텐츠 개발' 부서가 일반적으로 어떤 일을 하는지, 현재 어떠한 사업을 추진 중인지, 어떤 능력을 지닌 인재를 필요로 하는지 등을 정확히 파악해야 한다. 이는 홈페이지에 가면 쉽게 찾아낼 수 있다. 'APP 및 콘텐츠 기획 능력, 문서 작성 능력, 커뮤니케이션 능력 등'이 그것이었다.

• 조금 더 적극적으로 찾아보고 자소서에 열정을 담아라

이에 그치지 않고 조금 더 적극성을 발휘하는 방법도 있다. 필자의 경우를 예시로 들어 보면, '교원 뉴스룸'이나 '포털 사이트의 뉴스' 등을 통해 현재 교원의 스마트러닝 개발 상황 및 개발된 콘텐츠들을 찾아보고 이에 대한 개선점 등을 생각해 보았다. 그 과정에서 교육 현장의 콘텐츠 개발 관련 한계점이 있음을 인식, '지속 가능한 콘텐츠 개발 플랫폼'이라는 아이디어를 제시하였다.

본인이 제시한 아이디어가 꼭 정답이 아니어도 괜찮다. 합리적인 근거만 있다면 충분하다. 이 부분에서 중요한 것은 아이디어를 내었다는 사실이며, 해당 직무 지원 계기와 잘 연관시켜 기술하는 데 초점을 두어야 한다.

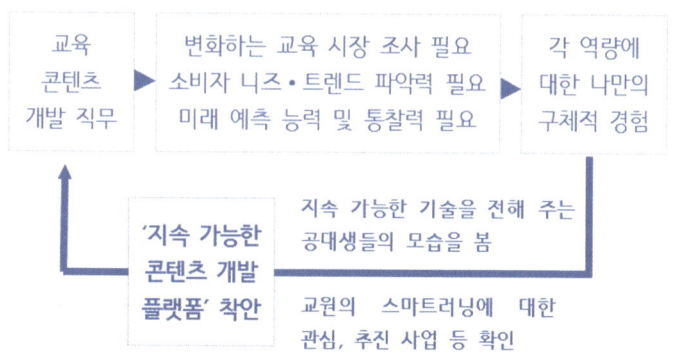

〈직무 항목 작성 전 구조화—예시〉

이처럼, 별거 아닌 것 같지만 더 적극적인 태도로 회사의 추진 사업이나 나아가고 있는 방향 등을 세심하게 찾아보는 태도는 합격을 좌우할 수 있는 중요한 애티튜드다. 이를 일반화하면 아래와 같다.

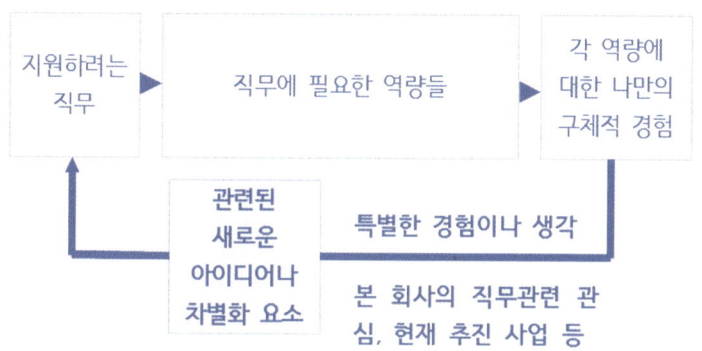

〈직무 맞춤형 자소서 구조화—일반화〉

진하게 표시된 부분의 과정을 통해 직무 지원 동기를 조금 더 특별하게 만들어 보자. 이 과정에서 나만의 에피소드를 활용한다면 '직무에 대한 지원 동기·계기'를 어필하기 수월할 것이다.

❹ 직무 관련 역량·경험

직무 지원 동기만큼이나 자주 물어보는 것이 직무 관련 역량·경험이다. 이를 묻는 문항은 다양한 방법으로 제시될 수 있다. 아래 예시들을 보자.

— 희망 직무 준비 과정과 희망 직무에 대한 본인의 강점과 약점을 기술해 주세요(실패 또는 성공 사례 중심으로 기술해 주세요).
— 여러분이 해당 직무를 수행하기 위해 그동안 어떤 노력과 도전, 그리고 경험을 해왔는지 구체적으로 설명해 주세요.
— 자신이 지원한 직무에 적합하다고 생각하는 구체적인 이유를 기술하시오.
— 해당 분야에 본인이 적합하다고 판단할 수 있는 근거를 구체적인 사례 및 경험을 바탕으로 기재해 주십시오.

다음으로는 직무 관련 역량·경험을 기술하는 방법을 자세히 알아보자.

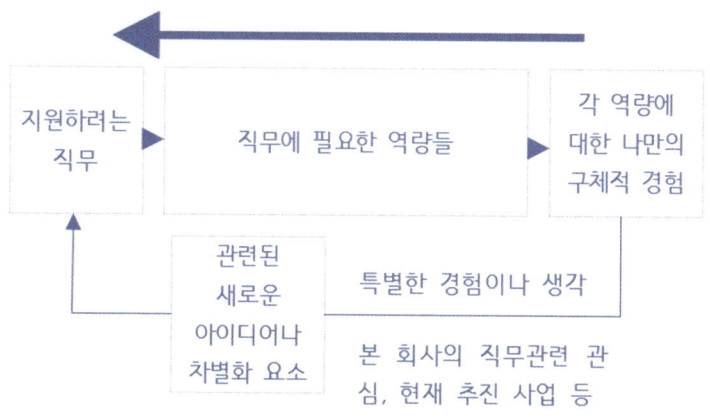

〈직무 맞춤형 자소서 구조화−일반화〉

위 구조화에 맞춰서 쓴 필자의 예시를 다시 살펴보면 우선 교육 콘텐츠 개발 직무에서 필요한 능력(역량)을 생각하였다.

다음으로, 그 역량을 키우기 위한 활동 혹은 역량을 키울 수 있었던 필자만의 경험을 구체적으로 제시하였다. 그 예로 필자는 blog라는 디지털 사회 속의 한 매체를 통해 '시장에 대한 정확한 파악력'을, 미래 예측 공모전을 통한 '미래 예측력'을 강조했다.

이 과정에서 생각난 아이디어인 '지속 가능한 콘텐츠 개발 플랫폼'을 '교육 콘텐츠 직무'와 연결시키면서 직무 선택의 이유도 자연스럽게 어필하였다.

위의 문항들에 대한 필자의 자소서 작성 노하우는 다음과 같다.

∨ 첫째, 직무에 필요한 역량을 몇 가지 생각해 둔다.

∨ 둘째, 직무에 필요한 역량과 관련 있는 자신의 경험을 선별한다(라이팅스토밍 권장).

∨ 셋째, 쓸 때에는 아래와 같은 구조를 따른다.

① 직무에 필요한 역량이 무엇인지 기술

② 자신의 어떠한 활동으로 그 역량을 길렀는지 설명

③ **해당 직무를 수행할 때 자신이 적임자임을 확신에 찬 어조로 강조**

3. 교원그룹의 5가지 핵심 가치와 관련된 경험을 2가지 이상의 핵심 가치를 선택하여 구체적으로 작성하여 주십시오. (1200자)

"교육 과정과 융합되면서도 이를 넘어서는 수업으로"

'인공지능이 대부분의 일자리를 흡수하는 사회', '심각한 저출산과 인성 부재 문제 도래' 등은 유엔미래보고서에서 언급한, 2030년 우리가 직면할 미래입니다. 약 10년 뒤인 2030년을 위해 저는 지금부터 교육에 있어서의 혁신적 시도를 하고 있습니다.

바로, 우리나라의 미래를 이끌어 갈 인재들인 학생들을 대상으로 진행하는 '프레젠테이션 수업'입니다. 빅데이터 사회 속 수동적으로 정보를 흡수하는 학생들에게 본 수업에서는 팀원들과 주제에 대한 발표 기획을 함께하도록 합니다. 이를 통해 학생들은 정보를 스스로 찾고 선택하여 받아들이는 태도를 가질 수 있게 됩니다. 특히, 이 수업의 목표는 '발표 결과'가 아닌 '발전'에 있기에 지속해 나간다면 교육 현장의 새로운 교육법으로 자리 잡을 수 있을 것입니다. 교육 과정을 넘어 새로움을 시도하는 이러한 저의 혁신적 태도는 훗날 교원에서 함께할 구성원들의 생각과 겹쳐져 교육 시장에서 교원이 성장하는 데 큰 역할을 할 것이라 확신합니다.

"소통이 묻어나는 최고를 지향합니다."
"미래의 학교는, 그 역할이 변화할 것이다." 신문을 보다가 읽었던 이 구절은 제 가슴속 깊이 박혀 있습니다. 미래의 학교, 그 역할의 변화는 '지식 전달'에서 '인성교육', '정서 공감', '소통과 상담'으로 변화할 것입니다. 특히 가정에서 채워 주지 못하는 '인성' 부분을 학교 교육이 채워 줄 수 있을 때 학교의 존재 이유가 미래에도 빛날 수 있을 것입니다.

이러한 확신 아래 저는 위에서 언급한 '프레젠테이션 수업'과 함께 '생생하게 꿈꾸기 교육'을 시도하고 있습니다. 첫째, 프레젠테이션 수업은 팀을 이루어 함께 창작물을 만들어 내고 그 내용을 스스로 발표해 보게 합니다. 이를 통해 협력, 자신감, 책임감을 키워 줄 수 있습니다. 둘째, '생생하게 꿈꾸기 교육'은 특정 직업이 아닌 '미래에 어떠한 사람이 되고 싶다'란 방식으로 꿈을 확장시켜 주는 교육입니다. 예를 들어, 음악 수업에서 〈넌 할 수 있어〉 노래를 배울 때 단순히 노래를 부르고 끝나는 것이 아니라 '나는 ○○

할 수 있어!'라 직접 말하고 써 보는 과정에서 생생한 미래를 꿈꾸

도록 합니다.

같은 교육법이지만 그 방법에 '약간의 변화'를 주는 것. 겉으론 달

라 보여도 교육의 끝이 한 방향을 향하는 것. 전문성을 넘어서 저

만의 방식으로 미래의 인재들을 키워 내며 그들과 소통하려는 노

력입니다. '단순한 최고 지향'이 아니라 '소통이 묻어나는 최고'를

지향하는 저의 마인드는 교원에서 무한한 가능성으로 펼쳐질 것입

니다.

❺ 회사의 가치와 맞는 인재상

• 회사가 추구하는 가치를 제대로 알고 적극 어필하라

회사마다 특징적인 문항을 내는 경우가 있다. 그것은 회사의

'가치'와 맞는 인재상인지를 보려 하는 경우가 많다. 위 예시에

서 교원이라는 회사는 '교원그룹의 5대 가치'를 직접적으로 제

시함으로써 지원자들이 이에 맞게 쓸 수 있는 기회를 제공한 것

이다.

반면, '도전적인 목표를 정하고 열정적으로 일을 추진했던 경

험을 구체적으로 기술해 주십시오.', '타인과 함께 협동하여 문

제를 해결한 경험과 그 과정에서 본인의 역할, 갈등, 극복을 위

한 노력 등을 기술하시오.'와 같이 직접적인 가치는 드러내지 않

았지만 '도전', '리더십', '협력' 등의 가치를 얼마나, 어떠한 방식

으로 지니고 행한 인재인지를 보려는 의도가 엿보이는 문항도

있다.

다시, 위 자소서 예시로 돌아가 보자. 필자는 지원하는 회사의 5대 가치를 라이팅스토밍 과정에서 왼쪽 상단에 기록해 두었다. 6요소를 기본으로 필자의 활동들을 연관시키고 그것이 5대 가치 중 어디에 해당되는지를 생각하며 라이팅스토밍 하였다. 5대 가치 중에서도 필자의 활동과 엮을 수 있는 것은 '도전과 혁신', '소통', '최고 지향'이었고 이를 자소서에 기술하였다.

이러한 식으로 라이팅스토밍 과정에서 회사의 핵심 가치를 적어 두고 본인의 활동과 연관시켜 두면 핵심 가치를 묻는 자소서 문항을 쓸 때 매우 유용할 것이다. 만약 핵심 가치를 묻는 문항이 없다면 다른 항목에서라도 회사의 핵심 가치를 언급해 주면 회사에의 애정과 열정을 평가자에게 전달할 수 있을 것이다.

❻ 경험에 비추어 보는 인성

그 외에도 얼핏 보기에 친근해 보이는 문항들이 있다.

－여러분의 대학 생활 중, 열정과 책임감으로 한계를 극복하여 최고의 성과를 낸 경험에 대해 구체적으로 작성해 주세요.

－본인의 성장 과정을 간략히 기술하되 현재의 자신에게 가장 큰 영향을 끼친 사건, 인물 등을 포함하여 기술하시기 바랍니다.

이와 같이 직무와 관련된 경험이 아니더라도 대학 생활 경험, 성장 과정, 삶에서 가장 기억에 남는 일 등을 쓰도록 요구하는 문항을 제시하는 이유는 무엇일까? 바로, 그 사람의 인성과 가치관, 살아온 방식, 삶에 대한 태도 등을 알고자 하기 때문이다.

이러한 항목을 쓸 때에도 단순히 대학 생활, 성장 과정, 삶에서 기억에 남는 일 등을 '나열'하면 합격하는 자소서가 되기 힘들다. 그렇다면 어떻게 써야 할까? 해답은 간단하다.

해당 항목을 통해 평가자들이 얻고자 하는 정보(인성과 가치관, 살아온 방식, 삶에 대한 태도 등)를 쓰되 결론적으로는 본 회사에 입사하여 이러한 인성, 가치관, 삶에 대한 태도 등이 긍정적인 영향을 미칠 것이라는 점을 자연스럽게 언급해 주는 것이 좋다. 언제나 자소서는 그 목적이 '설득'에 있다는 점을 잊지 말자.

4. [근무경력기술서] 근무 회사별로 구체적인 경력 사항을 기술하여 주십시오.

❼ 직무 관련 이력

4번 항목은 '근무 경력' 즉 지금까지 쌓아 온 지원자의 커리어를 확인하는 항목이다. '지원 직무와 관련된 이력을 간결하게 나열해 주시기 바랍니다.' 등 기업자소서에서는 직무와 관련된 이력 사항을 요구하는 경우가 많다.

이 문항을 쓰는 데 있어서만큼은 필자가 말해 줄 스킬이 따로 있지 않다. 자소서에 이러한 문항이 출제되었다면 본인의 경험과 활동을 구체적이면서도 명확하게, 해당 직무와 큰 관련이 있는 순서대로 깔끔하게 쓰자.

이렇게 쓰는 방법에는 여러 가지가 있는데, 일단 주구장창 나열해서 쓰는 것보다는 활동별로 제목을 쓰고 문단을 분리하는 방법을 추천한다.

❽ 비판적 사고력과 문제해결능력

글로벌 기업은 물론 국내의 여러 기업들의 자소서에서도 종종 보이는 또 하나의 문항이 있다. 바로, 비판적 사고력과 문제해결능력을 측정하기 위한 문항이다.

개인적으로 필자는 이러한 문제들이 상당히 중요한 의미를 갖는다고 생각한다. 일단, 창의성이 중요할 앞으로의 사회에서 인재가 가져야 할 소양을 평가할 수 있으며 본인만의 사고방식과 색다른 시각 그리고 같은 문제에 대한 참신한 해결책 등을 표출할 수 있는 좋은 문항이기 때문이다. 물론, 그렇기 때문에 자칫 잘못하면 오히려 식상하게 기술할 가능성이 높은 문항이기도 하다. 실제로 국내 기업 자소서에 등장했던 문항 예시들을 살펴보자.

[비판적 사고를 통한 분석 및 방안 제시 문항]

– 본인이 경험한 최고의 서비스, 최악의 서비스에 대해 기술하고, 그렇게 판단한 근거 및 사유에 대해 설명하시오.

– 본 회사에 제안하거나 추천하고 싶은 서비스를 서술해 주십시오.

- 본인이 지원하는 사업부의 시장 경쟁력을 높이기 위한 방안을 기술하여 주십시오.
- ○○은행의 아이M뱅크를 이용해 보시고, 다른 은행의 모바일 은행과 비교하여 우위에 있는 점과 개선이 필요하다고 생각하는 점을 가감 없이 서술해 주세요.

[사회 흐름 · 트렌드 이해를 통한 통찰력 제시 문항]
- 최근 사회 이슈 중 중요하다고 생각되는 한 가지를 선택하고 이에 관한 자신의 견해를 기술해 주시기 바랍니다.

[창의적 사고를 통한 문제해결력 확인 문항]
- 남들과 새로운 관점으로 변화/혁신을 추구한 경험과 그를 통해 배운 점이 무엇인지 기술하시오.
- 자신에게 주어진 일이나 과제를 수행하는 데 있어 고정관념을 깨고 창의적으로 문제를 해결했던 사례에 대해 구체적으로 기술하시오.
- 기존의 업무나 과정이 비효율적이라 판단하여 자신만의 체계나 기준을 세워 문제를 해결한 경험에 대해 서술하시오.

[성공/실패사례 통한 도전정신 · 극복능력 제시 문항]
- 전공 분야 외 자신이 열정(혹은 도전정신)을 갖고 임했던 것에 대하여 자유롭게 기술하여 주십시오.

- 가장 성공했던 경험과 실패했던 경험을 기술하시오.

• 라이팅스토밍을 적극 활용하라

이러한 문항에 대해서 쓸 때에도 필자는 앞서 언급했던 146쪽의 '라이팅스토밍' 방법을 적극 추천한다. 그 이유는 '문제 인식-해결책 제시'의 구조가 겉으로는 간단해 보이지만 그 이면에 있는 수많은 것들을 고려하는 과정이 필요하기 때문이다.

필자가 수상했던 공모전 또한 위의 과정이 있었기에 가능했다고 해도 과언이 아니다. 공모전 주제는 '10년 후 우리 사회의 가장 큰 문제는 무엇이 될 것이며 그에 대한 해결책은 무엇인가'였다. 이에 대하여 필자는 '인성의 부재'가 사회의 가장 큰 문제가 될 것이라 추측했다. 그에 대한 근거로 '가정의 변화'부터 '사회적 문제' 그리고 '국가 차원의 문제'까지 모든 요소들을 고려해 기술하였고 수상의 영예를 거머쥘 수 있었다.

자소서에서도 마찬가지이다. 자소서에 '비판적 사고력'과 '문제해결능력'을 요구하는 항목이 제시된다면 라이팅스토밍을 하며 사고를 넓게 펴 놓은 후 하나씩 주워 담으며 글을 써 내려가자. 그 구체적인 방법을 아래에서 제시하고 있다.

첫째, 자소서에서 주어진 문제를 중심으로 라이팅스토밍을 한다.

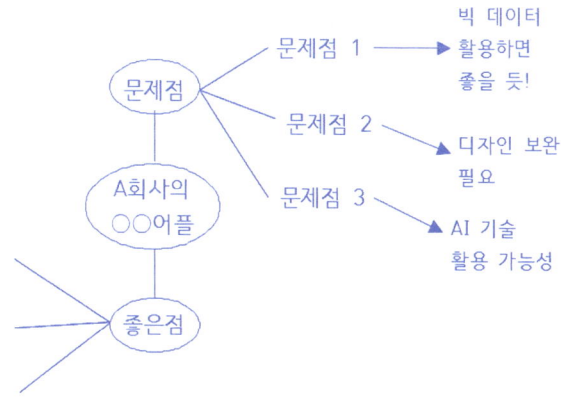

둘째, 문제점이나 방안 등에 대해서 현대 사회의 이슈 및 미래 사회에 중요해질 키워드와 연관시켜 참신한 아이디어로 만들어 내며 라이팅스토밍을 확장시켜 나간다.

셋째, 라이팅스토밍 한 것을 기반으로 자소서를 써 내려간다. 단, 이 문항은 가급적 두괄식으로 결론을 먼저 쓰고 이에 대한 근거를 대는 방식으로 쓰면 좋다.

위에서 분석한 취업자소서 문항 외에도 각 기업별로 정말 다양한 문항이 많다. 같은 것을 물어보고 있음에도 전혀 다르게 느껴질 만큼 문항 자체를 다르게 기술한 경우도 있으며 두 가지를 동시에 섞어서 묻는 문항도 많이 출제되고 있는 추세다.

정형화되어 있지 않은 취업 자소서의 모든 문항에 대해 매뉴얼을 제공하기는 힘들지만 취준생들이 자소서를 쓸 때 꼭 알았으면 하는 것을 언급하며 '자소서 공통 문항 쓰는 방법 알아보기 취준생 편'을 마무리하려 한다. 이것만 잘 적용하여 자소서를 쓴다면 합격자소서에 성큼 다가갈 수 있을 것이다.

∨ 문항의 출제 의도 명확히 파악하기
– 출제 의도를 명확하게 파악하는 방법을 알자

여러분들이 수능을 보던 고등학교 시절에도 '출제 의도를 파악하라'는 말을 들은 적이 꽤 있을 것이다. 출제 의도를 파악하는 것은 수능보다도 자소서에서 그 효과가 크다. 수능은 지식적인 측면을 측정하지만 자소서는 외적인 부분(스펙, 활동, 경험)을 통해 내적인 부분을 확인하고자 하기 때문이다. 따라서 '이 문항을 통해 평가자들이 알고 싶은 것은 무엇일까?'를 스스로에게 끊임없이 질문해 보아야 한다.

그러나 아무리 보아도 출제 의도를 잘 모르겠다면 다음의 방법을 추천한다. 일단 자소서의 문항 4개가 주어졌다고 가정하자. 분명히 그 4개의 문항 안에 기업이 얻고 싶은 요소들을 군데군데 던져 놓았을 것이다. 따라서 위에서 필자가 어느 정도 분류해 둔 ❶~❽평가 요소가 어디에 해당되는지 문항별로 분류해 보자. 그러면 각 항목에 어떤 것을 써야 할지 감이 올 것이다.

∨ 문항을 쓰기 전에 라이팅스토밍 꼭 해 보기
– 라이팅스토밍은 뇌를 정리하는 과정이다

이전에도 언급했듯 라이팅스토밍은 브레인스토밍+라이팅을 합친 용어이다. 따라서 뇌를 풀어내어 정리한다는 느낌으로 이를 해 보길 바란다. 이 과정에서 지원하는 기업에 대한 정보도 뇌로 쉽게 입력되어 면접에서도 도움이 될 수 있다. 그뿐만 아니라 라이팅스토밍 과정을 거치면 자신과 기업을 연결시키는 과정이 뇌 속에서 자연스럽게 이루어져 자소서 쓰기가 보다 수월해질 수 있다.

∨ 제목, 융통성 있는 두괄식, 키워드, 평가자 배려, 참신함
– 제목은 내용을 다 쓰고 나서 핵심을 적는다

제목을 쓰고 그에 맞게 내용을 적을 수도, 내용을 다 쓰고 제목을 적을 수도 있다. 그중 하나를 선택하라면 필자는 후자를 추천한다. 처음부터 제목을 정하기란 쉽지 않고 제목에 얽매이면 내용이 다채로워지기 힘들며 잘못 정한 제목은 출제 의도를 흐리기 때문이다.

– 제목과 두괄식 중 하나를 선택하여 평가자를 배려한다

앞 파트에서도 언급했지만 제목을 적든지 핵심을 문단의 첫 줄에 적든지 그것은 여러분의 선택이다. 다만 중요한 것은 제목으로든 문장 첫 줄로든 출제 의도에 대한 답을 최소 한 군데는 적어 주어야 한다는 것이다. 수많은 자소서를 보아야 하는 평가자를 위한 배려이자 핵심 전달로 평가자의 눈을 끌기 위함이다.

– 키워드를 '제대로' 골라 자소서에 녹여낸다

푸른 벌판. 초록 풀 사이에 한 송이씩 꽃 뭉치가 피어 있다면 얼마나 예쁘고 화사할까? 자소서에서도 마찬가지이다. 비슷비슷한 내용 사이에 '회사가 원하는 키워드'가 있다면 다른 자소서들보다 눈에 쏙쏙 들어오는 효과를 누릴 수 있을 것이다. 다만 그 키워드를 제대로 골라야 한다. 푸른 벌판에 초록색 꽃을 심으면 큰 의미가 없듯이 제대로 고르는 키워드가 의미가 크다는 점을 유의하자.

– 참신한 표현으로 킥을 날리는 것은 덤

제목에서든 문장의 첫줄에서든 '킥'을 날리자. 쉽게 말하여 '나만의 한 방'이라는 의미이다(킥에 대해 더 자세히 알아보고 싶다면 282쪽을 참조하자). 특히 마지막 부분에 킥을 날려 평가자들의 기억 속에 남는 자소서를 만들자.

03

합격에 다가가는
자소서 기본 기법

이번 챕터에서는 자소서를 쓸 때 알아 두면 유용한 기법에 대해서 다룰 것이다. 10년 정도 자소서를 써 오며, 좋은 결과를 내었던 자소서에는 바로 이런 기법들이 있었다는 공통점이 발견되었다. 100% 합격 자소서를 써 내려가는 데 있어, 앞서 알려 주었던 6요소가 '내용적' 측면이라면 지금부터 소개하는 기법들은 '기술적' 측면이라고 생각하면 된다.

〈엮어 가기〉·〈쪼개기〉 이 두 기법은 자소서의 내용적 측면은 탄탄한데 글쓰기를 시작하기가 막막한 경우에 요긴하게 사용될 것이며, 〈쪼개기〉·〈시선 돌리기〉 기법의 조합은 6요소를 각각 다른 활동으로 채우기 부족할 경우 사용하면 유용할 것이라 생각된다.

엮어 가기

'엮어 가기' 기법은 자소서 스킬 중 기본 중의 기본으로, 자신의 성격 · 활동 · 경험 등을 대학 · 기업이 추구하는 것과 '잘 어우러지게' 만들어 가는 기법이다. 엮어 가기 기법을 잘 활용하면 정말 소소한 활동도 본인만의 의미 있는 활동으로 만들어 낼 수 있다. 아주 기본적인 법칙이지만 첨삭을 하다 보면 '엮는 법'을 잘 모르는 입시생 · 취준생들이 많았기에 그 방법을 구체적으로 소개한다.

예시 1) 마라톤 대회

필자에게 첨삭 상담을 부탁한 이들 중, '교외 활동으로는 핑크리본사랑 마라톤 대회 같은 것만 했는데……. 이건 자소서에 필요 없겠죠?'라고 묻는 이가 있었다. 대답은 NO!

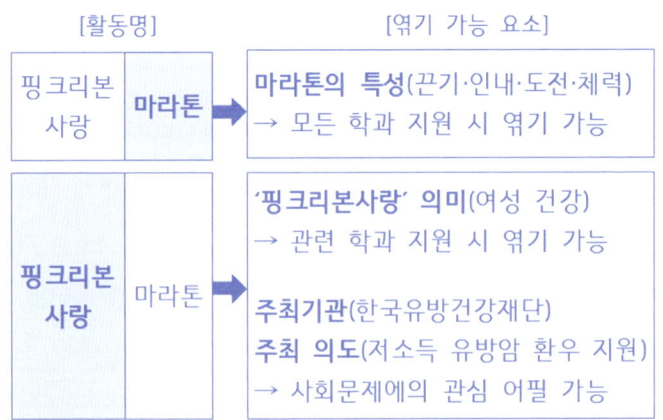

예시 2) 악기 연주 활동

그 외에 이런 질문도 있었다. '어릴 때부터 바이올린 연주를 해왔어요. 대회 몇 개 나가서 수상했지만 작은 대회라……. 그리고 제가 지원하는 과랑은 전혀 상관없으니 필요 없겠죠?' 이 대답 역시 NO!

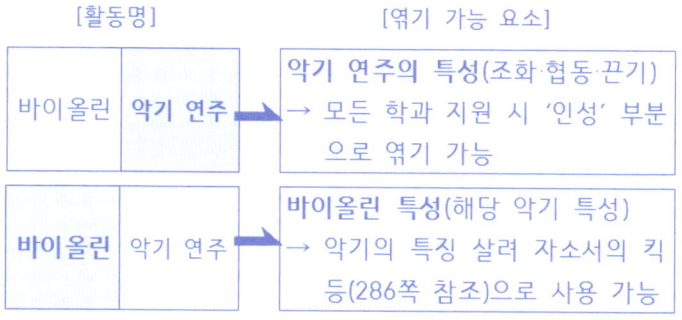

[활동명]　　　　　　　　　　　　　[엮기 가능 요소]

바이올린	악기 연주	→	악기 연주의 특성(조화·협동·끈기) → 모든 학과 지원 시 '인성' 부분 으로 엮기 가능
바이올린	악기 연주	→	바이올린 특성(해당 악기 특성) → 악기의 특징 살려 자소서의 킥 등(286쪽 참조)으로 사용 가능

쪼개기

'쪼개기' 기법은 유용성 측면에서 활용도가 큰 기법이다. 소위 말하는 스펙(스토리)이나 활동이 부족해서 자소서에 쓸 내용이 적은 사람이 사용하면 좋은 전략이 될 수 있다. 하나의 나무를 반으로 잘라, 하나는 장작으로 쓰고 다른 하나는 목침(나무 베개)으로 쓰는 것과 비슷한 이치다. '나무'라는 것은 동일하지만 쓰임새를 다르게 함으로써 완전히 다른 제품으로 느껴지게 만드는 원리라 생각하면 쉽다.

'쪼개기' 기법을 자소서에 적용하면, 하나의 활동을 6요소 중 2개 정도의 요소에 써먹을 수 있다. 쉬운 예로, 시사 동아리 활동을 한다고 하였을 때를 생각해 보자. 시사동아리는 '시사'와 '동아리'의 결합이다. 따라서 어떤 것을 강조하느냐에 따라 다른 내용으로 사용할 수 있는데, 이것이 바로 '쪼개기'다.

일단, '시사' 동아리라는 점을 이용해서 '성장 가능성'의 요소에 써먹을 수 있다. 시사 동아리인 만큼 사회문제에 관심이 많고 이에 대해 토론하는 에피소드를 이용하여 관련 학과 및 기업에서의 미래 성장 가능성을 어필할 수 있다. 한편, 시사 '동아리'라는 점을 이용해서는 '리더십'에 써먹을 수도 있다. 동아리는 관심사는 같지만 성격과 성향이 매우 다른 사람들이 모인다. 그 사이에서 어떠한 역할을 했느냐에 따라, 조금 독특한 에피소드를 사용해 '섬기는 리더십' 혹은 '이끄는 리더십' 중 하나를 선택해 어필할 수 있기 때문이다. 정리하면 아래와 같다.

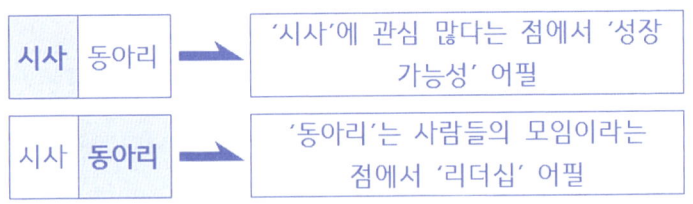

[쪼개기 기법 활용하기 예시]

시선 돌리기

시선 돌리기 기법은 쪼개기 기법과 종종 같이 사용되지만 그 역할이 조금 다르다. 쪼개기 기법은 A를 A', A"로 나누는 개념이지만 시선 돌리기는 동일한 A를 눈치 채지 않도록 '와 "에 시선이 가도록 하는 전략이다. 그 전략에는 보통 '포괄적으로 서술하기'와 '에피소드로 공략하기'가 있다.

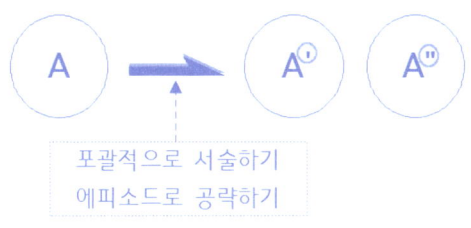

포괄적으로 서술하기
에피소드로 공략하기

〈쪼개기〉와 동일한 예로 이해를 더해 보자. 시사 동아리를 6요소 중 2가지, 즉 성장 가능성과 리더십에 사용하고자 계획했다면 일단 내용적인 부분을 일단 '쪼개기'한다(256쪽 쪼개기 기법 활용하기 예시 참조). 그리고 사회문제에 관심이 많고 이에 대해 토론하는 특성을 이용하여 관련 학과 및 기업에서의 미래 성장 가능성을 어필하고, 동아리에서는 개성이 뚜렷한 다양한 학생들이 한 팀을 이룬다는 점에서 리더십을 어필하기로 했다고 가정하자.

이렇게 '쪼개기'를 한 후에 사용해야 할 것이 '시선 돌리기'이다. 그 방법에는 '포괄적으로 서술하기'와 '에피소드 공략하기'의 두 가지가 있다.

사람들의 모임이기에 '인간관계'가 필요한 동아리 활동으로 '리더십' 요소를 어필하고자 할 때에는 전자의 기술, 즉 '포괄적으로 서술하기'를 선택하는 것이 좋다. 그 이유는 굳이 '시사' 동아리 일 필요는 없기 때문이다. 자소서에 쓸 때에는 동아리에서 본인이 리더십을 발휘했던 예시를 넣되 동아리의 종류는 굳이 밝히지 않아도 된다. 리더십 부분에서 시사 동아리에 관해 구체적으로 쓸 것이라면 말이다.

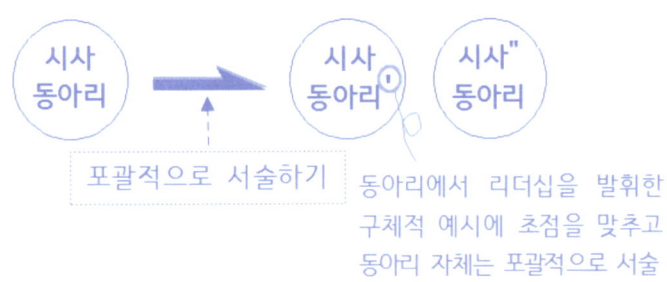

ex) 동아리장을 맡았던 저는 소통을 하는 과정에서 중재 역할을 하는 사회자 역할을 맡아 왔습니다. 어느 날…(후략)

다음으로, 성장 가능성에서는 '시사 동아리'라는 점을 부각시키는 것이 좋으므로 '에피소드 공략하기' 기술을 선택할 수 있다.

자소서를 쓸 때 성장 가능성을 어필하기 위해서는 '시사 동아리'에서 있었던 구체적인 에피소드를 공략하는 것이다. 같은 '동아리'에 관해서 쓰더라도 리더십은 '동아리' 자체에, 성장 가능성은 '시사 동아리'라는 구체적 이름을 밝혀 쓰는 것이 좋다.

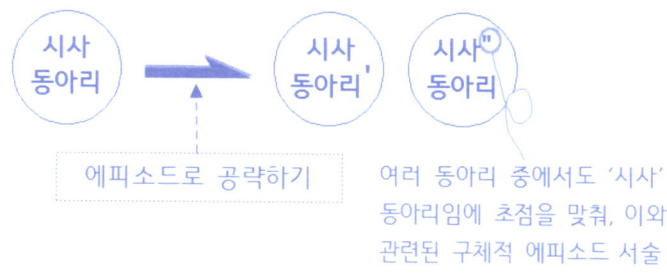

여러 동아리 중에서도 '시사' 동아리임에 초점을 맞춰, 이와 관련된 구체적 에피소드 서술

ex) '쿼렌시아'라는 시사 동아리에서 저는 TED의 다양한 토론 주제를 선별하는 역할을 하였습니다. 특히 제가… (후략)

지금까지의 자소서 기법을 정리해 보면, 다음과 같다.

〈엮어 가기〉·〈쪼개기〉 : 내용적 측면은 탄탄한데 글쓰기를 시작하기가 막막한 경우
〈쪼개기〉·〈시선 돌리기〉 : 6요소를 각각 다른 활동으로 채우기에는 활동이 부족할 경우

04

주의해야 할
교외 · 대외 활동란 사용법

'제2장'에서 교외 활동 및 대외 활동의 중요성에 대해서 언급하였다. 필자는 입시생에게 교외 활동은 필수는 아니지만 본인 스스로의 성장과 자소서를 좀 더 빛나게 해 줄 수 있는 것이라 하였다. 한편, 취준생에게 대외 활동이란 고등학생과 달리 상당히 중요한 것이라 강조하였다.

이번 챕터에서는 입시생과 취준생이 교외 · 대외 활동을 자소서에 쓸 때 주의해야 할 점을 조금 언급하고 넘어가기로 한다.

바퀴가 부드럽게 굴러갈 때의 윤활유 역할과 비슷한 교외 · 대외 활동. 하지만 잘못 이용하면 오히려 역효과를 불러일으킬 수 있다. 따라서 입시생과 취준생의 경우로 나누어 놓은 주의사항을 꼼꼼히 숙지하도록 하자.

입시생, 교외 활동은 '넌지시' 넣어라

열정적이고 특정 분야에 관심이 많은 학생들은 의도적이든 비의도적이든 교외 활동을 하게 될 것이고 의외로 많은 것을 배우게 된다. 그러나 이렇게 열심히 교외 활동을 했음에도 불구하고 자소서에서 점수로 크게 반영되지 않는다는 인식이 공공연하다. 그럼에도 많은 학생들이 교외 활동을 자소서에 넣곤 하는데, 이유는 자소서에 수상 실적 자체는 넣으면 안 된다는 공식적 발표가 있지만 교외 활동 자체에 대한 언급은 따로 없기 때문일 것이다.

교내 활동을 주로 평가하고 교외 활동은 점수에 반영된다는 말도 없기 때문에 실질적으로 교외 활동이 점수에 반영이 되지 않을 수도 있다. 하지만 필자는 이왕 교외 활동을 했다면 자소서에 써 넣기를 추천한다. 단, 조건이 있다. '넌지시' 넣어야 한다는 것이다.

넌지시 넣는다는 것. 즉, 입시생에게 교외 활동이란 핵심이 아닌, 부가적인 것이 되어야 한다는 의미다. 교내 활동을 기본으로 하는 입시 자소서 심사의 경우, 교내 활동이 주가 되고 교외 활동은 그와 연관 지어 '넌지시' 넣는 전략이 필요하다. 일부 학생들 중 교외 활동을 일부러 크게 부각시키는 경우가 있는데, 이런 경우 오히려 역효과를 내거나 역효과를 내지 않더라도 좋은 효과를 보기 힘들 수 있다(특수 전형 제외).

정리하면, 교외 활동은 넌지시 넣을수록 오히려 그 효과가 클 수 있다는 것. 이것이 필자가 합격 자소서를 만드는 또 하나의 전략이다.

교외 활동을 넌지시 넣는 방법

'넌지시' 넣으라고 했지만 실제로 그것을 적용한다는 것이 쉽지는 않을 것이다. 그래서 지금부터는 그 방법을 구체적으로 알아보도록 하자.

"쇳물처럼 끓어오르는 과학에 대한 열정"

포항에 살다 보니 포스코 · 포항공대에 자주 놀러 가면서 쇳물 만드는 과정, 방사선 가속기 등 과학을 접할 기회가 많았습니다. 과학에 대한 관심은 계속 이어져 중학교 때 단위학교 영재학급에 들어가게 되었고, 처음에는 화학과 생물 그 자체에만 관심을 가지게 되었습니다.

고등학교 때는 화학, 생물에 대해 더 배우고자 교내 과학 심화 수업에 지원 · 선발되었습니다. 물리, 화학 반에서 탄소나노튜브 등 나노기술에 대해 배우고 직접 아스피린을 만들어 보며 화학적 체험도 해 보았습니다. 생물 수업은 직접 들을 수 없었기 때문에 수업 이후 생물반 심화 수

업을 듣는 친구를 통해 실험 결과를 간접적으로 듣곤 하였습니다. <u>이것만으로 생물에 대한 호기심과 열정을 충족할 수 없었던 저는 도 과학영재에 지원하였고, 뛰어난 친구들 사이에서 토론을 하는 과정에서 과학적 창의력을 향상시킬 수 있었습니다.</u> 이에 그치지 않고 교내 활동의 심화 개념으로서, <u>각 학교 학생들이 모여 포항공대 선배들과 창의력을 키우는 합숙 위탁 교육에도 지원하였습니다.</u> 수동적으로 듣기보다 선배들에게 생명공학과 관련한 질문을 하며 학교 수업에서 조금 덜 채워졌었던 지적 호기심을 채워 나갔습니다.… (후략)

위 자소서는 실제 서울대 농생명공학과 1차 합격을 한 필자의 자소서 일부이다. 필자의 경우 특목고나 자사고가 아닌 일반고이기 때문에 주로 '교내 활동'을 썼다. 지원 분야가 농생명 분야인 만큼 '생물'과 관련된 부분에 초점을 두고 열정적으로 임했다는 것을 기술하였다.

더 자세히 살펴보면, 넌지시 본인이 '도 과학영재 수료' 과정과 '포항공대 합숙 위탁 교육'을 받은 사실을 알리고 있지만(밑줄 부분) 그것에 대해서 자세하게 쓴다거나 깊게 들어가지도 않았다. 딱 한두 줄 정도의, 대표적 언급일 뿐이다. 그러면서도 뜬금없지 않고 적절한 인과관계로 진정성을 담고자 하였다.

지적 호기심과 미충족된 요소를 채우는 과정으로서 교외 활동을 넌지시 언급하라

'넌지시' 언급하는 구체적 방법을 생각해 보자. 일단 자소서를 읽어 보면 필자가 중학교 때부터 과학에 관심이 많았음을 알 수 있을 것이다. 중학교 과정은 자소서에 플러스 점수를 주지는 않지만 중학교에서 고등학교로 이어지는 과학적 호기심에 신뢰성을 주기 위한 필자의 전략이었다.

과학 과목 중에서도 화학, 생물에 관심이 많았으나 고등학교 교내 과학 심화 수업에서 생물반에 들어갈 수 없었음을 자소서에 언급하였다. 이런 의문이 들 수도 있을 것이다. '농생명공학과를 지원하는 학생으로서 생물반 심화 수업을 듣지 못한 것이 불리하게 작용할 수도 있지 않을까?' 그러나 필자는 자소서에서 이를 오히려 역이용하였는데, 그 방법은 다음과 같다.

생물반에 들어가지 못한 것 때문에 호기심과 열정이 충족되지 않았던 것을 계기 삼아, 포항공대 위탁교육을 지원·수료했음을 넌지시 알리면서도 보편적인 학생들과 달리 선배에게 조언을 구할 만큼 과학에 열정적이었다는 본인의 특성을 전달하였다. 바로 이런 것이, '넌지시' 알리는 좋은 예라 할 수 있다.

이렇듯, 교외 활동은 딱 한 줄 정도로 간략하게 집어넣되 본인의 열정과 성장 가능성을 업그레이드하기 위한 용도로 사용하는 것이 좋다.

〈몸을 해치는 음식궁합 6가지〉

치즈 + 콩 = 칼슘 손실

시금치 + 두부 = 결석 유발

도라지 + 돼지고기 = 효능 손실

당근 + 오이 = 비타민 C 파괴

우유 + 설탕 = 비타민 B1 손실

토마토 + 설탕 = 비타민 B 손실

필자의 집 냉장고에는 엄마께서 적어 놓으신 〈음식궁합 6가지 LIST〉가 있다. 이것을 볼 때마다 필자는 '좋은 재료들이어도 어떤 조합으로 먹느냐가 참 중요하구나.' 하는 것을 새삼 깨닫곤 한다. 치즈, 콩, 시금치, 두부, 도라지 등 모두 건강에 좋은 재료들이지만 한꺼번에 먹으면 오히려 효능이 손실된다는 사실은 우리 모두에게 유용한 아이디어를 제공해 준다. 바로, 자소서에서의 대외 활동도 '조합'을 잘 맞춰야 한다는 것이 그것이다. 아무리 많은 대외 활동이 있더라도 이를 '조합(harmony)'의 과정 없이 자소서에 담으면 오히려 안 좋은 결과가 나타날 수도 있기 때문이다.

대학생이나 취준생의 경우, 가급적 다양한 대외 활동을 하는 것은 좋은 재료를 쌓아 가는 과정임에는 틀림없지만 그 재료를 올바르게 섭취하는 법과는 다르다. 따라서 이 책에서 올바르게 섭취하는 법, 즉 자소서라는 그릇에 대외 활동이라는 재료들을 조화롭게 담아내는 법을 얻어 가길 바란다.

- 대외 활동(스펙)을 유의미하게 만들기

대외 활동(스펙)이 유의미해지려면 나열만이 능사가 아니라 아래 ①~③의 [스펙의 유의미 과정]을 따라야 함을 기억하자. 자소서에서 대외 활동은 평가자들에게 유의미하게 작용할 수 있을 때 그 가치가 발휘되기 때문이다.

A 관련 흥미(동기) → A 활동 과정 → A 관련 성과 · 성취
①   ②   ③

- [대외 활동–인재의 자질]을 잘 엮어서 조합하기

무조건적으로 대외 활동을 나열하지 말고 잘 조합되도록 하여 대외 활동의 효능을 제대로 활용해야 한다. 이를 다른 말로는 '엮어 가기(254쪽 참조)'라 하는데, 이 과정을 제대로 거치느냐의 여부에 따라 자소서에서 대외 활동의 효과가 강화되는지 약화되는지가 결정된다.

〈글로벌 인재를 원하는 기업에 지원하는 경우〉

에세이공모전 ↔【글쓰기에의 재능】어필 ▶ 효능 손실

에세이공모전 ↔【미래 예측력, 통찰력】어필 ▶ 효능 강화

05

자소서에
넣어야 할 필수 키워드

수없는 고민 끝에 탄생한, 7가지 필수 키워드

지금은 핸드폰을 쓰느라 거의 집 전화를 쓰지 않지만, 예전에 집에 꼭 한 대씩은 있었던 집 전화번호. 지역번호를 제외하고 ○○○-○○○○ 이렇게 7자리인 이유가 무엇인지 혹시 아는가? 필자가 아는 바에 의하면, 사람이 짧은 시간에 암기를 할 때는 최대 7개까지만 기억을 할 수 있기 때문이다.

이처럼 사람의 기억 용량은 제한되어 있기 때문에 누군가의 기억 속에 남으려면 '집약적인 무언가'가 반드시 필요하다. 그것을 필자는 '키워드'라고 부른다. 종이 단 몇 장에 '나'라는 사람을 표현하여 평가자들의 뇌리 속에 각인시켜야 하는 분명한 목적을 가지는 자소서에는 더욱이 키워드가 큰 역할을 하지 않을까.

따라서 필자는 합격 자소서를 쓸 때, 주로 7가지의 키워드를 자소서에 녹여내는 편이다. 자소서를 읽은 평가자들이 자소서의 모든 이야기를 기억할 수는 없기 때문에, 적어도 7개의 키워드로서 그들의 기억에는 남아 있을 수 있도록 하는 전략이다. '7키워드' 전략의 시작, 그것은 카이스트(KAIST) 면접 때로 거슬러 올라간다.

　카이스트 면접 때, 한 남자 심사위원이 필자에게 물었다.

"또래상담도우미가 뭐죠?"

　순간적으로 대답을 하고 잘 마무리한 후, 면접이 끝나고 그 질문을 다시 생각해 보았다. '다른 활동들도 많았는데 왜 굳이 그것을 물어보셨을까? 오히려 과학 영재와 같은 것은 물어볼 줄 알았는데…….' 그렇게 필자의 예상은 빗나갔고 끊임없이 분석해 보았다. 많은 고민과 생각을 거듭한 후, 필자는 이런 결론을 내렸다.

　'최근에 대학에서 불미스런 일들이 발생하면서, 공부도 중요하지만 이제 인성에 대해서 더욱 중점을 두시는구나. 그중에서도 단순히 봉사 활동을 했다는 등의 형식적인 기록보다는 구체적인 활동을 통해 어떠한 인성적 요소를 가지는지 알아보시려는 것 같아.'

　이후 서울대를 비롯해 여러 대학의 면접을 보면서, 그리고 대학생이 되어 다양한 대외 활동의 서류 · 면접 과정을 경험하면서 〈합격 자소서 필수 7키워드〉에 대한 믿음이 더욱 강해졌다. 물론, 그 키워드 덕분에 자소서 프리패스가 가능했다고 100% 단언할 수는 없다. 그러나 면접에서 필자에게 들어오는 질문들을 곰곰이 되돌아보면 이것이 분명 자소서 프리패스에 도움이 되었음은 확실하다.

지금부터 필자만의 〈합격자소서 필수 키워드〉들을 소개한다. **핵심 7키워드들은 밑줄 표시**를 해두었다. 그 외의 키워드들은 필자가 추가적으로 추천하는 키워드들이다.

리더십 관련 키워드

섬김의 리더십(부드러운 리더십 · 따뜻한 리더십)

'리더십' 하면 강한 이미지를 떠올리기 마련이지만, 필자는 스스로가 강한 이미지가 아니라 여겼기 때문에 '섬김의 리더십'을 택했다. 부드러운 리더십, 따뜻한 리더십도 같은 의미의 키워드로 사용될 수 있다. 만약 본인이 강한 리더십 이미지의 소유자라면 '적극적 리더십', '카리스마적 리더십'이란 키워드를 사용하는 것도 물론 좋다.

글로벌

대학·기업에서 또 하나 중시하는 것이 바로 '글로벌' 인재다. 'Global Handong!'을 외치는 한동대의 면접 사례를 보자. 한동대 면접에서는 글로벌 인재의 자질을 상당히 많이 물어본다. 특히 필자가 경험했던 면접 질문 중 지금도 잊을 수 없는 것이 있는데, '본인이 세계의 대통령이 되었다고 생각하고 직접 연설을 해 보시오.'가 그것이다.

글로벌적 세계관을 가지고 있는지를 테스트하는 학교·기업도 많아지고 있는 만큼, 본인이 '글로벌 마인드'를 지닌 인재라는 사실을 키워드로 강조해 줄 필요가 있다.

인성 관련 키워드

공감

'공감'은 필자가 제1순위로 애용하는 키워드다. 공감의 사전적 의미는 '타인의 감정·의견·주장 등에 대하여 자기도 그렇다고 느낌 또는 그렇게 느끼는 기분'이다. 필자는 가급적 이 키워드만큼은 그 어느 자소서에서도 빼먹지 않는 편인데, 그 이유는 공감하는 자질이 현대 사회에 와서 더욱 중요해지고 있기 때문이다. 자소서는 언제나 본인과 사회의 트렌드를 잘 엮어 낼 수 있어야 한다.

소통

혼밥, 혼술……. 자연스러운 트렌드이고 앞으로도 '혼자'의 개념은 가속화되겠지만, 필자는 이것이 좋은 흐름이라 생각하지 않는다. 이러한 사회 현상만 보아도 의사소통(커뮤니케이션)이 부족한 사회가 되어 감을 예측할 수 있다.

따라서 자소서에는 본인이 '사회성이 충분한, 소통하는 인재'라는 것을 부각시키면 좋다. 소통의 범주는 직접 대면하는 소통부터 시작해서 SNS상의 소통도 포함될 수 있다.

경청

경청이란 단순히 듣는 것을 넘어서는 의미로, '상대방이 전달하고자 하는 말의 내용은 물론이며, 그 내면에 깔려 있는 동기(動機)나 정서에 귀를 기울여 듣고 이해된 바를 상대방에게 피드백(feedback)하여 주는 것'이다.

'경청'은 아래에 언급한 키워드—소통—의 방법 중 하나라고 생각해도 좋다. 경청 또한 현대인들 사이에서 참 보기 힘든 자질이기 때문에, 필자는 이 키워드 또한 절대 빼먹지 않고 사용하는 편이다(특히, 인성 항목에서 사용한다).

나눔

내가 가진 것을 남에게 나누어 준다는 것은 참 쉬운 일이 아니다. 특히 힘들고 고된 과정을 거쳐 얻은 무엇인가를 남과 나누는 것은 더더욱 어려운 일일 것이다. 그러나 잘 생각해 보면, 우리는 어릴 때부터 '나눔의 미덕'을 배워 왔다. 국민 동화인『개미와 베짱이』만 보아도 나눔을 실천하는 것을 강조하고 있음을 알 수 있다.

앞으로는 인류의 나눔의 마인드가 어떠하냐에 따라 더 살기 좋은 세상이 될 수도, 그렇지 않을 수도 있을 것이다. 인공지능 로봇 등 기술의 급격한 발전은 일자리의 감소를 불러오고 선진국과 같이 가진 자가 나누려는 마인드를 가지지 않으면 복지국가로의 도약은 상당히 어렵기 때문이다.

위는 개인적인 필자의 생각이지만, 어떠한 방식으로든 '나눔'의 미덕은 개인주의가 심해지는 사회에서 본인을 빛나게 해줄 수 있는 요소임은 분명하다. 따라서 이야기하고 싶은 자신의 나눔의 사례가 있다면 자소서에서 이 키워드를 사용해 보는 것도 좋다.

봉사 정신

봉사는 '대가가 없다'는 점에서 자발적인 의지를 필요로 한다. 부모님이 주시는 대가 없는 사랑, 이유 없는 사랑과 비슷한 맥락으로 '내가 속한 사회이기 때문에 봉사하고 기여하려는 정신'은 그 사람의 인성을 평가하는 데 있어서 상당히 중요하게 다뤄질 수 있다.

첨삭을 하다 보면 자신이 봉사를 했다는 사실 그 자체만을 기술한 자소서가 많다. 그러나 봉사 활동을 기술할 때는 구체적인 봉사 활동의 에피소드를 통해 본인의 '봉사 정신' 자체를 드러내야 한다는 것을 꼭 기억하자. 가능하다면, 봉사 정신을 또다시 구체화하여 '나보다 어려운 위치에 있는 사람에 대한 봉사 정신', '한 그룹의 구성원으로서의 봉사 정신' 등으로 표현하여 자소서에 기술해 주면 더욱 좋다.

배려

배려의 자세 또한 매우 중요한 자질이자 자소서 키워드이다. 그럼에도 불구하고 7키워드에 넣지 못한 이유는 '배려'라는 말이 자소서에서 남발되고 있기 때문이다. 이 때문에 필자는 '배려'라는 키워드 자체가 중요하다기보다는 배려의 구체적 사례를 제시하는 것이 더 낫다는 판단을 하였다. 하지만 본인의 강점이 '배려'이고 이것을 강조해야 한다면 제목에 '배려'의 키워드를 넣는 것도 좋겠다.

적극성 관련 키워드

도전

도전 정신은 대학과 기업에서 상당히 중요시하는 키워드가 아닐까 한다. 새로운 것에 뛰어듦을 두려워하지 않고 변화의 흐름에 올라타는 태도는 급변하는 과학기술사회 속에서 점점 더 중요해지고 있다. '도전'이란 키워드를 넣되 '도전 정신', '도전 욕구', '도전적 사고' 등 그 이미지를 조금 더 강하게 인식시킬 수 있는 단어와 조합해 사용하길 권장한다.

열정

열정은 한 번 정도 언급해 주면 좋은 키워드이다. 본인이 전공하고 싶은 분야나 전공한 분야, 관심 있는 분야 등의 사례를 들면서 '열정'이라는 키워드를 자연스럽게 사용하면 좋다. 단순히 '열정적인 사람'이라고 언급하기보다는 'ㅇㅇ에 대한 열정', 'ㅇㅇ를 하는 등 누구보다 열정을 가지고 임했다' 등으로 언급하는 것이 좋겠다.

창의성 관련 키워드

융합 · 통섭

필자가 애용하는 또 하나의 키워드이다. 융합 · 통섭은 완전히 똑같은 의미는 아니지만 자소서 키워드로 쓸 때는 그 미묘한 차이까지 구분할 필요는 없다. 다만, 융합 · 통섭을 '한 분야만 통달하고 끝내는 것이 아니라 다른 분야에도 관심을 가져서 a분야와 b분야를 잘 조합하여 시너지 효과를 내는 것' 정도로 이해하면 자소서를 쓰는 데 큰 무리가 없다. 융합과 통섭은 다양한 분야에 관심이 많은 입시생 · 취준생이 써먹으면 좋은 키워드이다.

　과거에 필자가 자소서를 쓸 때는 '통섭'이라는 용어를 많이 썼지만 지금부터는 '융합'이라는 키워드가 좀 더 적절할 듯하다. '통섭'이라는 용어를 생소하게 느끼는 이들이 있을 것이다. 이 키워드는 필자가 과학 영재 수업을 듣던 고등학생 때로 거슬러 올라간다. 한 교수님께서 '통섭'과 관련된 두꺼운 전문 서적을 들고서 '앞으로는 통섭의 시대가 올 것이다'라는 이야기를 한 것이 계기가 되어, 지금까지의 핵심 키워드로 사용하고 있다.

　자소서에 이 키워드를 적용할 때에는 '융합적 사고', '융합 마인드', '융합 인재' 등으로 쓰기를 추천한다.

창의 · 독창

　'창의'는 매우 중요한 키워드이다. 자소서에 무조건 한 번은 넣기를 추천한다. '창의적', '창의성' 등 다양하게 변형한 키워드를 사용할 수 있는데 이 또한 구체적 사례가 기술되어야 한다. 사례를 고를 때는 98쪽에서 언급한 바와 같이 '우리에게 필요한 창의성은 사람에게 필요하고 도움을 주는 것이어야 한다.'는 것을 기억하면 도움이 될 것이다.

　창의성을 자소서에 기술할 때 필자의 노하우가 있다면 '이러한 본인의 창의성이 앞으로 이 사회에 많은 도움을 줄 것'이라는 방향으로 적으면 합격률을 높일 수 있다.

'독창'이라는 키워드는 창의성보다는 덜 사용되곤 하지만 상황에 따라서 이 키워드가 자소서를 더 빛내어 줄 수도 있다. 예를 들어 '나만의 공부법', '나만의 특별한 아이디어' 등이 있다면 이때는 '독창'이라는 키워드가 더욱 잘 어울린다.

통찰

'직관'이 느낌적으로 사물을 꿰뚫어 보는 것이라면 '통찰'은 예리한 관찰력을 통해 꿰뚫어 보는 것이다. 직관도 중요하지만 수많은 데이터들이 떠도는 사회에서 예리한 관찰력을 통해 전반적으로 꿰뚫어볼 수 있는 통찰이 상당히 중요시 되고 있다.

같은 데이터가 주어지더라도 해석과 이것을 발전시키는 방법이 다른 이유도 통찰력의 차이에서 비롯되는 경우가 많다. 따라서 자소서를 쓸 때에도 통찰력을 발휘한 사례가 없는지 잘 생각해 보자.

혁신 · 개발

혁신적 기업가, 혁신적인 개발. '새로움'을 추구하는 미래 사회에서 혁신은 매우 중요한 자질이 될 수 있다. 하지만 7키워드로 뽑지 못한 이유는 혁신적인 무언가를 하는 경우는 드물기 때문이다. 혁신적인 아이디어를 낸다거나 혁신적 사업 아이템을 구상하여 실현해 보는 등 파격적이고 획기적인 도전과 탐구가 이에 해당한다.

그럼에도 불구하고 이와 관련한 본인의 활동이 있다면 당연히 이 키워드를 사용하길 추천한다.

비판적

창의성은 비판적인 사고·시선과도 많은 연관이 있다. 같은 것이라도 비판적으로 바라볼 때 새로운 아이디어가 샘솟을 수 있다.

필자의 경우 종종 우리나라 교육에 대하여 비판적 사고로 바라보곤 하는데 가끔은 우리나라 교육 제도를 비판적으로 바라보는 필자 자신의 사고방식에 자체에 대해서도 역으로 비판적으로 바라보기도 한다.

'비판적 사고·시선·자세'는 '새로움'을 향한 길이기 때문에 본인이 평소에 비판적인 생각을 자주 한다면 이 키워드 또한 살짝 넣어 보길 바란다.

사고방식

사고하는 방식이 어떠한가를 기술하기 위한 키워드이다. '창의성'은 '사고방식'과 매우 밀접한 연관이 있다. 이 키워드는 학생들이 잘 사용하지 않지만 평가자들은 상당히 궁금해하는 대목일 것이다.

'저는 창의적입니다.'라는 표현보다는 '저는 창의적인 사고방식을 지녔습니다.'로 표현하는 것이 자신의 특색을 더 잘 나타낼 수 있는 방법이 될 것이다. 따라서 앞서 언급한 '융합적', '창의적', '독창적', '혁신적', '비판적' 등의 수식어와 함께 사용해 보도록 하자.

차별화

필자가 일본 여행을 다녀오며 가장 크게 느낀 점이 하나가 있다. 바로, 일본 사람들은 각자의 개성이 참 뚜렷하다는 것이다. 같은 옷, 같은 헤어스타일이 잘 없다. 화장법은 비슷한 일본인들이 있긴 했지만 획일적이라는 느낌은 들지 않았다. 이에 비해 필자가 살고 있는 지역의 거리를 나서면 채 5분도 되지 않아 '올해의 유행이 이것이구나.'를 파악할 수 있다.

물론 비슷하다는 것이 나쁜 것만은 아니다. 그러나 남과는 다른 무엇인가를 가지고 있다는 것, 즉 '차별성'을 지닌다는 것은 매우 중요하다.

여러분들이 본 책을 읽고 있는 이유도 어쩌면 남들과는 차별화된 나만의 자소서를 써 보기 위함일지도 모른다는 점에서 차별화는 중요하다. 따라서 자소서를 쓸 때에도 '차별화 된 나만의 ○○' 등으로 키워드를 잡아 보는 것도 좋을 것이다.

탐구 · 지적 탐구

매우 중요한 키워드이다. 특히 본인이 이과인 입시생이거나 이과 관련 전공자의 취준생이라면 '탐구'라는 키워드를 한 번쯤 넣어 보도록 하자.

탐구란 '진리, 학문을 파고들어 깊이 연구함'이라는 의미를 지닌다. 따라서 앞에서 언급한 [입시생 학업 역량 = 전공 적합성 + 성실성] / 취준생 직무역량 = 전공 적합성 + 성실성 + 유연성 = 직무 역량]과도 관련되는 부분이다.

필자 또한 이과였고 서울대 · 카이스트 '생명공학과'를 지원하는 자소서를 쓸 때 '탐구력', '탐구정신'이라는 키워드에 초점을 맞추기도 했다. 예를 들어 생명공학 관련 스크랩과 이에 대한 필자의 생각 기록을 3년 동안 지속한 것을 토대로 '지원 분야에 대한 탐구력'을 강조했다. 이처럼 대학교나 기업의 지원 분야에 대한 관심과 열정을 표현할 때 '탐구/지적 탐구'라는 키워드를 잘 활용하자.

지적 호기심

지적 호기심은 바로 앞 키워드인 탐구/지적 탐구의 바탕이 된다. 예를 들어 특정 계기를 통해 'A'에 관심을 가지게 되었고 이것에 대해 더 공부해 보고 싶은 마음이 생긴다면 이것이 바로

'지적 호기심'이다. 이를 바탕으로 그 'A'에 대한 탐구 혹은 지적 탐구가 이뤄질 수 있다.

따라서 자소서를 쓸 때에도 '특정 계기→A분야에 대한 지적 호기심→탐구/지적 탐구'의 순으로 자소서를 쓰면서 자연스럽게 '지적 호기심'을 갖게 되었다는 방식으로 키워드를 활용할 수 있다.

그 외에도 좋은 키워드들이 많이 있지만, 그것은 본인의 선택이다. 일단 여기서 제시한 7가지 기본 키워드(볼드 처리한 단어)들과 함께 추가적으로 제시한 키워드들 중에 취사선택하여 사용하자. 그리고 더 필요한 것은 스스로 추가하길 바란다.

06

자소서에
약간의 감성을 더한다

감수성을 자극하라

기억에 남는 자소서. 누구나 쓰고 싶은 자소서일 것이다. 그럼에도 불구하고 이런 자소서를 쓰기란 그리 쉽지 않다. 쓰다 보면 너무 평범하고 상투적인 말을 쓰고 있는 자신을 발견하게 되기 때문이다. 이번 챕터에서는 기억에 남는 자소서를 쓰는 가장 쉬운 노하우를 소개하고자 한다.

자소서는 '소개하고 설득하는 글'이라는 점에서 가급적 사실은 객관적으로, 에피소드는 구체적으로 적는 것이 좋다. 하지만 자소서는 기계가 읽는 것이 아니라 사람이 읽는 것이기 때문에 감수성을 자극하는 약간의 양념을 뿌려 주는 것도 좋다. 조금 오글거릴 수도 있지만 강한 임팩트를 줄 수 있는 방법이 될 수도 있다. 아래는 감수성 자극 원리를 보기 쉽게 구조화해 놓은 것이다.

나만의 소재 ▶ 본인 소망 ▶ 지원처와 연결 ▶ 감수성 자극

[감수성 자극 원리]

감수성 자극 원리를 대입 및 취업 자소서에 적용한 예시를 살펴보자.

[자소서 ㅣ]

앞으로 환경오염이 더 심각해지면 그 환경에서 자란 먹을거리 또한 오염될 것입니다. 따라서 저는 '농생명공학 연구원'이 되어 농생명공학 기술의 안전성과 필요성을 사람들에게 알리고 교수님과 선·후배 동료들과 함께 훗날 심각한 문제로 대두될 식량난을 대비한 연구를 하고자 합니다. 이곳, '서울대 농생명과학대학'이 인류의 희망을 여는 베이스캠프가 되었으면 합니다.

나만의 소재 ▶ 본인 소망 ▶ 지원처와 연결 ▶ 감수성 자극
(환경오염사례) (식량난 연구) (서울대 농·과·대) ▶ 감수성 자극

[자소서Ⅱ]

범죄학 그리고 법학, 그 사이에서 통섭의 길을 찾는 일이 제가 그토록 찾아 헤매던 일이라는 생각이 드는 순간, 가슴이 마구 뛰었습니다. 이제 다시는 주변 사람들, 더 나아가 국민에게 언니에게 일어난 일과 같은 일이 반복되지 않도록 하고자 합니다. 숙명여자대학교의 글로벌 정신, 윤리의식 추구는 제 꿈의 첫발을 딛게 해 줄 것입니다. 또한 국민의 안전한 삶을 위해 일하고자 하는 제 꿈은 '봉사 정신을 지닌 민주시민 양성'이라는 숙명여대의 교육 목표와 함께 피어나리라 확신합니다.

> 나만의 소재 ▶ 본인 소망 ▶ 지원처와 연결 ▶ 감수성 자극
> (보이스 피싱) (국민안전수호) (숙명여자대학) ▶ 감수성 자극

[자소서Ⅲ]

이렇게 노력하는 이유, 그것은 제가 대학원에 와서 수상한 공모전의 주제와도 관련이 있습니다. '향후 10년 내에 한국 사회가 당면할 가장 중요한 이슈는 무엇이며, 어떻게 대처해야 하는가'라는 대목에 대하여 '골든타임 10년, 방치하면 인재(人材)를 잃고 인재(人災)를 낳는다.'라는 주제로 글을 쓴 저의 공모전. 이는 인재의 중요성을 강조한, 대한민국의 발전을 위한 저의 목소리였습니다. 대한민국의 인재가 되어, 그 목소리를 저와 같이 노력

하고 있는 또 다른 인재들에게 전하고 싶습니다.

나만의 소재 ▶ 본인 소망 ▶ 지원처와 연결 ▶ 감수성 자극

(공모전 주제)　(인재로 성장)　(대한민국; 정부)　▶ 감수성 자극

[자소서Ⅳ]

…(이전 생략)…

독립 출판을 통해 책을 써냈습니다. 이 책의 다음 장에, G사 해외 봉사를 다녀온 소중한 이야기가 써 내려져 가길 소망해 봅니다.

나만의 소재 ▶ 본인 소망 ▶ 지원처와 연결 ▶ 감수성 자극

(독립출판경험)　(해외봉사합격)　(G사; 주최기관)　▶ 감수성 자극

위 [자소서Ⅰ~Ⅳ]를 보면, 마지막에 감수성을 자극할 수 있는 결정적 한방, 즉 '킥'을 날리고 있다. '킥'이란 자소서 말단의 '결정적 한 방'으로 본인만이 가질 수 있는 소재를 선택하고 이를 통해 본인의 꿈을 표현한 후, 지원 대학 · 기업과 연결시키는 것이다. 그리고 그것을 감수성을 자극할 수 있는 멘트로 전이시키면 된다. 이렇게 하면, 감수성을 자극할 수 있으면서도 소망이 담긴 멘트를 쉽게 만들어 낼 수 있다.

정리하면, 기억에 남는 자소서는 본인의 꿈을 이룰 수 있는 곳이 해당 대학·기업이 되길 소망한다든지, 본인의 꿈을 그 대학·기업에서 이루어 나가겠다는 의지를 담은 멘트를 생각해 내면 되는 것이다.

감수성 자극 자소서를 위한, 나만의 킥 만들기

아래는 [자소서 I ~ IV]의 '킥'만을 골라내 분석한 것이다. 이를 보고 자신만의 '킥'을 어떻게 만들어 낼지 생각해 보자.

훗날 심각한 문제로 대두될 식량난을 대비한 연구를 하고자 합니다. 이곳, '서울대 농생명과학대학'이 인류의 희망을 여는 베이스캠프가 되었으면 합니다.

위 예시의 경우, '식량난을 대비한 연구를 해서 인류의 희망을 열고 싶다'가 본인의 꿈(목표)이고 그것을 이루기 위한 곳이 서울대가 되길 소망하는 킥이다.

이제 다시는 제 주변 사람들, 더 나아가 국민에게 언니에게 일어난 일과 같은 일이 반복되지 않도록 하고자 합니다. 숙명여자대학교의 글로벌 정신, 윤리의식 추구는 제 꿈의 첫발을 딛게 해 줄 것입니다. 또한 국민의 안전한 삶을 위해 일하고자 하는

제 꿈은 '봉사 정신을 지닌 민주시민 양성'이라는 숙명여대의 교
육 목표와 함께 피어나리라 확신합니다.

위 예시는 '언니에게 일어났던 보이스피싱'을 자신만의 소재로
하고 있다. '이런 일이 반복되지 않는 안전한 사회를 만드는 것'
이 본인의 꿈이며, 그것을 이루기 위한 곳이 숙명여대임을 말하
는 킥을 날리고 있다. 다만, 어떤 식으로 국민 안전을 지킬 수
있을지에 대해 더 구체적으로 기술하면 더욱 좋은 킥이 될 수 있
을 것이다.

"○○○"라는 주제로 글을 쓴 저의 공모전. 이는 인재의 중요성
을 강조한, 대한민국의 발전을 위한 저의 목소리였습니다. 대한
민국의 인재가 되어, 그 목소리를 저와 같이 노력하고 있는 또
다른 인재들에게 전하고 싶습니다.

위 예시의 경우에는 '공모전'이라는 자신만의 소재를 이용한
다. 특히, 자신의 의견을 내는 공모전의 특징을 잘 살려서 본 공
모전을 수상함으로써 어떤 사람이 되고 싶은지, 그 소망을 잘
담아내고 있는 킥이다.

이 책의 다음 장에, G사 해외 봉사를 다녀온 소중한 이야기가
써 내려져 가길 소망해 봅니다.

마지막 자소서의 킥을 살펴보자. 정식 출판은 아니지만 '개인 출판했던 경험'을 자신만의 소재로 활용하고 있다. 그리고 책에 각 장이 있는 것을 특징 삼아 이다음 장에는 지원하는 곳의 이야기가 쓰이길 바라는 소망, 즉 해외 봉사를 꼭 가고 싶다는 소망을 잘 담아내고 있는 킥이다.

07

자소서의
진실성을 높이는 전략

기억에 남는 자소서만큼 중요한 것은 '리얼(real)'한 자소서이다. 리얼하다는 것은 얼마나 진정성이 있고 진실되게 느껴지는지, 그리고 현실적으로 와 닿는지를 의미한다.

여러 자소서들을 첨삭하다 보면, '정말 진실되다.'란 느낌이 드는 자소서가 있는 반면, '억지로 꾸며낸 것 같다.'는 생각이 들게 만드는 자소서도 있다. 사실, 자소서라는 것은 100% 진실만을 적기가 쉽지 않다. 거짓을 적지는 않더라도 약간의 과장이 있을 수밖에 없다. 그럼에도 어떤 자소서는 진실된 느낌을 주는 반면 어떤 자소서는 그렇지 못하다.

진실성을 주는 전략적 방법

시사 · 현안 이용하기

진실성을 주는 가장 정확하고 쉬운 방법은 '정말 있는 그대로 쓰는 방법'일 것이다. 하지만 '시사 · 현안을 이용하는 방법'도 리얼한 자소서를 쓸 때 전략적으로 활용할 수 있다. 즉, 현재 이슈가 되고 있는 것 중에 본인의 관심 분야와 연관 지어 지원 대학 · 기업 자소서를 써 내려가는 것이다. 단, 이 방법을 사용할 때는 세 가지 주의사항이 있다.

첫째, 평소에 특정 이슈에 대해서 관심을 가질 것. 평소에 관심을 가지지 않는다면 자소서를 쓸 때 좋은 아이디어를 생각해 내기가 쉽지 않기 때문이다. 평소에 관심 분야에 대한 뉴스나 잡지 · 책을 챙겨 보길 바란다. 그리고 주말에 시간이 난다면 서점에 가서 신간 도서들을 살펴보며 사회 흐름을 읽어 보자. 이는 필자가 애용하는 방법으로, 강력 추천하는 방법이다.

둘째, 특정 이슈를 자소서에 활용하기로 했다면, 그것에 대한 나름의 깊이를 가질 것. 자소서를 쓸 때 신뢰성을 높이려면 해당 분야에 대한 구체적인 언급이 필요하기 때문이다. 자소서에서 특정 이슈를 사용할 때, 주로 '그 분야를 더 연구해 보겠다' 혹은 '그 분야와 관련하여 어떠한 일을 하겠다'라고 이야기하는 경우가 많다. 따라서 전문가 수준은 아니더라도 프로 아마추어 정도의 관심과 식견을 가졌다는 '느낌'을 줄 수 있을 정도로 그 부분을 알아본 후 자소서에 쓰기를 권장한다.

···(이전 생략) 그러다 생각해 낸 것이 생명공학 분야에서 나노로봇으로 인체 치료를 하는 것처럼, 먹을거리 대량 생산에 첨단 기술을 적용하고 안전성을 확보하는 것이 가능하지 않을까 하는 생각을 해 보았습니다.

이에 배경지식을 좀 더 쌓고자 고교 진학 후 3년간 매달 과학 잡지를 사서 읽었고, 신문이나 과학 잡지 스크랩을 통해 '롤로를 생산하는 한국 최초 식물공장' 등 신선한 정보를 얻을 수 있었습니다. 인터넷에서는 '한국바이오안전성정보센터'에 들어가 먹거리 문제와 관련된 농생명 관련 기사를 자주 접해 보았습니다.

고등학생인 저에게는 이러한 간접 경험도 큰 도움이 되었지만 직접 경험해 보고자 베란다에서 파와 상추를 직접 키워 보았습니다. 꽃 기르는 게 취미라 베란다에는 많은 꽃들이 있지만, 신선한 파와 상추가 그중에서도 단연 돋보이는 것 같습니다.

위는 필자의 서울대 농생명공학과 자소서의 일부다. 농생명공학과를 지원한 이유를 '앞으로의 먹거리 이슈'와 연관 지어 풀어내었는데, 단순히 '먹을거리 대량 생산에 첨단 기술을 적용하고 안전성을 확보하는 것이 가능할 것입니다.'라고 두루뭉술하게 적지 않고 당시 이슈(나노로봇 사례)를 활용하여 '그러다 생각해 낸 것이 생명공학 분야에서 나노로봇으로 인체 치료를 하는 것처럼, 먹을거리 대량 생산에 첨단 기술을 적용하고 안전성을 확보하는 것이 가능하지 않을까 하는 생각을 해 보았습니다.'라고 기술하였다. 이를 통해, 그 분야에 대한, 남들과는 차별화된 열정을 전달해 줄 수 있다. 그 외에도 '롤로를 생산하는 한국 최초 식물 공장' 등의 이슈도 살짝 넣어 줌으로써 '식량난 해결'이라는 본인의 꿈에 프로 아마추어의 태도를 보여 주려 하였다.

[시사 · 현안 이용하기 예시 ②]

…(이전 생략) 하지만 봉사단 구성원들의 협력 덕에 아프리카의 큰 문제점 중 하나인 식량 문제를 해결할 수 있는 '농업 시스템 개선 프로젝트'를 진행할 수 있게 되었습니다. 아프리카 현지에서는 극도로 건조한 날씨 때문에 많은 강수량에도 물이 식물의 뿌리까지 내려가지 못하고 증발하는 문제점이 가장 심각하다고 생각한 저는, '위킹베드 시스템'을 제안하였습니다. 이 시스템은 특정 양의 물이 식물의 뿌리가 있는 층으로 직접 내려갈 수 있도록 하는 아이디어입니다. 효율성을 높이기 위해, 저희 팀은 에티오피아를 가기 전 실험을 통해 그 효과를 확인해 보기도 했습니다. 아프리카에 가서는 에티오피아 사람들에게 이 시스템을 설명해 주고 직접 농작물에 적용하여 직접적인 도움을 주었습니다.

위의 경우, 대한민국 인재상 1차 서류 전형을 합격한 대학생의 예시인데, 이 정도의 전문성을 가지면 좋겠지만 사실 쉬운 일은 아닐 것이다. 그럼에도 불구하고 대학생이 되고 학년이 높아질수록 자소서에는 본인의 전공과 관련한 에피소드로 '전문성'과 '창의성'을 어느 정도 강조할 때 자소서의 합격률을 높일 수 있다. 따라서 가급적 전공과 관련하여 전문적인 모습을 보여 주는 사례는 만들어 두도록 하자. 이를 자소서에 쓸 때 구체적 '시사·이슈'를 활용하기를 권장한다. 이는 문과든 이과든 상관없이 적용된다.

셋째, 정치적 성향을 띄는 시사·이슈는 조심해서 다룰 것. 그 이유에 대한 설명을 아래에서 살펴보자.

"골든타임 10년, 방치하면 인재를 잃고 인재를 낳는다"

위는 공모전 에세이에서 사용되었던 제목이다. 물론, 이것을 제목으로 한 글은 다행히도 심사위원에 의하여 선발되었고 수상을 하게 되었다. 그러나 문제는 그다음에 일어났다. 수상자들이 모인 날, 이 글을 선발한 평가자들 중 한 명으로 보이는 사람이 수상자에게 한 코멘트 때문이었다.

"앞으로 '골든타임'이라는 단어는 안 쓰는 게 좋을 것 같습니다. '골든타임'은 정치적인 색깔이 짙은 단어입니다."

그렇다. 이 사례만 보아도 정치적 성향을 띠는 자소서가 얼마나 위험한지 알 수 있다. 글을 읽는 독자는 인격을 지닌, 한 '사람'이다. 그렇기 때문에 자신만의 색깔과 경험이 있을 것이고 그것을 토대로 글을 읽게 된다. 이때 다른 것은 몰라도 정치적 성향을 띠는 시사·이슈는 어떠한 영향을 가지고 올지 알 수 없기 때문에 가급적 중립을 지키는 것이 좋다.

　특히나 자소서는 합격·불합격을 가르는 중요한 사안이기에, 평가자들 또한 한 명의 '사람'이라는 사실을 생각하고 정치적 성향을 지닌 시사·이슈는 보다 부드럽게 다루도록 하자. 물론, 쓰지 말자는 의미는 절대 아니다. 정치적 성향을 띠는 시사·이슈보다는 가급적 가치중립적 시사·이슈를 사용하도록 하고, 만약 어쩔 수 없이 전자의 이슈를 사용해야 한다면 조심스럽게 사용할 것을 권한다.

08

상투적이지만
꼭 지켜야 할 규칙

① 문단 나누기

문단 나누기는 기본 중의 기본이다. 가독성을 높이고 심사위원을 배려하는 글쓰기의 첫 단추이기 때문이다. 문단을 나눌 때 보통은 내용에 따라서 나눈다. 필자의 경우에는 내용에 따라 나누기도, 강조하고 싶은 것에 따라 나누기도 한다. 예를 들어 A와 B가 비슷한 내용일 때, 평가자들이 A보다는 B에 집중해 주길 바랄 경우에 A와 B를 각 문단으로 나누어 띄어 쓴다. 이를 통해 평가자들에게 A를 읽은 후 잠시 쉼을 주고 다음 내용을 좀 더 집중해서 읽을 수 있도록 하기 위함이다.

그 외에, '문단 나누기'와 함께 병행하는 방법이 '제목 쓰기'이다. 제목 쓰기는 자소서 쓰는 방법 중에서도 필자가 자주 강조하는 것인데, 내용별로 문단을 나누고 그에 대한 제목을 씀으로

써 수많은 자소서를 읽어야 하는 평가자들을 배려하기 위함이다. 제목을 쓰느냐 쓰지 않느냐보다 더 중요한 것은 사실 '내용'이지만, 똑같이 좋은 내용이라면 이왕이면 제목을 쓴 것을 선호하지 않을까? 제목이 있을 때, 평가자들이 글을 받아들이기가 더 쉽기 때문이다. 하지만 제목을 쓰느냐 안 쓰느냐로 합격의 여부가 뒤바뀔 정도는 아니기 때문에, 만약 더 써야 할 내용이 있다면 제목보다는 내용에 치중하길 바란다.

② 강조하기

강조하기는 큰따옴표나 작은따옴표를 이용해 문장 속에서도 중요한 키워드를 콕콕 집어 주는 방법이다. 이 방법 또한 필자가 자주 쓰는 방법인데, 자소서에서 강조하고 싶은 것이 있다면 이 '강조하기' 방법을 사용하길 바란다.

③ 문장 짧게 쓰기

글쓰기의 기본 중의 기본이다. 자소서를 보다 보면 한 문장이 너무 길어 가독성이 떨어지는 경우를 보게 된다. 이럴 경우, 결국 하고자 하는 말이 무엇인지 쉽게 이해하기 힘들어진다.

가급적 2줄 이상은 넘어가지 않도록 짧게 핵심적 내용을 담아 끊어 보자. 이런 연습이 잘되면 스피치나 자소서 외의 글쓰기에도 도움이 될 것이다.

④ 문법

어떤 언어에서나 문법은 당연한 것이면서도 중시되는 요소다. 문법이 중요한 이유는 '글의 흐름'과 직결되기 때문인데, 글을 읽을 때 얼마나 자연스럽게 읽히느냐를 좌우한다. 티가 나지 않을 만큼의 미미한 문법은 틀려도 자연스럽게 넘어갈 수 있지만 과한 문법적 오류를 포함하는 문장은 평가자들로 하여금 '뭐지……?' 하고 고개를 갸우뚱하게 만들 수 있다. 이렇게 되면 내용 자체에 집중하기가 어려워진다.

다행히, 요즘은 기술이 잘 발달되어서 잘못된 문법을 찾아내기 쉬워졌다. 기술을 잘 활용해서라도 가급적 올바른 문법을 사용하도록 하자. 잘 모르겠다면 책을 많이 읽는 친구나 지인에게 한 번만 자소서를 읽어 보고 문법적 오류나 이상한 부분을 지적해 달라고 부탁하자. 그들은 쉽게 그것을 찾아내고 정정해 줄 것이다. 필자의 경우에는 글을 잘 쓰시는 아버지의 도움을 많이 받았다.

⑤ 띄어쓰기

띄어쓰기는 합격을 좌우할 만큼 중요한 요소는 아니지만 이왕이면 다홍치마로, 띄어쓰기를 올바르게 사용하는 것이 좋다. 개인적인 띄어쓰기 팁이 있다면, '띄어야 하나 말아야 하나?' 하고 고민되는 부분에서는 띄어 쓰는 게 낫다는 것. 100%는 아니지만 급할 경우에 참고하길 바란다.

⑥ 지인에게 보여 주기 & 구체적 질문

자소서를 지인에게 보여 주는 것은 중요하다. 물론, 너무 많은 사람에게 보여 줄 필요는 없다. 누구보다 솔직하게 지적해 줄 수 있는 가까운 사람에게 한 번만 읽어 달라고 부탁하자. 그리고 '자소서 괜찮아?'와 같은 모호한 질문보다는 '이 자소서를 읽고 나니 내가 어떤 사람인 것 같아?' 혹은 '자소서 읽으면서 이해가 안 되는 부분은 없었어?' 등 구체적인 질문을 통해 구체적인 답변을 얻는 편이 좋다. 이 과정을 거치면 웬만한 첨삭 못지않은 효과를 누릴 수 있다. 지금까지 책의 내용을 따라 글을 써 왔다면 전문가의 첨삭 없이도 좋은 자소서를 써낼 수 있을 것이다.

Special Tip

지원 학교 · 기업마다
자소서 새로 써야 할까?

자소서가 필요한 수시의 경우, 보통 여러 대학을 지원하게 된다. 이럴 경우, 지원하는 곳이 모두 같은 인재상을 추구하고 비슷한 전공을 요구하면 다행이지만 그렇지 않은 경우도 꽤 많은 편이다.

예전에 필자에게 자소서 상담을 했던 한 입시생의 경우를 살펴보자. 이 학생은 성적에 맞추다 보니 A대학은 경영학과를 쓰는데 B대학은 철학과를 쓰게 되었다. 이때 자소서를 다 따로 써야 할지 아니면 하나로 통일해도 될지 고민하는 것을 볼 수 있었다. 또한 '의대'와 '교대'를 선택한 필자의 경우처럼, 완전히 다른 특성의 학교의 자소서를 써야 하는 상황일 수도 있다.

한편, 취준생의 경우도 다르지 않다. 취업 자소서를 쓸 때, 본인 전공과 비슷한 회사를 쓸 수도 있지만 전공과는 조금 관련이 없는 곳의 자소서를 쓰게 될 수도 있을 것이다.

이렇듯, 지원하고자 하는 학교·기업이 다를 때 우리는 어떻게 해야 할까? 일단, 이 부분은 해당되는 사람만 보아도 될 것 같다. 특성이 같은 학교·기업을 지원하는 경우라면 이 부분은 패스하고 특성이 다른 학교·기업을 지원하는 경우에 해당된다면 읽어 보도록 하자.

자소서,
하나로 통일해도 될까? VS 다 다르게 써야 할까?

필자의 경우, 이과 출신이지만 문과적 성향이 있었기 때문에 의대·서울대 농생명공학과·KAIST 생명공학과·교육대학교를 지원하였다. 모두 다른 특성을 가진 학교였고 지원 학과조차 다 달랐다. 또한 당시에는 공통 문항이 없었기 때문에 각 학교에서 주어지는 항목에 따라 다 다르게 써야 했다. 이에 필자는 교내·외 활동은 비슷하게 활용하되 전공별로 조금씩 다르게 기술하는 전략을 택했다.

요즘은 공통 항목과 함께 학교별 개별 질문 1-2문제만 추가되므로 자소서 쓰기가 더욱 쉬워진 것은 사실이다. 하지만 필자의 경우처럼 아예 특성이 다른 학교를 지원하는 학생이라면 학교별로 자소서를 다르게 쓰길 추천한다. 다만, 100% 다르게 쓰는 것이 아니라 +@적인 부분을 바꾸면 된다.

대외 활동을 지원하거나 취업을 준비하는 경우도 마찬가지다. 입시생들은 그나마 '공통 문항'이라는 것이 공식적으로 정해져 있지만 대학생·취준생들의 경우에는 그렇지 않다. 대외 활동의 주최 기관별로, 기업별로 다 다른 문항과 내용을 요구하기 때문에 자소서 쓰기가 쉽지는 않을 것이다.

이에 대한 해결책도 위와 동일하다. 지원 기관·기업별로 다르게 작성하되, 100% 새로 쓰지 않아도 가능은 하다. 그 노하우를 입시생과 취준생으로 나누어서 설명해 보겠다.

입시생, 학교별 자소서 쓰는 시간 절약하기

지원하는 대학들의 특성이 다 다르다면, 실전 자소서 작성법을 다루었던 '제3장'을 참고하여 학교별로 라이팅스토밍 하기를 추천한다. 단, 시간이 부족하다면 포스트잇(POST-IT)을 활용해 볼 수 있다.

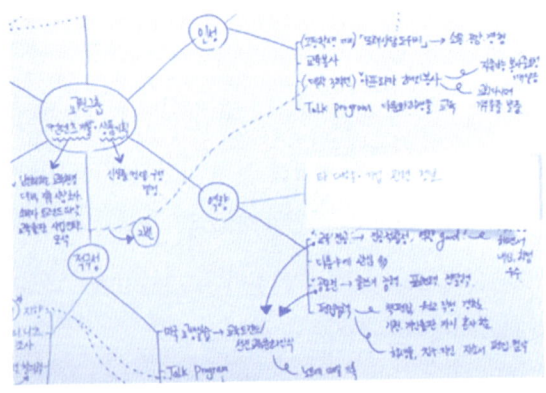

1. 고등학교 재학 기간 중 학업에 기울인 노력과 학습 경험에 대해 배우고 느낀 점을 중심으로 기술해 주시기 바랍니다. (띄어쓰기 포함, 1000자 이내)

① 고등학교 재학 기간 중 학업에 기울인 노력 기록

② 이 노력에서 얻게 된 학습 경험 기록

③ ①-②의 과정에서 배우고 느낀 점 기록

④ **③의 배우고 느낀 점이 본 대학 진학 후 어떤 사람(직업)이 되는 데에 미칠 영향을 킥으로 날림**

⑤ 이 모든 것을 아우를 수 있는 대표적 제목 추출하여 맨 앞에 큰 따옴표로 제목 기록

1번 문항의 경우, 이런 식으로 진행을 하면 된다는 것은 이미 앞에서 알아본 바이다. 단, 이것은 한 학교만을 기준으로 했을 때의 방법을 제시한 것이다. 대학이 바뀌었을 때 위 ①~④ 과정 중 바꾸어야 하는 자소서 내용(+@)은 ④**번(밑줄)**이다.

대학이 바뀔 경우, 특히 그 특성이 다른 경우는 ①, ②, ③번 항목은 그대로 쓰면 된다. 바꿔야 하는 +@인, ④번 항목을 들여다보면 '본 대학', '훗날 어떤 사람' 이 2가지가 대학에 따라 변형하여 써야 하는 요소이다. 따라서 학교별 자소서를 쓸 때, ①

~③번은 그대로 쓰고 ④번을 목표 학교·지원 학과에 따라 변형한 뒤, ①~③번과 수정한 ④번을 부드럽게 연결시켜 그 경계가 드러나지 않고 매끈해질 때까지 읽고 또 읽으며 자소서 전체를 조금씩 수정하면 된다. 이 과정을 통해, 시간도 아끼고 학교별 자소서가 꽤나 달라 보이게끔 작성할 수 있다.

〈2번 항목〉

2. 고등학교 재학 기간 중 본인이 의미를 두고 노력했던 교내 활동을 배우고 느낀 점을 중심으로 3개 이내로 기술해 주시기 바랍니다. 단, 교외 활동 중 학교장의 허락을 받고 참여한 활동은 포함됩니다. (띄어쓰기 포함 1,500자 이내)

① 고등학교 재학 기간 중 본인이 의무를 두고 노력했던 교내 활동의 에피소드 기록

② 이 에피소드를 통해 배우고 느낀 점, 얻은 점 기록

③ ①-②를 최대 3개까지 기록 (3문단으로 나눠서)

④ 마지막 4번째 문단에 위의 교내 활동들을 통해 얻은 a, b, c의 자질들이 본 대학에 진학하여 어떤 일을 해나가는 데 큰 도움이 될 것인지 서술

⑤ 이 모든 것을 아우를 수 있는 대표적 제목 추출하여 맨 앞에 큰따옴표로 제목 기록

2번 항목 또한 ①, ②, ③번 항목은 가급적 그대로 쓰되 ④번 항목은 대학 및 지원 학과에 따라 변형하여 써야 한다. ④번 항목을 변형한 후, 자소서를 몇 번 읽어 보며 ①~③과 ④의 경계가 부드러워지도록 계속 수정한다. 아래의 [교대 합격생 자소서]를 보며 더 자세히 알아보자.

소심한 성격은 교사를 꿈꾸고 있는 저에게 큰 걸림돌이라고 생각했습니다. 교사가 남 앞에서 자기 의사를 명확히 전달할 수 없다면 수업은 물론, 반 아이들조차 이끌 수 없다고 생각했기에 그 능력을 키우고자 시사토론 동아리에 들어갔습니다. 초반엔 동아리에서 아무 말도 할 수 없었습니다. 하지만 변하고 싶은 의지가 강했기에 자료를 꼼꼼히 조사함은 물론 점심시간마다 같은 반 동아리 친구들과 모여 각자 정리된 주장을 펼쳐 보이는 시간을 가졌습니다. 친구들에게 부족한 면에 대해 지적받으며 고치려 노력했습니다. 끊임없는 노력의 결과 동아리에서 발언하는 횟수가 차츰 많아지며 때론 토론을 제가 주도하기도 하였습니다. 시사토론 동아리를 하며 다양한 시각으로 사회문제들을 바라볼 수 있었고 사회문제에 대한 저의 의견을 명확하게 전달하는 능력을 기를 수 있었습니다. 더 나아가 제 생각을 말로써가 아닌 글로써도 표현하고 싶었습니다. 마침 2학년 때 교지가 나오는 해였기에 교지

편집 동아리에 들어갔습니다. 관심 있던 분야인 학습 관련 부분을 기획하게 되었고 그 안에서도 학습 방법에 대한 글을 직접 쓰게 되었습니다. 기획과 글쓰기를 위해 주위 선생님, 친구들에게 조언을 구하러 직접 발로 뛰어다녔고 조언을 바탕으로 제 생각이 녹아 들어가 있는 교지의 한 부분을 만들 수 있었습니다. 동아리의 시작은 소극적인 자세를 탈피하기 위함이었지만 말과 글로써 연습하는 과정을 통해 저만의 사고를 가지게 되었습니다. 스스로 사고하는 힘을 기르게 되면서 비로소 제 시각으로 저의 의사를 전달할 수 있었고, 이것이 제가 적극적인 자세를 지니게 된 출발점이라고 생각합니다. 이 경험을 바탕으로 아이들이 스스로의 생각을 가질 수 있도록 지도해 주어 아이들이 성장해 사회에서 다양한 목소리를 낼 수 있도록 도와주는 선생님이 돼야겠다고 생각했습니다.

적극적으로 학교 활동에 임하면서 2학년 때는 부학년장으로 활동했습니다. 부학년장으로서 학생들이 가장 많이 하는 걱정이 무엇인지를 고민했습니다. 멘토링을 실시했던 경험을 바탕으로 많은 친구들이 '성적 고민'이 많다는 생각을 하였고, 이를 해결해 주기 위해 학년 게시판을 준비했습니다. 함께 참여하는 게시판을 만들기 위해 과목을 선정할 땐 항상 학생들의 의견을 참고하였고, 마인드맵 형식으로 구조화하여 다양한 방식으로 게시판을 꾸

멨습니다. 때론 시험 기간마다 학생들의 넘치는 요구 사항이 부담으로 다가와 압박감을 주기도 하였습니다. 그 때마다 2학년 학생들을 대표하는 자리인 만큼 요구 사항을 해결해 주는 것이 제가 마땅히 해야 하는 일이라고 되새겼습니다. 요구 사항을 기록하며 시간이 오래 걸리더라도 틈틈이 시간을 할애하여 핵심 내용을 보완하였습니다. 맡은 일은 끝까지 최선을 다해야 한다는 마음가짐을 지니게 되었으며 앞으로 교사가 되었을 때도 아이들을 끝까지 책임지고 이끄는 교사가 돼야겠다고 다짐했습니다.

_ 〈교대 합격생 자소서〉

이는 교대에 합격한 학생의 자소서다. 이 학생의 경우에는 수시를 교대에만 지원했기 때문에 필자가 제시한 ①~⑤의 순서를 지키지 않고 적어도 상관이 없다. 오히려 이렇게 적음으로써 교사에 대한 강한 의지를 드러낼 수도 있다. 수시 지원 학교의 특성이 모두 같거나 큰 차이가 없다면 위와 같이 적어도 무방하다. 또한 수시 지원을 하고자 하는 학교별로 자소서를 다 새로 쓸 것이라면 이 또한 ①~⑤의 순서를 지키지 않아도 된다.

하지만 위 학생이 만약 교대 외 다른 학교·학과에도 지원을 할 계획이었다면, 파란색 부분을 다 바꿔 써야 하는 번거로움이 생긴다. 필자가 제시한 대로 기술했다면, ④번의 내용만 변형하면 되므로 상당히 효율적이었을 것이다.

자소서에 깔끔한 마무리감을 주는 방법

덧붙여, 위 〈교대 합격생 자소서〉는 깔끔한 마무리감이 다소 아쉬운 자소서다. 이 자소서를 구조화시키면 〈그림 1〉과 같다. 각 문단의 내용이 '교사'를 향하고 있으나 다소 나열된 구조이며, 하나로 모아지는 느낌이 부족하다.

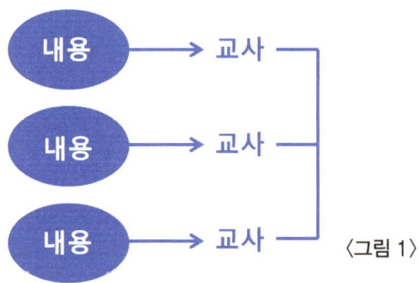

〈그림 1〉

여기서 조금 더 깔끔한 마무리감을 주려면 아래의 〈그림 2〉와 같이 구조화시키는 것이 좋다. 3가지 활동을 통해 얻은 것이 최종적으로 '교사'로 마무리되도록 하는 것이다.

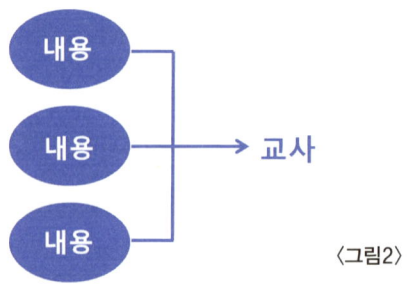

〈그림2〉

학교별로 '가급적 적은 부분만 바꾸어도 되면서도 깔끔한 마무리감을 주는 자소서 쓰는 법'을 예시로 설명할 텐데, 〈교대 합격생 자소서〉를 위 방법에 따라 수정해서 적은 〈수정 자소서〉를 살펴보며 이해도를 높여 보자.

소심한 성격은 교사를 꿈꾸고 있는 저에게 큰 걸림돌이라고 생각했습니다. 교사가 남 앞에서 자기 의사를 명확히 전달할 수 없다면 수업은 물론 반 아이들조차 이끌 수 없다고 생각했기에 그 능력을 키우고자 시사토론 동아리에 들어갔습니다. 초반엔 동아리에서 아무 말도 할 수 없었습니다. 하지만 변하고 싶은 의지가 강했기에 자료를 꼼꼼히 조사함은 물론 점심시간마다 같은 반 동아리 친구들과 모여 각자 정리된 주장을 펼쳐 보이는 시간을 가졌습니다. 친구들에게 부족한 면에 대해 지적받으며 고치려 노력했습니다. 끊임없는 노력의 결과 동아리에서 발언하는 횟수가 차츰 많아지며 때론 토론을 제가 주도하기도 하였습니다. 시사토론 동아리를 하며 다양한 시각으로 사회문제들을 바라볼 수 있었고 사회문제에 대한 저의 의견을 명확하게 전달하는 능력을 기를 수 있었습니다.
더 나아가 제 생각을 말로써가 아닌 글로써도 표현하고 싶었습니다. 마침 2학년 때 교지가 나오는 해였기에 교지 편집 동아리에 들어갔습니다. 관심 있던 분야인 학습관련 부분을 기획하게 되었고 그 안에서도 '학습 방법'에 대한 글을 직접 쓰게 되었습니다. 기획과 글쓰기를 위해 주위 선생님, 친구들에게 조언을 구하러 직접 발로 뛰어다녔고 조언을 바탕으로 제 생각이 녹아 들어가 있는 교지의 한 부분을 만들 수 있었습니다. 동아리의 시작은 소극적인 자세를 탈피하기 위함이었지만 말과 글로써 연습하는 과정을 통해 저만의 사고를 가지게 되었습니다. 스스로 사고하는 힘을 기르게 되면서 비로소 제 시각으로 저의 의사를 전달할 수 있었고, 이것이 제가 '적극적인 자세'를 지니게 된 출발점입니다.

적극적으로 학교 활동에 임하면서 2학년 때는 부학년장으로 활동했습니다. 부학년장으로서 학생들이 가장 많이 하는 걱정이 무엇인지 고민을 했습니다. 멘토링을 실시했던 경험을 바탕으로 많은 친구들이 '성적 고민'이 많다는 결론을 내렸고 이를 해결해 주기 위해 학년 게시판을 준비했습니다. 함께 참여하는 게시판을 만들기 위해 과목을 선정할 땐 항상 학생들의 의견을 참고하였고 마인드맵 형식으로 구조화하여 다양한 방식으로 게시판을 꾸몄습니다. 때론 시험 기간마다 학생들의 넘치는 요구 사항이 부담으로 다가와 압박감을 주기도 하였습니다. 그때마다 2학년 학생들을 대표하는 자리인 만큼 요구 사항을 해결해 주는 것이 제가 마땅히 해야 하는 일이라고 되새겼습니다. 요구 사항을 기록하며 시간이 오래 걸리더라도 틈틈이 시간을 할애하여 핵심 내용을 보완하였습니다. 이를 통해 맡은 일은 끝까지 최선을 다해야 한다는 마음가짐을 가지게 되면서 '강한 책임감'을 체득하게 되었습니다.

<u>위 활동들을 통하여 얻은 '의견을 명확하게 전달하는 능력', '적극적인 자세'는 아이들이 스스로의 생각을 가질 수 있도록 지도해 주어 훗날 학생들이 사회에서 다양한 목소리를 낼 수 있도록 도와주는 선생님이 되는 데 큰 역할을 할 것입니다. 그리고 '끝까지 최선을 다하는 책임감'이라는 자질은, 교사가 되어 아이들을 끝까지 책임지고 이끄는 데 큰 도움을 주리라 확신합니다.</u>

_ 〈수정 자소서〉

〈교대 합격생 자소서〉가 나열식이라면, 〈수정 자소서〉는 나열식의 자소서를 마지막 마무리에서 하나로 모아 주는, 깔끔한 마무리감이 있는 자소서이다.

이렇게 자소서를 마무리했을 때, 대학·학과별 변경해야 하는 부분이 줄어드는 편리함이 있다(위 자소서의 경우에는 필자의 ①~⑤ 순서를 따르지 않았기 때문에 문두의 파란색 부분에도 약간의 수정이 필요하다). 또한 읽는 이로 하여금 나열하는 느낌을 주기보다는 그 활동들이 결국 하나로 통합되는 느낌을 주어 더욱 가독성이 좋아진다.

〈3번 항목〉

3. 학교생활 중 배려, 나눔, 협력, 갈등 관리 등을 실천한 사례를 들고 그 과정을 통해 배우고 느낀 점을 기술해 주시기 바랍니다. (띄어쓰기 포함 1,000자 이내)

① 학교생활 중 배려, 나눔, 협력, 갈등 관리 등을 실천한 사례 구체적으로 서술(가급적 1가지 사례 선정)

② ①의 과정에서 배우고 느낀 점을 기록

③ ②의 배우고 느낀 점 중 지원 학과에 진학하여 도움이 될 만한 것(어떻게 도움이 될지)을 언급하며 마무리

④ 이 모든 것을 아우를 수 있는 대표적 제목 추출하여 맨 앞에 큰 따옴표로 제목 기록

3번 항목에서는 위의 밑줄 친 ③이 변형할 수 있는 +@의 부분이며, 이 부분을 쓸 때 유하게, 즉 부드럽고 은은하게 표현하는 방법을 추천한다. 3번 항목을 마무리할 때 1·2번 항목과 비슷하면서도 다르게 접근하도록 하는 것이 좋다. [학교생활 중 배려, 나눔, 협력, 갈등 관리 등을 실천한 사례]를 통해 배우고 느낀 점 중에서 목표 대학·지원 학과에 도움이 되는 측면을 '살짝' 언급하며 마무리하는 방법이 그것이다.

이해를 돕기 위하여, 신방과 자소서 일부를 살펴보자.

《공연 준비에서의 어려움과 해결 과정 기록》

공연 준비를 하며 저희 반은 본인의 의견만을 고집하지 않고 타인의 의견도 수용하였기 때문에, 이렇게 참신한 아이디어를 얻을 수 있었습니다. 배려의 또 다른 이름인 '수용'과 '경청'의 자세는, 훗날 제가 방송 활동에 매진하는 데 꼭 필요한 자질이 될 것입니다.　　〈**직접적 마무리**〉

위는 1·2번 항목과 동일하게, 배우고 느낀 점이 훗날 미칠 영향을 '직접적으로' 적은 예시이다. 직접적으로 적어도 상관은 없으나 3번에서까지 이렇게 쓰면 1·2번에서의 마무리 임팩트를 약하게 할 가능성이 있다.

따라서 비교적 글자 수도 적고 인성적인 측면을 고려하는 3번 항목은 조금 유하게 돌려서 적어 주는 것이 좋다. 아래를 보면 명확히 이해될 것이다.

《공연 준비에서의 어려움과 해결 과정 기록》

공연 준비를 하며 저희 반은 본인의 의견만을 고집하지 않고 타인의 의견도 수용하였기 때문에, 이렇게 참신한 아이디어를 얻을 수 있었습니다.

'수용'과 '경청'. 이것은 단체 생활에서 꼭 필요한, 배려의 다른 이름이라는 것을 깨닫게 되었습니다.　〈**간접적 마무리**〉

위 자소서의 지원 학과인 '신문방송학과'는 과 특성상 많은 소통이 존재하고 구성원 사이의 아이디어 교환 등도 중요하게 여겨질 것이다. 따라서 신문방송 관련 일을 할 때 도움이 될 '수용'과 '경청'이라는 자질 자체를 3번 항목의 마지막에 한 번 더 언급해 주면 좋은데, 언급하는 방법을 1·2번과 다르게 하기를 권장한다.

1·2번 항목의 마무리에서는 'A라는 자질이 본 학교·학과 진학 시에 많은 도움이 될 것이다'와 같이 직접적으로 언급하는 반면, 3번은 'A라는 자질이 단체 생활에서 꼭 필요한 것이라는 걸 깨달았다'는 식의 간접적 표현으로 언급한다. 이를 통해 직접적으로 말하지 않아도 심사위원으로 하여금 '이 학생은 이 학과에 와서 잘 적응할 수 있는 자질을 배웠군.'이라 생각하도록 유도할 수 있다.

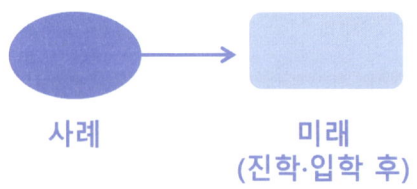

사례　　　　미래
(진학·입학 후)

특히 3번 항목에서 유의할 점은 1, 2번 항목과 달리 3번 항목은 글자 수가 1000자라는 것이다. 대부분의 합격자 자소서를 살펴본 결과, 3번 항목에서는 주로 '한 가지 사례'를 들어 '구체적으로' 쓰는 경향이 있었다. 꼭 쓰고 싶다면 2개까지는 괜찮으나 구체성을 잃지 않도록 유의하자.

취준생, 기업별 자소서 쓰는 시간 절약하기

취준생들 또한 위에서 언급한, '자소서에 깔끔한 마무리감을 주는 방법' 등의 입시생 파트에서 언급한 내용을 한 번씩 읽어 보면 많은 도움이 되리라 생각한다.

취업 자소서의 경우, 기업별로 문항이 워낙 다양하고 요구하는 내용도 훨씬 더 구체적이기 때문에 입시생 자소서와는 차원이 다른 디테일함이 필요하다 생각한다. 따라서 필자는 개인적으로 각 기업별로 자소서를 가급적 다 다르게 쓰기를 추천한다. 단, 자소서를 새로 쓸 때 라이팅스토밍 과정까지 새로 할 필요는 없다. 시간을 줄이고 효율을 높이기 위한 방법으로, 〈라이팅스토밍〉을 할 때 포스트잇(POST-IT)을 활용하여 타 기업 관련 정보를 적어서 붙이고 이를 토대로 자소서를 작성하면 좋을 것이다.

자소서로
면접 준비하는 법

입시생, 취준생 모두에게 해당되는 이야기. 자소서는 면접을 위한 1차 관문이다. 자소서의 진실성을 검증하고 이에 대한 더욱 구체적인 확인이 들어가는 것이 면접이다.

면접을 볼 기회를 얻기 위해서는 자소서가 정말 중요하지만, 1차 서류를 합격했다면 자소서를 토대로 면접을 완벽히 준비할 필요가 있다. 이 파트에서는 자소서를 토대로 한, 필자의 면접 준비 노하우를 소개한다.

하나. 자소서에 쓴 내용은 100% 숙지하라.

면접에 임하기 전, 자소서에 쓴 내용을 읽고 또 읽자. 필자의 경험상, 예상 질문을 뽑아서 형식적으로 연습하기보다는 자소서를 계속 읽어 두는 것이 잠재적으로 뜻밖의 질문이 나왔을 때를 대비하기가 좋았다.

둘. 면접 시 반드시 어필할 내용 몇 가지는 뽑아 두자.

자소서와 달리 면접은 제한 시간이 주어진다. 따라서 자소서에서만큼 본인을 어필하는 시간이 많지 않다. 필자는 면접 후에 후회가 없는 편인데, 그 이유는 '반드시 어필할 내용 리스트'를 뽑아 두고 어떻게든 말을 하고 오기 때문이다. 면접에서 꼭 이야기해야 할 본인의 핵심 능력(활동)을 몇 가지만 뽑아 두고, 면접관이 그 부분에 대해 묻지 않더라도 다른 이야기를 할 때 기회를 봐서 살짝 엮어서 어필하자.

셋. 면접에서는 겸손보다는 '능력'을 강조·어필하라.

면접관 앞에 서면 누구나 떨리기 마련이다. 하지만 필자가 느끼는 면접은, 자소서를 토대로 선발된 사람들 중 '실력'과 '잠재력'을 가장 잘 드러낸 사람이 뽑히는 과정이다. 따라서 면접관에게 자신을 가급적 어필하고, 본인의 능력을 쏟아내는 것이 합격·불합격의 매우 중요한 갈림길이 될 수 있다.

03

자소서
셀프 첨삭법

첨삭, 지저분한 거울을 닦아내는 과정

필자에게 '첨삭'이란, 문법적으로 완벽하고 빠진 내용이 없는, 100% 자소서를 위한 수정의 과정이 아니다. 필자가 첨삭할 때 기본 전제로 두는 것이 '그 사람만의 특색을 빛나게 할 수 있는 자소서를 만들어 내자'이다. 즉, 필자에게 첨삭이란 'A를 고치고 B는 틀렸으며 C는 좋은 구조이고…' 이런 식의 정형화된 것이 아니라, 첨삭을 부탁하는 사람에 따라 달라질 수밖에 없는 '무언가'이다. 따라서 필자는 스스로를 '지저분한 거울을 닦아내어 그 사람의 모습이 잘 드러나게 해 주는 사람'이라 칭한다.

그런 필자에게 '자소서는 어떻게 첨삭해야 하나요?'라는 질문을 하는 사람들이 꽤 많다. 자소서를 첨삭하는 방법은 굳이 따지자면 스스로 검토하거나 지인을 통해 조언을 얻어 수정하는 '셀프 첨삭법'과 전문가나 글을 전공하는 사람들의 도움을 얻어 수정하는 '전문 첨삭법'이 있다.

필자의 경우, 첨삭 때문에 고민하는 사람들에게 '셀프 첨삭법'으로도 충분히 좋은 글을 쓸 수 있다고 이야기한다. 글을 못 쓰는 사람도 좋은 자소서를 쓸 수 있도록, 필자의 사고과정들을 이론화해 둔 것이 지금까지 책에서 언급한 내용들이기 때문이다. 따라서 [6요소 준비법 → 라이팅스토밍 체크법 → 6요소 작성법]을 따랐다면 글 솜씨가 없어도 충분히 좋은 자소서를 만들어 낼 수 있으리라 확신한다.

그럼에도 첨삭이 어려운 입시생·취준생들을 위해 필자만의 첨삭 노하우 가운데 사람들이 많이 틀리는 요소를 소개한다.

- 방법적 측면의 첨삭
∨ 100% 합격하는 자소서는 나름대로 체계적인 방법을 가지고 있다. [6요소 준비법 → 라이팅스토밍 체크법 → 6요소 작성법]의 과정을 따르는 것과 반복하여 읽으며 매끄러워질 때까지 수정하는 것이다. 반복 읽기 및 수정은 최소 5번~10번 정도 진행되는 것이 좋다.

• 문장 간 인과관계의 첨삭

∨ 문장 간 '인과관계'가 올바르고 타당한지 확인한다.

[계기 → 활동 · 경험 → 배우고 느낀 것 → 이것의 영향]

• 활동의 유의미성/구체성 측면의 첨삭

∨ 활동을 나열식으로 적지는 않았는지 확인한다. 활동의 무의미한 나열은 의미가 없다.

∨ 활동에 대하여 구체적으로 기술하였는지 확인한다.

  (활동을 너무 포괄적으로 적지 않았는지, 에피소드를 적었는지 체크할 것)

• 구조적 측면의 첨삭

∨ 한 문장의 길이가 너무 길지는 않는지 확인한다. 가급적 2줄을 넘지 않도록 문장 길이를 짧게 해 주어 읽는 이로 하여금 쉼을 주도록 한다.

• 일관성 측면의 첨삭

∨ 각 문항이 요구하는 것을 정확히 이야기하고 있는지 다시 한 번 확인한다. 아무리 내용이 좋고 스펙이 좋아도 문항이 요구하는 것을 이야기하지 않으면 안 된다.

∨ 자소서의 내용들이 '본 대학/기업에서는 나를 뽑아야 한다.'라는 목표를 향하고 있는지 재확인한다.

04

하루 만에
합격 자소서 만들기

최소 2-3시간에서 최대 하루면 된다!
급한 이들을 위한 합격 자소서 북마크

이번 장은 정말 단 하루 혹은 몇 시간 안에 합격할 수 있는 자소서를 써야 하는 학생을 위한 파트이다. 시간이 허락한다면 첫 장부터 순서대로 차근차근 읽어 보는 것을 권장하지만, 이 책이 실용서이니만큼 이 파트에서는 실질적으로 놓치면 안 될 부분들을 콕콕 집어 북마크 해 줄 예정이다. 물론, 이는 필자의 시각에서 뽑은 것들이기 때문에 더 필요한 부분은 목차를 참고해 추가적으로 찾아보면 좋을 것이다.

일단, '하루 만에' 합격 자소서를 끝낸다는 것은 최대로 여유롭게 하였을 때 '하루'라는 것이다. 실제로 필자가 적용하여 써

본 결과 짧게는 3시간, 넉넉하게는 4–5시간이면 다 쓸 수 있었다. 물론, 대충 쓰는 것이 아니라 이 책의 핵심 전략 단계를 충분히 따라서 썼을 때의 이야기이다. 대충 쓰면 더 짧게 걸릴지도 모른다. 아래의 [하루 만에 자소서 끝내기 TIME TABLE] 과정대로 따라가면 하루 안에 좋은 자소서를 만들어 낼 수 있을 것이다.

:: 하루 만에 자소서 끝내기 TIME TABLE ::

STEP 1

지원 학교·기업 분석

▶ 자세한 내용은 128~140쪽 참조

지원하고자 하는 학교와 기업을 분석한다. 필수적으로 분석·확인해 두어야 하는 요소는 '핵심 가치', '인재상', '추구 이념', '진행 프로그램'이다. 일단 이 네 가지만 잘 파악해 두어도 자소서를 써 내려가는 데 큰 도움이 된다(STEP 2와 동시에 진행하면 시간을 절약할 수 있다).

STEP 2

6요소 기반 라이팅스토밍으로 구조화시키기

▶ 자세한 내용은 147~151쪽 참조

지원하고자 하는 학교와 기업의 '핵심 가치', '인재상', '추구 이념', '진행 프로그램'을 파악해 두었다면 라이팅스토밍을 시작한다. 6요소(리더십, 성장 가능성, 인성, 역량, 적극성, 창의성)에 맞추어 빨간 펜으로는 STEP 1에서 찾은 정보들을 기록한다. 이어서 파란 펜으로는 빨간색으로 적은 정보들에 맞는 자신의 특성 및 활동을 적는다. 이 과정을 통해 글을 쓰기 전 전반적인 구조를 확립할 수 있어, 합격하는 자소서를 빠르게 쓸 수 있다.

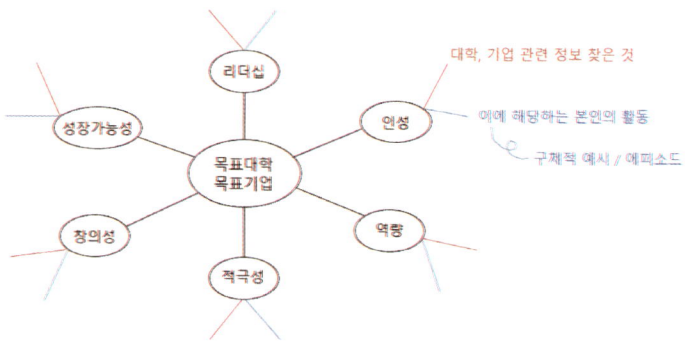

라이팅스토밍 과정에서는 지원 대학·기업과 본인과의 '교집합'을 만드는 게 핵심이다. 155~157쪽만큼은 시간을 내어 꼼꼼히 읽어 보기를 추천한다.

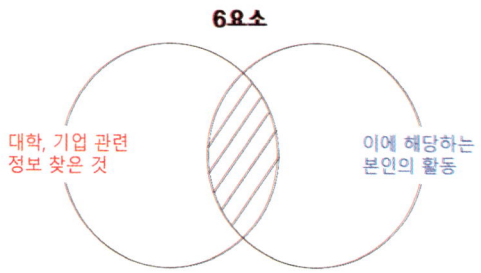

이렇게 교집합이 만들어지면 다음과 같이 '점선'을 활용하여 연결시켜 준다. 이를 통해 교집합 되는 부분을 보다 시각화할 수 있다.

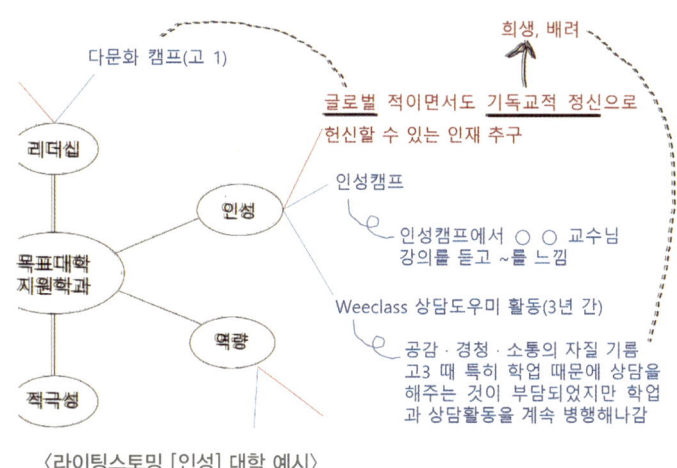

〈라이팅스토밍 [인성] 대학 예시〉

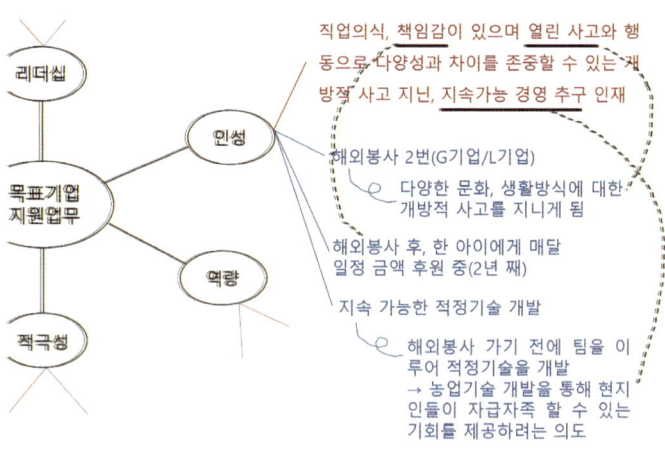

〈라이팅스토밍 [인성] 기업 예시〉

각 자소서 항목에 어떠한 내용을 쓸지 생각하기

▶ 166~170쪽 참조

라이팅스토밍을 한 자료를 보며 어떤 내용을 자소서 몇 번 항
목에 넣을지 생각한 후 아래와 같이 표시한다.

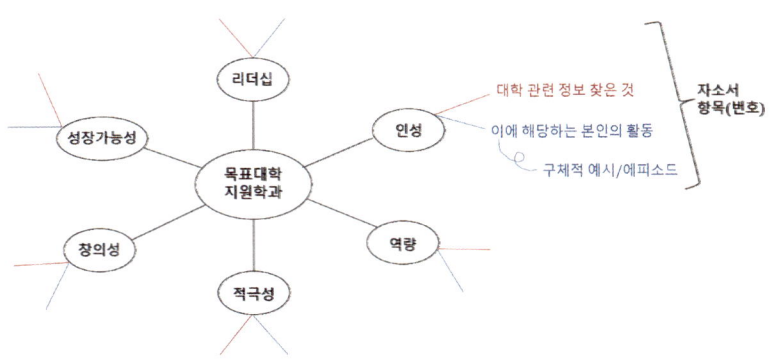

[라이팅스토밍 실전 적용 구조화 1 – 대학]

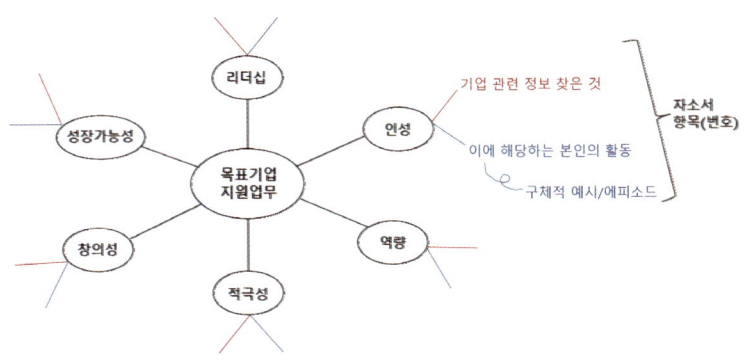

[라이팅스토밍 실전 적용 구조화 2 – 기업]

라이팅스토밍을 기반하여 실전 자소서 작성하기

▶ 172~225쪽, 226~252쪽 참조

이제 작성을 시작한다. 준비가 잘되었다면 자소서 쓰기는 그리 어렵지 않다. 각 항목에 대하여 글을 써 내려가면 된다.

단, 입시생은 172~225쪽의 '문항별 실제 작성 가이드'에서 자신이 쓰려는 부분을 찾아 한 번 읽어 보고 쓰면 큰 도움이 될 것이다.

취준생은 입시생과 달리 자소서 문항이 고정적이지 않으므로 226~252쪽을 참고하여 예시를 통한 핵심을 이해하고 자소서를 써 내려가길 바란다.

* 스펙 · 활동이 많지 않은 입시생 및 취준생들은 253쪽의 〈합격에 다가가는 자소서 기본 기법〉을 참고하자.

* 268쪽의 〈자소서에 넣어야 할 필수 키워드〉도 잊지 말고 자소서를 쓸 때 집어넣자.

* 감수성을 더함으로써 평가자들의 기억 속에 남는 자소서를 쓰고 싶다면 282쪽의 〈자소서에 약간의 감성을 더한다〉를 참고하자.

* 제목을 적는 내용 · 형식적 방법은 31~34쪽을 읽어 보자.

계속 읽으며 수정 · 마무리

▶ 작성이 완료되었다면 계속 읽으며 수정 · 마무리 작업을 한
다. 이때 기준 없이 계속 읽으면 변화가 크게 없기 때문에 아래
파트에 소개된 것을 위주로 확인하며 읽고 수정하자.

  * 158쪽의 〈자소서의 최종 목표지를 설정하라〉를 통해 일
    관성이 있는 자소서인지와 자소서를 통해 하고자 하는 말
    이 분명한지 반드시 확인하자.
  * 318쪽의 〈자소서 셀프 첨삭법〉을 기준으로 본인의 자소
    서는 어떠한지 체크하며 수정 · 보완하자.
  * 295쪽의 〈상투적이지만 꼭 지켜야 할 규칙〉으로 형식적
    인 부분의 마무리 체크를 하자.

미래 세대를 위해
남기는 편지

　적은 구멍, 수많은 지원자, 엄청난 경쟁률. 지금의 사회도 그렇고 앞으로의 사회도 그럴 것이기에 이 사회를 이끌어 가야 하는 인재들은 참 힘이 든다.

　그래도 꿋꿋이 걸어가는 인재들의 흐름 속을 함께하던 필자는 잠시 멈추어 섰다. 멈추어 돌아보니 필자가 걸어온 길이 보였다. 그리고 그 뒤를 이어 걸어오는 사람들이 보였다. 아무리 소리 질러 보아도 수많은 군중 속 필자의 목소리는 그들에게 닿지 않아 필자는 한 장의 편지를 썼다. 그리고 누군가는 그것을 읽길 바라며 그들이 걸어오는 길 군데군데 그 편지들을 놓아두었다. 당신이 걸어올 길은 이러이러하며 이렇게 하면 좋을 것이라는 말을 적어 두었기에 그 편지를 읽었다면 미래에 대한 두려움

없이 조금은 그 길을 즐기며 걸어올 수 있지 않을까 하는 마음. 그 마음을 담은 책이 어쩌면 이 책이 아닐까 한다.

필자가 걸어가는 길에도 참 많은 편지들이 놓여 있었다. 프로이트, 아들러, 헬렌 켈러 그리고 부모님이 남겨 주신 편지들 덕분에 이 자리 이곳까지 걸어올 수 있었다. 그 때문에 필자도『자소서로 합격하라』라는 두둑한 편지를 이 자리에 두고 간다.

미래의 인재들, 그들이 꿈을 펼치는 데 있어 자기소개서(이하 '자소서')가 걸림돌만은 되지 않았으면 한다. 자소서를 쓰기는 쉽지만 '합격하는' 자소서를 쓰기는 어렵다는 것을 알기 때문에 필자만의 노하우를 고스란히 이 책에 담았다.

시중에도 자소서와 관련된 책이 참 많다. 하지만 필자는 이 책이 다음과 같은 이유로 조금 다르게 읽히기를 바란다. 이 책의 내용은 삶을 많이 닮았다. 이 책은 6요소라는 개념 아래 글을 써 내려가고 구체적인 가이드라인을 주고 있으며 지침을 제시하기도 한다. 삶에도 어느 정도의 상식과 기준, 법이 있지만 그것을 다 지키지는 않듯이 필자의 것에서 필요한 것을 취하되 본인의 색다름을 만들어 가는 사람이 되길 바란다. 특히, 맞고 틀림에 익숙한 대한민국의 인재들이 이 책을 읽으면서 '이것이 정답이구나.' 혹은 '내 것은 틀렸구나.'라는 생각을 가지는 것은 이 책이 지향하는 방향이 아니다.

이 책의 가이드라인과 방법들은 필자의 생생한 경험과 노하우 뿐 아니라 나름대로 성공하고 꿈을 이룬 이들의 이야기를 바탕으로 만들어졌다. 온전히 필자의 이야기만 있었다면 일반화하기는 다소 힘들었을 테지만, 많은 지인들의 지혜가 모여 일반화를 통해 나름대로의 원칙을 만들어 낼 수 있었다.

꽤 오랜 기간, 열과 성을 다해 마친 이 결과물이 정말 필요한 사람의 손에 전해져 그들의 삶에 조그마한 영향이라도 미칠 수 있다면 필자는 더할 나위 없이 만족하고 기쁠 것이다.

그 누구보다도 지금의 필자를 있게 해 주신 부모님께 감사드린다. 친구이자 조언자이자 든든한 지원자로서 이 책을 쓰는 내내 끝까지 격려해 주신 부모님이 있었기에 이 순간을 맞이할 수 있었다고 생각한다.

부모님과 함께 더없이 소중한 인생의 친구로 힘을 실어 준 여동생 옥이, 멀리 있지만 마음만은 언제나 함께하는 보고 싶은 남동생 재엽이 그리고 언제나 그렇지만 특히 기나긴 책 편찬 과정에서 정말 큰 힘이 되어 주었던 동우 오빠. 이들에게 이 책이 세상에 나온 기쁨과 영광을 돌리고 싶다.

멀리서도 늘 지지해 준 평생지기 소정이, 응원의 메시지를 보내 준 지혜, 현지, 현정이 그리고 지현이에게도 고마움을 전하며 새벽녘 글을 쓸 때마다 무릎 위에 살포시 앉아 편안하게 글을 쓸 수 있게 해 준 우리 집 막내 폴리에게도 고마움이 전해지길 바란다.

이 책의 콘텐츠를 믿고 좋은 책으로 세상의 빛을 보게 해 주신 출판사 대표님과 그 외에도 도움을 주신 모든 분들께 감사함을 전하며, 책의 마지막 장을 마무리한다.